国家社会科学基金重点项目
"全球粮食贸易格局演变背景下中俄粮食安全合作研究"
（23AGJ009）阶段性成果

教育部人文社会科学重点研究基地
黑龙江大学俄罗斯语言文学与文化研究中心
中俄全面战略协作省部共建协同创新中心
黑龙江省高端智库黑龙江大学俄罗斯研究院

学术丛书

区域国别学·俄罗斯研究系列

马蔚云　姜振军／主编

中俄经贸合作研究

Study on Economic and Trade Cooperation between China and Russia

姜振军　著

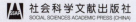

社会科学文献出版社
SOCIAL SCIENCES ACADEMIC PRESS (CHINA)

前　言

中俄双边关系已经步入新时代，上升为新时代全面战略协作伙伴关系，达到两国关系史上的最高水平。中俄经贸合作是双边关系的重要组成部分和重要物质支撑。中俄双边经贸合作总体呈现日益密切的趋势，对两国经济社会及东北亚乃至亚太地区经济社会的稳步发展发挥越来越重要的作用。

中俄经贸合作历经 30 余载，从贸易规模来看，双边贸易额由最初的几亿美元稳步快速增长，在 2018 年突破了 1000 亿美元，实现了"量"的大幅度跨越，而且"质"也在不断优化。2019 年 6 月 5 日，中俄签署了《中华人民共和国和俄罗斯联邦关于发展新时代全面战略协作伙伴关系的联合声明》，旨在不断提升和深化新时代两国之间的全面战略协作，体现出中俄关系将朝着更高水平和更高质量发展。在新时代的背景下，两国领导人提出到 2024 年中俄双边贸易增长到 2000 亿美元的发展目标。2020 年中俄经贸合作克服新冠疫情影响，尽管规模缩减了 2.7%，但是仍然保持了 1000 亿美元以上（1077.7 亿美元）的水平，并出现了俄罗斯农产品对中国出口达 55.5 亿美元的历史新高。2021 年中俄制定完成《至 2024 年中俄货物贸易和服务贸易高质量发展的路线图》，为实现中俄双边贸易额 2000 亿美元目标做出明确规划。双方还商定促进跨境电商和服务贸易增长，继续积极落实《中国与欧亚经济联盟经贸合作协定》。双边贸易额高达 1468.9 亿美元，同比增长36.3%。2022 年双边贸易额达到 1902.7 亿美元，同比增长 29.5%。2023 年1~11 月达到 2181.8 亿美元，已经突破 2000 亿美元，提前实现了两国领导人设定的目标，全年达到 2401.1 亿美元。

从合作领域来看，双边经贸合作领域日益拓展，包括林业、农业、能源、科技、劳务、基础设施、跨境电商等。以"中俄科技创新年"为契机，双方不断提升在高新技术等领域的投资合作比重，积极推动两国科研机构、高校、企业及创新机构开展紧密合作，尤其是着力加强具有原创性、前沿性和前瞻性的协同攻关，推动双方在"大科学"装置方面的合作等。从合作方式来看，有边境小额贸易、一般商品贸易，也有相互投资合作、跨境物流通道建设等。从合作机制来看，主要有两国总理定期会晤机制、中俄合作制度趋同机制、中俄产业合作机制、中俄地方政府间沟通交流机制、中俄信息交流与共享服务机制、中俄法律咨询服务机制以及中俄文化合作机制、中俄民间合作机制等。从合作模式来看，主要有政府协议主导合作模式、价值链合作模式、贷款资源互换模式、境外开发资源模式、合作加工资源模式、境外园区发展模式、科技合作基地模式、中小企业市场合作模式等。依据实际情况，我们提出构建中国东北地区与俄罗斯远东地区的两种区域经贸合作模式，即"点轴合作开发模式""网状经济合作模式"。从合作路径来看，主要采取双边合作发展方向以两国文件为指针、战略性合作大项目以顶层设计为引领、逐步扩大合作规模以促进循环为动力、不断优化商品结构以提高品质为根本、提升相互投资水平以优化环境为前提、推动合作高质量发展以民心相通为基础等举措。

在当今百年未有之大变局的背景下，特别是在西方对中国和俄罗斯实施制裁乃至"脱钩断链"的情况下，中俄经贸合作负有对国家和地区经济社会发展的使命和责任，两者相互依存，从而形成中俄经贸合作的命运共同体、责任共同体和利益共同体，实现两国和东北亚及亚太地区的共同发展与繁荣稳定。

中俄区域经济合作是中俄双边经贸合作的重要支撑，主要是指中国东北地区和俄罗斯远东地区之间的经济合作。中国东北地区和俄罗斯远东地区在各自国家的经济发展中扮演着重要角色、发挥着重要作用。为了平衡国家区域经济社会发展，确保国家经济安全和边疆安全稳定，中国和俄罗斯先后推行东北老工业基地振兴与东部地区经济开发国家政策，并着手实施相应的开发与振兴战略。这为中俄两国区域开展经济合作、共同发展和繁荣创造了良好的政策条件。

20世纪90年代初以来，中俄区域经济合作在曲折中不断向前发展。中俄区域经济合作拥有良好的现实基础，如地缘区位优势、要素禀赋互补、国家政策契合与坚实的合作基础；两国区域经济合作形式日益多样化，由最初单一的易货贸易逐步发展到目前的边民互市贸易、边境小额贸易、一般贸易和投资合作等多种方式，形成了以边境小额贸易为主、一般贸易快速发展、其他贸易为补充和加工贸易正在兴起的格局；区域经济合作规模呈现不断扩大的总体态势；经济合作领域由少到多，日益多样化，已经涵盖木材贸易、能源、矿产资源开采、科技、承包工程与劳务、旅游、园区建设和跨境物流通道建设等诸多领域，而且有继续扩展的巨大潜力。

在"一带一路"与欧亚经济联盟建设对接、中俄新时代全面战略协作伙伴关系日益巩固和深化的大背景下，中俄不断加大东北地区和远东地区的开发力度，同时借助俄罗斯加入世界贸易组织、俄罗斯政府成立远东地区经济发展部、APEC峰会、东方经济论坛在符拉迪沃斯托克（海参崴）举行、俄罗斯推行"向东看"战略、构筑我国向北开放新高地等重大利好事件，通过"双向点轴合作开发模式"和"网状经济合作模式"，中俄两国区域经济合作迎来诸多发展新机遇。

在第四届东方经济论坛上，习近平主席提出中俄地方合作面临新形势、新任务、新要求，同时也迎来了新的历史性机遇。习近平主席强调，要借助中俄地方合作交流年的"东风"，"中俄远东合作将迎来丰收季"，开启两国地方合作的新时代。由此可见，中俄区域经济合作前景广阔，着力构筑我国向北开放新高地。

2023年3月，中俄两国元首签署了《中华人民共和国和俄罗斯联邦关于深化新时代全面战略协作伙伴关系的联合声明》和《中华人民共和国主席和俄罗斯联邦总统关于2030年前中俄经济合作重点方向发展规划的联合声明》，为双边关系和两国经济合作八个重点方向的未来发展做出明确的顶层规划设计，擘画了广阔的发展前景。

2024年5月16日发布的《中华人民共和国和俄罗斯联邦在两国建交75

周年之际关于深化新时代全面战略协作伙伴关系的联合声明》指出：中俄务实合作是促进两国经济社会发展和共同繁荣、保障技术进步和国家经济主权、实现国家现代化、增进人民福祉、维护世界经济稳定性和可持续性的重要因素。双方愿促进普惠包容的经济全球化。

　　展望未来，中俄经贸合作已从资源和能源领域拓展到农业、制造业和高新技术领域；从货物贸易拓展到服务贸易；贸易与投资互动发展；大中小企业齐头并进；政府企业协同合作，全方位、宽领域、新模式助力中俄经贸合作转向高质量发展新阶段，为 2024 年实现 2000 亿美元贸易目标奠定了坚实基础。①

---

① 刘华芹：《中俄经贸合作步入高质量发展新阶段》，《人民画报》2019 年 12 月 24 日。

目 录

|第一章|
相关理论基础

中俄经贸合作理论主要包括国际贸易相关理论和区域经济合作理论。国际贸易相关理论主要介绍要素禀赋论、新生产要素理论和国家竞争优势理论。区域经济合作理论主要介绍区域分工贸易理论、增长极理论和点轴开发理论等。

第一节 国际贸易相关理论

国际贸易相关理论主要介绍要素禀赋论、新生产要素理论和国家竞争优势理论等。要素禀赋论、新生产要素理论和国家竞争优势理论等对中俄经贸合作发展具有较强的解释力。

一 要素禀赋论

广义的要素禀赋论，是指除生产要素供给比例说之外，还包括要素价格均等化的原理。狭义的要素禀赋论，仅指生产要素供给比例说，它通过对相互依存的价格体系的分析，用不同国家的生产诸要素的丰缺，解释国际分工和国际贸易产生的原因和一国进出口商品结构的特点。

瑞典经济学家赫克歇尔（Eli F Heckscher）于 1919 年提出了要素禀赋论的基本观点，指出产生比较优势差异必备的两个条件。他的学生俄林（Bertil Ohlin）于 1930 年代对这一论点进行了充实论证，俄林在其代表作《地区间贸易和国际贸易》中进一步发展了生产要素禀赋理论，因而这一理论又称为 H-O 理论。H-O 模型以比较优势为贸易基础并有所发展，在两种或两种以上生产要素框架下分析产品的生产成本，用总体均衡的方法探讨国际贸易与要素变动的相互影响。其核心内容为，在两国技术水平相等的前提下产生比较成本的差异有两个原因：两国的要素充裕度不同、商品生产的要素密集度不同。

各国应该集中生产并出口那些充分利用本国充裕要素生产的产品，以换取那些密集使用其稀缺要素生产的产品。这样的贸易模式使参与国的福利都相应地得到改善。

20 世纪 40 年代，保罗·A. 萨缪尔森（Paul A. Samuelson）用数学方式演绎了 H-O 模型，指出国际贸易对各国收入差距的影响，将必然使不同国家的生产要素相对价格和绝对价格均等化，这也被称为生产要素价格均等化定理或 H-O-S 定理（赫克歇尔-俄林-萨缪尔森模型）。这一定理潜在地认为，在没有要素跨国流动的条件下，仅通过商品的自由贸易也能实现世界范围内生产和资源的有效配置。

与这一理论相关的还有另外两个基本定理，均对 H-O 理论进行了重要拓展。国际贸易对本国生产要素收益的长期影响，由斯托尔珀-萨缪尔森定理归纳为：出口产品生产中密集使用的要素（本国充裕要素）的报酬提高，进口产品生产中密集使用的要素（本国稀缺要素）的报酬降低；不论这些要素在哪个行业中使用。罗勃津斯基定理认为，在两种商品世界中，如果相对价格固定不变，一种生产要素增长会减少另一种商品产量。这表明要素禀赋的变化决定资源配置的变化。

二 新生产要素理论

新生产要素理论赋予了生产要素更丰富的内涵，在劳动、资本和土地的基础上，增加了自然资源、人力资本、技术、研究与开发、信息与管理等诸多新型生产要素。下面从新生产要素的角度说明国际贸易的基础和贸易格局的变化。

第一，自然资源理论。美国学者雅罗斯拉夫·凡涅克（Jaroslav Vanek）于 1959 年提出了以自然资源的稀缺解释里昂惕夫悖论的观点，认为美国进口自然资源的开发或提炼耗费了大量的资本，会使进口替代产品中的资本密集度上升。扣除资源的影响，美国资本密集型产品的进口就会小于其出口。

第二，人力资本理论。人力资本理论的主要代表人物为基辛（D. B. Keesing）、凯南（P. B. Kenen）、舒尔茨（T. W. Schultz），他们对 H-O 理论做了进一步扩展，将人力资本作为一种新的生产要素引入。通过对劳动力进行投资，提高其素质和技能，从而提高劳动生产率。人力资本充裕的国家在贸易结构和流向上，常常趋于出口人力资本或人力技能要素密集的产品。

第三，研究与开发学说。格鲁伯（W. Gruber）、维农（R. Vernon）认为，研究与开发亦是一种生产要素，一个国家出口产品的国际竞争能力和该种产品中的研究与开发要素密集度之间存在很高的正相关关系。各国研究与开发能力的高低，可以改变其在国际分工中的比较优势，从而改变国际贸易格局。

第四，信息要素。信息虽然是一种无形资源，但其却能创造价值。现代信息技术对生产的影响越来越显著，对信息的使用状况会影响一个国家的比较优势，从而改变一国的国际分工和国际贸易地位。

三　国家竞争优势理论

国家竞争优势理论是由哈佛大学教授迈克尔·波特（Michel E. Porter）提出的，从企业参与国际竞争这一微观视角解释国际贸易，弥补了比较优势理论在有关问题论述中的不足。波特认为，一国的竞争优势就是企业与行业的竞争优势，一国兴衰的根本原因在于其能否在国际市场中取得竞争优势。而竞争优势的形成有赖于主导产业具有优势，关键在于能否提高劳动生产率，其源泉就是国家是否具有适宜的创新机制和充分的创新能力。波特提出的"国家竞争优势四基本因素、两辅助因素模型"中，生产要素，需求状况，相关产业和支持产业，企业战略、结构和竞争，政府、机遇，这些都是国家竞争优势的决定因素。

波特根据以上各大要素建立了"钻石模型"，以说明各个因素之间如何相互促进或阻碍一个国家竞争优势的形成。从发展阶段来看，一个国家优势产业的发展可分为四个不同阶段，即生产要素推动阶段、投资推动阶段、创新推动阶段、财富推动阶段。

第二节 区域经济合作理论

区域经济合作理论主要介绍区域分工贸易理论、增长极理论和点轴开发理论。区域分工贸易理论主要包括亚当·斯密的绝对利益理论、大卫·李嘉图的比较利益理论以及赫克歇尔与俄林的生产要素禀赋理论；增长极理论通过增长极的极化和扩散效应，影响和带动周边地区和其他产业发展；点轴开发理论认为，点轴开发对地区经济发展的推动作用要大于单纯的增长极开发，也更有利于区域经济的协调发展。

一 区域分工贸易理论

分工贸易理论，起初是为解决国际分工与贸易问题而产生的，后来被区域经济学家应用于研究区域分工与贸易问题。早期的分工贸易理论主要有亚当·斯密的绝对利益理论、大卫·李嘉图的比较利益理论以及赫克歇尔-俄林的生产要素禀赋理论等。

亚当·斯密的绝对利益理论认为，任何区域都有一定的绝对有利的生产条件。如果按绝对有利的条件进行分工生产，然后进行交换，会使各区域的资源得到最有效的利用，从而提高区域生产率，增进区域利益。但绝对利益理论存在一个显而易见的缺陷，即未说明没有任何绝对优势的区域如何参与分工并从中获利。

大卫·李嘉图的比较利益理论解决了绝对利益理论无法回答的问题。该理论认为，在所有产品生产方面具有绝对优势的国家或地区，没必要生产所有产品，而应选择生产优势最大的那些产品进行生产；在所有产品生产方面都处于劣势的国家或地区，也不能什么都不生产，而可以选择不利程度最小的那些产品进行生产。这两类国家或地区可从这种分工与贸易中获得比较利益。比较利益理论发展了区域分工理论，但它不能对比较优势原理的形成做出合理的解释，并且与绝对利益理论一样，它是以生产要素不流动作为假定前提的，与实际情况不相符。

在分析比较利益产生的原因时，赫克歇尔与俄林提出了生产要素禀赋理论。他们认为，各个国家或地区的生产要素禀赋不同，这是国际或区域分工产生的最基本的原因。如果不考虑需求因素的影响，并假定生产要素流动存在障碍，那么每个区域利用其相对丰裕的生产要素进行生产，就处于有利的地位。生产要素禀赋理论对斯密和李嘉图的地域分工理论进行了补充和完善，但仍存在一些不足之处：第一，该理论舍弃了技术和经济条件等方面的差别，并假定各生产要素的生产效率是一样的，从而把比较优势当成是绝对的和不变的；第二，在分析中所包含的生产要素不够充分；第三，完全没有考虑需求因素的影响；第四，对自由贸易和排除政府对贸易的干预的假定等与现实不符。

二 增长极理论

增长极理论，最早是由佛朗索瓦·佩鲁提出的。汉森对这一理论进行了系统的研究和总结。该理论从物理学的"磁极"概念引申而来，认为受力场的经济空间中存在若干个中心或极，产生类似"磁极"作用的各种离心力和向心力，每一个中心的吸引力和排斥力都产生相互交汇的一定范围的"场"。这个增长极可以是部门的，也可以是区域的。

增长极理论的主要观点是，区域经济的发展主要依靠条件较好的少数地区和少数产业带动，应把少数区位条件好的地区和少数条件好的产业培育成经济增长极。通过增长极的极化和扩散效应，影响和带动周边地区和其他产业的发展。增长极的极化效应主要表现为资金、技术、人才等生产要素向极点聚集；扩散效应主要表现为生产要素向外围转移。在发展的初级阶段，极化效应是主要的，当增长极发展到一定程度后，极化效应逐步弱化，扩散效应加强。

增长极理论主张通过政府的作用来集中投资，加快若干条件较好的区域或产业的发展，从而带动周边地区和其他产业的发展。这一理论的实际操作性较强。但增长极理论忽略了在注重培育区域和产业增长极的过程中，也可能加大区域增长极与周边地区的贫富差距和产业增长极与其他产业的不配套，进而影响到周边地区和其他产业的发展。

三 点轴开发理论

点轴开发理论，最早是由波兰经济学家萨伦巴和马利士提出的。点轴开发理论是增长极理论的延伸，但在重视"点"（中心城镇或经济发展条件较好的区域）增长极作用的同时，还强调"点"与"点"之间的"轴"即交通干线的作用，认为随着重要交通干线如铁路、公路、河流航线的开通，连接地区的人流和物流将迅速增加，生产和运输成本相应下降，形成了有利的区位条件和投资环境。产业和人口向交通干线沿线聚集，使交通干线连接地区成为经济增长点，沿线成为经济增长轴。在国家或区域发展过程中，大部分生产要素在"点"上集聚，并由线状基础设施联系在一起而形成"轴"。

该理论十分看重地区发展的区位条件，强调交通条件对经济增长的作用，认为点轴开发对地区经济发展的推动作用要大于单纯的增长极开发，也更有利于区域经济的协调发展。改革开放以来，中国的生产力布局和区域经济开发基本上是按照点轴开发的战略模式逐步展开的。中国的点轴开发模式最初由中国科学院地理所陆大道提出并加以系统阐述，他主张中国应重点开发沿海轴线和长江沿岸轴线，以此形成"T"字形战略布局。

| 第二章 |

中俄经贸合作的现实基础

中俄经贸合作积累了较为丰富的合作经验，奠定了较为牢固的现实基础。双方拥有地缘区位优势、要素禀赋互补、国家政策契合、合作基础坚实等现实条件，这对于双边与区域经贸合作，无论是过去、现在还是将来，均发挥着重要作用。

第一节　地缘区位优势

中俄两国是毗邻大国，山水相连，拥有共同边界线超4300公里，其中两国东段边界达3038公里。在如此漫长的边境线上有公路［如黑河–布拉戈维申斯克（海兰泡）黑龙江（阿穆尔河）公路大桥，下称黑河–布拉戈维申斯克界河公路大桥］、铁路（满洲里口岸、绥芬河口岸、同江口岸等）相通，水路（哈尔滨港、佳木斯港、抚远港等）相连，航空（哈尔滨国际航空港）往来，构成了便利的立体跨境客流和物流运输大通道。

众多的对接口岸将两国沿边地区的城镇连接起来，形成了以边界为轴心的合作格局。便捷的地缘区位条件，使得中俄两国居民自古以来就有着良好的交流往来历史。地缘区位优势成为中国东北地区与俄罗斯远东地区开展区域经济合作得天独厚的良好客观条件。

地缘区位优势，多年来一直被视为双边经贸合作的一个重要客观因素。从双边层面来看，地缘优势依然"不变"，继续存在并发挥着应有的作用，有利于两国人员往来和物流快捷通达。

但是，从两国区域层面来看，随着"一带一路"倡议的推进实施，尤其是《中华人民共和国与俄罗斯联邦关于丝绸之路经济带建设和欧亚经济联盟建设对接合作的联合声明》《建设中蒙俄经济走廊规划纲要》的签署，两国加快了交通基础设施互联互通的进度。"苏满欧""沈哈欧""津哈欧""哈欧"等国际货运班列开通并实现常态化运行，使中俄欧的物流大通道全面贯通，将带动沿线地区的对外贸易和产业发展，构建起宏大的对外开放新格局。同江-下列宁斯阔耶铁路大桥、黑河-布拉戈维申斯克界河公路大桥以及航空、管道等基础设施节点逐步对接、互联互通，两国毗邻地区的地缘区位优势已不再是绝对优势，而变成了相对优势。

在这种情况下，中俄两国非毗邻省（区）之间的合作日益增多。我国南方部分省份与俄罗斯的贸易额呈现不断增加的态势，有时甚至超过我国对俄贸易大省——黑龙江省与俄罗斯的贸易额度。从俄罗斯方面来看，俄罗斯西北联邦区① 2014 年与中国的贸易额高达 115.08 亿美元，中国成为该联邦区第二大贸易伙伴国。中俄"长江-伏尔加"两河流域②经贸、人文合作始于 2013 年 5 月启动的"长江-伏尔加"合作机制，这两个非毗邻地区积极寻求利益契合点，以实现合作共赢的良好愿望。长江中上游六省（市）占中国经济总量的 22%，是中国重要的农业基地、制造业基地。伏尔加河联邦区占俄罗斯领土面积的 6.1%，国内生产总值占比 15%，是俄罗斯重要的工业区和农业区。双方共签署了 100 多个投资项目，其中有 21 个已执行，另有 78 个人文领域的合作项目正在落实之中。

由此看出，在便捷的跨境交通运输通道和发达的通信便捷的新时代历史条件下，空间距离已不再是直接影响双（多）边、双（多）方间开展合作的关键性因素，传统的地缘优势逐步弱化，不再显得那么突出和重要了。

---

① 俄罗斯西北联邦区包括阿尔汉戈尔斯克州、涅涅茨自治区、圣彼得堡市、加里宁格勒州、卡累利阿共和国、科米共和国、列宁格勒州、摩尔曼斯克州、诺夫哥罗德州、普斯科夫州、沃洛格达州 11 个联邦主体。
② 中俄"长江-伏尔加"两河流域包括中方长江中上游四川等 6 省（市）及俄罗斯伏尔加河沿岸联邦区 14 个联邦主体。

第二节　双边政治关系

政治关系是国家间往来的重要前提和基础。中俄双边政治关系的"变"体现在双边政治关系持续稳步发展、不断提档升级，其层次和内涵每上一个台阶都发生了质的变化。友好的历史友谊、互相认同的发展理念、互补的能源资源、重要的经贸关系，这一切利好条件让中俄两国近年来越走越近，中俄正在进行着全面与全方位的战略合作。中俄关系建立在政治领域高度互信、相互尊重、平等，相互支持和照顾彼此核心利益，尊重主权和领土完整及对方选择的发展道路，互不干涉内政、不以意识形态划线，恪守国际法等原则基础上。两国和两国人民发展世代友好和互利合作的愿望坚定不移，为双边关系健康稳定发展提供了强大动力。双方将继续视中俄关系为各自外交政策的关键优先方向之一，共同致力于将两国关系提升至新的更高水平。

中俄双边政治关系的"变"体现在两国关系的稳步快速提升上。自1992年以来，中俄双边政治关系稳步快速发展，从1992~1993年的一般友好国家关系发展到1994年的建设性伙伴关系，1996年又提升到面向21世纪的战略协作伙伴关系，2010年升级到全面战略协作伙伴关系，2013年进入全面战略协作伙伴关系的新阶段。不断升华的双边关系为两国开展包括经贸合作在内的全方位、宽领域的合作奠定了良好的、坚实的政治关系基础，进而成为双方合作的重要基础和推动因素。

2016年6月25日，中俄两国元首在北京举行会晤。中国国家主席习近平强调，中俄要加大相互政治支持。双方要在涉及彼此核心利益问题上相互支持，不断巩固和深化政治和战略互信。中俄都是世界主要经济体和新兴市场国家，双方要通过深化务实合作和利益交融，特别是推进两国发展战略对接和"一带一路"建设同欧亚经济联盟建设对接合作，推进更广泛的区域经济合作，共同应对世界经济发展中遇到的困难和挑战，保持我们两国经济持续良好发展势头。俄罗斯总统普京指出，作为战略协作伙伴，俄方愿同中方在各自核心利益和重大关切问题上相互理解和支持。俄方赞同加强双方在贸易、能源、高技术、安全、人文等领域合作，支持欧亚经济联盟同丝绸之路经济带建设对接合作。俄中两国在处理国际事务中立场相近，双方保持密切沟通协调十分必要。

2017 年，世界形势风云诡谲，大国关系互动频繁。在纷繁变化的世界中，作为安理会常任理事国和最大邻国，中国和俄罗斯根据两国元首达成的共识，秉持巩固和深化两国关系的方针，致力于实现共同发展振兴的目标，坚定捍卫国际公平正义和世界和平稳定的决心，围绕政治互信、务实合作、安全合作、人文交流、国际协作五条主线，一如既往地在双边框架内和世界舞台上开展平等、互信、共赢的合作，推动两国关系持续攀登更高水平，实现新发展，以实际行动树立了相互尊重、公平正义、合作共赢的新型国际关系典范。

2018 年 6 月 8 日，中俄两国元首在北京举行会谈，共同签署《中华人民共和国和俄罗斯联邦联合声明》，指出中俄伙伴关系是当今国与国关系的典范，中俄协作是维持世界战略平衡与稳定的关键因素。面对复杂多变的国际形势，中俄将进一步加强双方在国际事务中的战略协作，深入探讨广泛的国际和地区问题，将两国外交部门协作和在国际事务中的相互支持提升至新水平。在世界面临的不稳定不确定性突出的背景下，双方将继续深入开展战略安全磋商，保持两国外交部密切沟通，加强在各相关国际平台的协调配合。双方将继续发展和深化各领域合作，为此将开展具有战略意义和高度互信的高层对话，进一步完善双方政府、立法机关、政党、各部门、地区间的合作机制。中俄务实合作为巩固两国关系基础做出了实质性贡献，双边合作在多个领域取得显著进展，诸如双边贸易额持续提升，贸易结构不断优化，高科技等领域大型合作项目推进落实，两国科技、教育、卫生健康、大众传媒、体育、文化、旅游领域合作和人员往来不断增加。

2018 年 11 月 5~7 日，中俄总理举行会晤。《中俄总理第二十三次定期会晤联合公报》强调，中俄全面战略协作伙伴关系在各领域快速发展，内涵不断丰富。中俄关系是新时期国家间开展建设性对话的典范，符合两国人民的根本利益，是维护世界政治和经济稳定的重要因素。双方重申，愿就"一带一路"建设与欧亚经济联盟对接继续积极协作，将在开放、透明和考虑彼此利益的基础上，探讨构建"大欧亚伙伴关系"，促进地区一体化进程。双方确认将在所有重大双边和国际问题上相互坚定支持，为实现本国繁荣及维护世界和平、安全、发展开展紧密协作。

2019 年 6 月，中俄两国领导人将双边关系提升为新时代全面战略协作伙伴关系，双边关系达到历史新高度，确立了双边关系发展守望相助、深度融通、开拓创新、普惠共赢的新目标和新方向，这是中俄关系发展史上的里程碑，将有利于两国和东北亚地区乃至世界的和平与发展。

2019 年 9 月 17 日，中国国务院总理李克强在圣彼得堡与俄联邦政府总理梅德韦杰夫举行中俄总理第二十四次定期会晤。双方签署了《中俄总理第二十四次定期会晤联合公报》，并共同见证了投资、经贸、农业、核能、航天、科技、数字经济等领域十余项双边合作文件的签署。两国将继续挖掘合作潜力，进一步扩大双边合作规模。双方将不断完善政府间合作机制，继续经贸和投资合作，提高贸易便利化水平，加强能源合作、农业全产业链合作，深化跨境运输合作、信息通信技术合作，办好 2020 年、2021 年"中俄科技创新年"活动，加强北极可持续发展合作，支持本币结算与贸易融资、支付系统和银行卡合作，强化上海合作组织和金砖国家及亚太经合组织等多边框架下的区域发展合作等。

面对 2020 年突袭而至的新冠疫情，习近平主席和普京总统多次通话，就中俄合作抗疫达成重要共识。双方相互提供抗疫支援，互派专家组，积极推进抗疫国际合作，以实际行动生动地诠释了守望相助、患难与共的中俄关系新时代的内涵。

2020 年是中俄关系又一个十年的开局之年。在习近平主席和普京总统的战略引领下，中俄双边关系日臻成熟、稳定、独立、坚韧，不受外部环境变化的影响，可以说，中俄全面战略协作已超出双边范畴，对维护地区和世界和平稳定具有重要意义。面对百年未有之大变局，迎来各种新机遇新挑战，中俄双方要进一步加强战略互信，加大相互支持，深化利益交融，促进民心相通，携手实现中俄共同发展和同步振兴与繁荣。

2021 年，在世界百年未有之大变局和新冠疫情双重叠加的背景下，面对各种风险挑战，在习近平主席和普京总统的亲自引领下，中俄关系呈现更加紧密的战略协作。这一年是《中华人民共和国和俄罗斯联邦睦邻友好合作条约》签署 20 周年。两国将不结盟、不对抗、不针对第三方的新型国家关系和世代友好的共同理念用法律形式固定下来，建立起元首互访、总理定期会晤和各层级、多领域对话合作机制。双方正式宣布《中华人民共和国和俄罗斯联邦睦邻友好合作条约》延期，中俄新时代全面战略协作伙伴关系为延期后的条约注入了新的时代内涵。2021 年 12 月 15 日，习近平主席同普京总统举行视频会晤，共同向世界发出携手"一起向未来"的信号，并商定"冬奥之约"，共同开启后疫情时代的中俄关系新篇章。

变局时代下的中俄高水平、高频率、高质量元首外交，彰显了《中华人民共和国和俄罗斯联邦睦邻友好合作条约》的核心内涵。2021 年 6 月 28 日中俄两国元首正式宣布该条约延期。

2022 年 2 月 4 日，中国国家主席习近平同俄罗斯总统普京共赴"冬奥之约"，双方发表《中华人民共和国和俄罗斯联邦关于新时代国际关系和全球可持续发展的联合声明》。双方重申"相互尊重、和平共处、合作共赢的新型大国关系"，指出中俄新型国家间关系已超越冷战时期的军事政治同盟关系模式。同年 12 月 30 日，两国元首举行视频会晤，表明两国关系不受外部因素影响，堪称新时代大国关系的典范。

2023 年 10 月 18 日，中俄两国元首举行会晤。习近平主席指出，普京总统连续三次出席"一带一路"国际合作高峰论坛，体现了俄方对共建"一带一路"倡议的支持。双方要推动中俄务实合作高质量发展，积极开拓战略性新兴产业合作，以 2024~2025 年中俄文化年为契机，举办更多丰富多彩的文化交流活动。

中俄双边政治关系的"不变"是指稳定发展、平衡发展、持续发展、深化发展，是中俄之间建立全面战略协作伙伴关系以来的常态。当前中俄新时代全面战略协作伙伴关系持续快速稳定发展，处于历史最好时期，呈现更加积极的态势。高度的政治互信和密切的战略协作是两国关系高水平的重要标志。成熟稳定的中俄关系不仅是实现两国各自安全和发展的保障，也是维护世界和平稳定的重要积极因素和建设性力量。

不断巩固和深化的中俄国家间政治关系始终是两国开展包括经贸合作在内的各领域合作的重要前提和牢固基础。如果双边政治关系不稳定，乃至出现摩擦或矛盾及冲突，那么两国加强往来和交流就会受到较大影响，开展全方位合作就无从谈起。反过来，双边经济关系不好又会对双边政治关系产生负面影响。

在双方多年的共同努力下，中俄全面战略协作伙伴关系已成为内涵丰富、战略意义突出的一组大国关系，为促进两国各自发展振兴、捍卫世界和地区的和平与稳定做出重要贡献。

第三节　国家政策契合

中国振兴东北老工业基地战略的实施，不仅明确了东北地区与俄罗斯开展经贸合作的目标，同时还提供了强有力的政策保障。乌克兰危机以来，俄罗斯实施"向东看"战略，已经将经济开发的重点向东部倾斜，加大了对东部地区的开发力度，制定了东部大开发战略。

中俄双方战略、政策上的耦合性，使双方经贸联系更加紧密。一方面，俄罗斯看到了中国改革开放产生的巨大经济效应，同时也看到了中国东北经济高速发展带来的机遇，这一契机促使俄罗斯利用东北振兴战略，加大与我国东北地区合作的决心和力度。另一方面，俄罗斯经济的高速增长，经济环境的不断改善，陆续出台的扩大与亚太国家与地区，特别是与中国经贸合作的举措，使东北地区看到了发展对俄贸易趋好的合作环境，双方在制定贸易合作的策略上达成了共识。

中国东北地区在"一带一路"建设布局中是我国面向北部开放的窗口。"一带一路"把中国东北老工业基地振兴战略与俄罗斯远东地区发展战略紧密地联系起来，成为推动中国东北地区与俄罗斯远东地区合作的强大动力。在"一带一路"框架下，中国东北地区与俄罗斯远东地区积极开展跨境公路、铁路、港口等基础设施建设，发展互联互通，建立陆海联运国际交通走廊，扩大经贸和投资领域合作，深化能源领域合作。在此基础上，中俄两国还将打造"冰上丝绸之路"、建设欧亚大陆交通走廊和能源运输大动脉。这将会进一步扩大和深化中俄两国经济合作空间，为中国东北地区与俄罗斯远东地区经济合作创造广阔的发展前景。

《东北振兴"十二五"规划》确定了面向俄罗斯远东地区的开放与合作

政策，包括"组织实施《中国东北地区同俄罗斯远东及东西伯利亚地区合作规划纲要（2009—2018）》，加快建设同江铁路大桥，积极推动黑河、洛古河、东宁大桥等跨境通道建设。加强东北地区对俄科技合作，设立中俄地区合作发展（投资）基金，加强对中俄地区合作项目的金融支持。推动黑瞎子岛保护与开放开发，建设对俄合作示范区"。扩大东北东部沿边地区对外开放，提升对外开放层次和水平。积极开展在能源资源、林业、农业、基础设施、物流商贸等领域的投资合作。

2012 年 8 月 22 日俄罗斯正式加入 WTO。作为全球第九大经济体，俄罗斯"入世"将为全球贸易带来新的增长动力，而作为俄罗斯最大的贸易伙伴，中国对俄经贸合作也将面临新的机遇。俄将遵从各项 WTO 规则，其投资和贸易活动将更加开放，低效的进口替代战略和产业补贴制度也将改善。将降低关税，从当年的 9.5% 逐年递减，2013 年降至 7.4%，2014 年降至 6.9%，2015 年降至 6.0%。在 WTO 框架下，中俄两国的经贸合作将更加顺畅，合作机遇更多。

以 2012 年为标志，俄罗斯实行更加积极的远东地区开放政策。2012 年 9 月，俄罗斯在远东城市符拉迪沃斯托克举办了亚太经济合作组织第二十次领导人非正式会议，这是俄罗斯实行远东地区开放政策的标志性事件。它表明俄罗斯把远东地区开发与面向亚太地区开放紧密地联系起来。正如普京总统所说，它使"俄罗斯远东地区成为俄罗斯通向广阔的亚太地区的大门，成为俄罗斯向亚太地区开放的大门，成为亚太地区通向欧洲最快和最划算的通道"。

2013 年乌克兰危机爆发后，俄罗斯受到西方制裁，实施"向东看"战略，着力加强与中国等东北亚地区国家的合作，两国东部毗邻地区的合作日益紧密。

2015 年 9 月，俄罗斯在远东城市符拉迪沃斯托克举行了第一届东方经济论坛。东方经济论坛是推动俄罗斯远东地区与亚太地区合作的对话和交流平台，每年举行一届，地点在符拉迪沃斯托克市。俄罗斯总统普京出席会议，主要是邀请亚太地区国家领导人、政府高级官员、国际组织和工商界代表参加会议。2017 年 9 月 6~7 日，俄罗斯在符拉迪沃斯托克市举办了第三届东方经济论坛。来自 60 多个国家的 6000 多名代表参加会议，中国国务院副总理汪洋、日本首相安倍晋三、韩国总统文在寅等都出席了本届论坛会议。东方经济论坛的目的是加快远东地区的经济发展，扩大与亚太地区的国际合作，提升远东地区投资的吸引力，为俄罗斯与外国商业伙伴相互协作提供更多机遇。

为了加快俄罗斯远东地区经济开发，推动俄罗斯远东地区对外开放，吸引对俄罗斯远东地区的投资，俄罗斯在远东和贝加尔地区建立了超前社会经济发展区和自由港制度。2014 年 12 月 29 日，俄罗斯总统普京签署了《俄罗斯经济社会超前发展区法律》，该法律于 2015 年 3 月正式生效。截至目前，在俄罗斯远东和贝加尔地区已经建立了 18 个超前发展区。入驻企业享有的优惠政策如下：①实行优惠的相关不动产租赁价格。②实行俄联邦税法中规定的优惠税政［入区前 5 年免向国家缴纳利润税（正常纳税标准是 2%）；入区前 5 年向地方缴纳的利润税不高于 5%，之后不高于 10%（正常纳税标准是 18%）；前 10 年享受 7.6% 的保险费率（正常标准是 30%）；实行优惠的矿产开采税］。③根据相关法律规定，免交财产税和土地税。④实行特殊的国家和地方监管制度：国家和地方监察机关对发展区进行的单项例行检查要共同进行，检查程序由联邦政府确定；每年的例行检查计划要与联邦委派机构协商确定。例行检查自检查之日起 15 个工作日内结束。正常情况下，针对区内小型企业每年检查总计时间不得超过 40 小时，针对微小企业不得超过 10 小时。⑤优先接入基础设施管网。⑥享有国家服务。⑦实行自由关税区制度。

2015 年 7 月，俄罗斯总统普京签署了《关于符拉迪沃斯托克自由港法律》，到目前已经建立了 4 个自由港。为企业提供以下税收优惠：①增值税。自由港入驻企业在提交纳税申报书和管理公司担保合同后，有权使用退税申请程序。如果纳税人在税务部门提出要求之日起 15 日内未退回其过多获得（抵免）的税款，管理公司有义务代付。②利润税。自获得首笔利润的纳税期起，5 个纳税期内（利润税纳税期为 1 年），应向联邦预算纳税税率为 0，应向滨海边疆区预算纳税税率不高于 5%。此后 5 个纳税期内应向滨海边疆区预算纳税税率不低于 10%。入驻企业在 3 个纳税期内未获得利润，则上述纳税优惠期从第 4 个纳税期开始计算。

入驻企业享受上述优惠税率政策，需符合下列条件：在自由港区域内进行法人国家注册；在自由港区域外没有所属的分支机构；未适用俄联邦税法典规定的特殊税收制度；不属于纳税人统一小组成员；不属于非商业机构、银行、保险公司、非国有退休基金、证券市场职业参与者和清算机构；不属于任何一种特殊经济区入驻企业；不属于地区投资项目参与者。此外，执行在自由港开展经营活动协议产生的收入，不低于确定为纳税税基的总收入的90%；对执行在自由港开展经营活动协议产生的收入（支出）和其他经营活动收入（支出），进行独立核算。

按照法律规定，在俄罗斯远东和贝加尔地区超前发展区和自由港投资的企业或公司都可享受投资、税收、海关、劳动制度等方面更加优惠的政策，简化行政审批和管理程序。从 2017 年 8 月 8 日开始，俄罗斯远东地区符拉迪沃斯托克自由港实行电子签证制度。通过自由港到达远东地区可以通过免费电子签证办理入境手续，简化了赴俄罗斯远东旅游和投资的管理程序。

2018 年 9 月习近平主席赴俄出席第四届东方经济论坛，其间签署了《中俄在俄罗斯远东地区合作发展规划（2018-2024 年）》（以下简称《规划》），并在中俄总理第二十三次定期会晤期间正式批准。加强中俄两国在俄罗斯远东地区的合作是两国元首达成的重要共识，也是双方务实合作的优先方向。为进一步加强对两国地方和企业合作的指导，商务部会同国家开发银行与俄罗斯远东发展部共同编制了该《规划》。重点归纳了俄罗斯远东地区在地理位置、能矿资源、农林水产、交通运输、航空船舶制造等方面对中国投资者的合作优势；详细介绍了俄罗斯远东地区支持外国投资者的国家政策，以及为中国投资者提供的机遇，涉及税收优惠、重点引资的地域和领域、基础设施和资金配套支持政策、电子签证等内容；通过事实和数据阐释俄罗斯远东地区对华经贸合作情况；推介在俄罗斯远东地区开展中俄经贸合作的七个优先领域，包括天然气与石油化工业、固体矿产、运输与物流、农业、林业、水产养殖和旅游等；详细介绍了俄罗斯远东地区中俄战略合作项目和基础设施项目；全面阐释俄罗斯远东地区中俄经贸合作发展机制。

总体来看，《规划》基础扎实、内容翔实，充分体现了双方产业优势、市场情况、政策环境等，是指导双方合作的纲领性文件，也是中国企业投资俄罗斯远东地区的行动指南。

2018 年和 2019 年为中俄地方合作交流年，这是中俄全面战略协作伙伴关系的重要组成部分，延续了两国互办国家级主题年活动的良好传统，体现了中俄关系的高水平和特殊性，有助于调动地方开展合作的积极性，深入挖掘合作潜力，进一步丰富中俄全面战略协作伙伴关系的内涵。2018 年 2 月 7 日，在哈尔滨，中共中央政治局常委、国务院副总理汪洋与俄罗斯联邦政府副总理兼总统驻远东联邦区全权代表特鲁特涅夫举行了中国东北地区和俄罗斯远东及贝加尔地区政府间合作委员会双方主席会晤，并出席中俄地方合作交流年开幕式。

汪洋指出，在习近平主席和普京总统的战略引领下，中俄全面战略协作伙伴关系继续高水平运行，各领域合作全面推进，取得了新的重要成果，中国作为俄第一大贸易伙伴国、主要外资来源国的地位得到进一步巩固。地方合作是中俄关系的基础。中俄地方交流合作已基本实现领域和地域全覆盖，中国同俄罗斯远东地区贸易快速增长，投资合作方兴未艾，互联互通项目进展顺利，人文交流日益热络。两国进一步完善合作机制和平台、加强规划对接、明确重点合作项目、优化营商环境、密切人文合作交流，让中俄地方交流合作希望的种子开花结果。

特鲁特涅夫表示，中国是俄罗斯最重要的政治、经济合作伙伴之一，两国各领域合作前景广阔。俄方愿同中方一道，加快互联互通基础设施建设，落实便利化措施，进一步挖掘中俄各地区间发展的潜力，推动双方合作不断深化。

2019 年 6 月，《中华人民共和国商务部、农业农村部与俄罗斯联邦经济发展部、农业部关于深化中俄大豆合作的发展规划》为全面扩展和深化中俄两国大豆贸易与全产业链合作奠定了重要基础。两国有关部门还签署了俄罗斯大麦等五项农产品准入的协议，为农产品贸易持续快速增长奠定基础。

2019 年 10 月正式生效的《中国与欧亚经济联盟经贸合作协定》将促进我国与欧亚经济联盟成员国之间经贸、海关、质检等部门的紧密合作，不断提升双方的贸易投资便利化水平。除上述文件外，双方还签署了《中华人民共和国工业和信息化部与俄罗斯联邦数字发展、通信和大众传媒部关于数字技术开发领域合作谅解备忘录》等合作文件，为深化中俄经贸合作奠定了坚实的法律基础。中俄总理第二十四次定期会晤首次明确提出了"企业主体、市场主导、商业运作、国际惯例"的原则以助推两国经贸合作稳步发展，深化上中下游全方位一体化能源合作，构建农业全产业链等全新合作模式，为双边经贸合作高质量发展引领新方向。中俄两国还决定互设投资促进机构代表处，鼓励设立中俄联合科技创新基金，使中俄能源商务论坛实现机制化等有效举措为深化双边经贸关系提供切实可靠的保障。

中国海关总署发布的公告信息显示，将出口中国的大豆产区扩展到俄罗斯全境，增加水路（包括海运）的运输方式。在遵守市场原则的基础上，中俄应充分挖掘双方大豆合作的巨大潜力，不断加强农业全产业链合作，构建起长期稳定的合作格局。中俄农业产业化合作受到自然、政策与社会文化等多种因素的较大影响，因此双方应强化农业产业化合作的风险意识，积极购买相关业务保险，将双方合作的风险逐步化解。

2020 年中俄贸易总额为 1077.7 亿美元，同比减少 2.7%。农产品贸易成为双边贸易中一个新的亮点，中国成为俄罗斯农产品和肉类的第一大出口市场，额度达 55.5 亿美元。"宅经济"使俄对电子产品需求急剧增加，对俄笔记本电脑、平板电脑出口分别增长 39% 和 29%，中国品牌智能手机跃居俄市场销量榜首。科技创新合作全面深化，中俄联合科技创新基金（总额达 10 亿美元）启动运营，在 5G、云服务、智慧出行等领域的合作进展可观。地方合作稳步推进，重新修订了《规划》，积极推动贸易往来和复工复产，中国保持俄罗斯远东联邦区、西伯利亚联邦区、乌拉尔联邦区和西北联邦区等地方第一大贸易伙伴。

2022 年中俄制定完成《中俄货物贸易和服务贸易高质量发展的路线图》，为实现中俄双边贸易额 2000 亿美元目标做出明确规划。双方还商定促进跨境电商和服务贸易增长，继续积极落实《中国与欧亚经济联盟经贸合作协定》。双边贸易额高达 1468.9 亿美元，同比增长 36.3%。

2022 年中俄签署了《中华人民共和国商务部和俄罗斯联邦经济发展部关于完成制定〈中俄货物贸易和服务贸易高质量发展的路线图〉的联合声

明》《中华人民共和国商务部和俄罗斯联邦经济发展部关于推动可持续（绿色）发展领域投资合作的谅解备忘录》《中华人民共和国海关总署和俄罗斯联邦海关署关于"经认证的经营者"互认的安排》《中华人民共和国海关总署与俄罗斯联邦农业部关于〈俄罗斯输华小麦植物检疫要求议定书〉补充条款》《中华人民共和国海关总署和俄罗斯联邦兽医和植物卫生监督局关于俄罗斯苜蓿草输华检验检疫要求议定书》《中国石油天然气集团有限公司与俄罗斯天然气工业股份公司远东天然气购销协议》等合作文件，为双方开展全方位合作创造良好条件。2022 年中俄双边贸易额达到 1902.7 亿美元，同比增长 29.5%。

2023 年 3 月，中俄两国元首签署了《中华人民共和国和俄罗斯联邦关于深化新时代全面战略协作伙伴关系的联合声明》和《中华人民共和国主席和俄罗斯联邦总统关于 2030 年前中俄经济合作重点方向发展规划的联合声明》，为双边关系和两国经济合作八个重点方向的未来发展做出明确的顶层规划设计，擘画了广阔的发展前景。2023 年 12 月 19 日，中俄总理举行第二十八次定期会晤，落实两国元首重要共识，双方进一步对接发展战略，保持双边贸易、投资合作增长良好势头，深化能源领域合作，提升互联互通和贸易自由化便利化水平。2023 年中俄双边贸易额达到 2401.1 亿美元，突破 2000 亿美元，提前实现两国领导人设定的目标。

第四节 要素禀赋互补

中俄两国在劳动力、资金、技术、自然资源等要素禀赋方面存在较大差异，为双方开展经贸合作创造了客观条件。

要素禀赋互补是中俄开展双边经贸合作的一个重要因素，其"不变"表现在中俄两国在劳动力、土地、资本、技术等要素禀赋方面至今依然存在很强的互补性，是双方不断扩大合作规模、领域和层次的不可或缺的重要条件，具有较强的经济结构互补性和要素禀赋互补性，为中俄双边贸易合作持续发展的重要前提条件。

随着中国经济的高速发展以及产业结构的不断优化升级，中国在机械、化工等工业制成品上的优势不断增强，而在传统的原材料、农产品以及服装纺织上的优势逐渐让位。尽管中国经济步入"新常态"，但是经济增长速度相对其他国家仍然较高，在这种情况下，中国受到的资源约束越来越突出，这就使在能源和矿产品等自然资源上具有明显比较优势的俄罗斯对中国经济发展的意义获得了进一步的提升。

中国与俄罗斯在不同商品的显示性比较优势指数（Revealed Comparative Advantage Index）上存在较大的差异，具有较强的互补性。显示性比较优势指数是由美国经济学家贝拉·巴拉萨提出来的一种普遍用来计算比较优势的方法，同时也是一种分析贸易互补性的重要指数。[①] 具体测算标准为：一个国家某种商品的出口占其本国出口总值的份额与世界贸易中该商品的出口占世界出口总值的份额之比。该指数可以比较准确地分析一国的某种产品在世界贸易中的优势大小和竞争能力强弱，从而为一国制定相关贸易政策提供可资借鉴的参考。

2003~2010 年，俄罗斯矿物燃料、润滑油及有关原料的显示性比较优势指数分别为 5.081、4.697、4.173、4.110、4.108、4.803、4.071、5.024，都在 4 以上，有两个年份竟高达 5 以上，说明俄罗斯在此类商品上具有超强的国际竞争力。相比之下，我国在此类商品的显示性比较优势指数较低，分别为 0.247、0.216、0.169、0.125、0.119、0.128、0.119、0.132，表明我国该类商品的国际竞争力较弱。[②]

为了更具说服力，我们又以 2013 年俄罗斯石油出口为例来计算其显性比较优势指数：$RCAkx_i = (1725/2901.3) / (33452/189540) \approx 3.37$。可以看出，俄罗斯石油的显性比较优势指数为 3.37，大于 2.5，说明俄罗斯石油

---

① 显示性比较优势指数的计算公式为：$RCAkx_i = (Xk_i/X_i) / (Wk/W)$。其中，$X_i$ 表示的是一国所有产品的出口额，Xk_i 表示的是一国 k 类产品的出口额；W 表示的是所有产品的世界出口总额，Wk 表示的是 k 类产品的世界出口总额。如果一国某出口产品的 RCA 指数比较大，那么就表明这个国家的某种商品在世界对外贸易中具有较强的比较优势，也可以表示该国在这类产品的出口方面的竞争优势非常大。当显性比较优势指数大于 2.5 时表示该国的此类商品出口有极强的国际竞争力；当指数在 1.25~2.5 时表示此类商品出口具有较强的竞争力；当指数在 0.8~1.25 时表示该类商品出口具有中等程度竞争力；而当小于 0.8 时表示具有弱竞争力。

② 欧阳卉：《中俄双边贸易竞争性、互补性及其对策研究》，《商场现代化》2013 年第 7 期。

出口具有极强的国际竞争力。

总体来看，俄罗斯在资源密集型产品上具有较强的竞争性，其原因在于俄罗斯自然资源丰富，能源、矿产、森林等资源位居前列，有着极强的比较优势，在木材及其制成品、铜及其制成品、铝及其制成品上具有较强的比较优势。

不过，俄罗斯以轻工业产品为主的杂项制品的显性比较优势指数多数年份在 0.1 以下，2003~2010 年分别为 0.106、0.086、0.063、0.058、0.064、0.052、0.031、0.078，表明俄罗斯在该类产品上的比较优势非常小，竞争力较弱。而中国以轻工业产品为主的杂项制品的显性比较优势指数 2003~2010 年分别为 2.265、2.176、2.186、2.193、2.152、2.304、2.185、2.433，均在 2.0 以上，表明中国具有较强的国际竞争力。①

我国轻工业产品出口具有极强的国际竞争力。以 2013 年为例，我国轻工业产品出口额为 5583.38 亿美元，占出口总额 22096 亿美元的 25%，这一年我国出口值占全球贸易出口市场份额的 11.7%，可以得出中国轻工业产品出口额占全球贸易出口市场份额的 2.9%。我国已经确立了世界轻工业产品生产大国和出口大国的地位，逐步形成了从原材料加工生产到销售服务的一个完整的生产、销售、配套的产业集群，国际市场竞争力不断增强。据俄罗斯媒体报道，"中国轻工业产品在俄罗斯市场所占的份额已接近危险程度 60%"②。

从贸易互补性指数（Trade Complementarity Index）来看，中国与俄罗斯在轻工业产品、手工制成品、化工产品、机械制成品上具有较强的出口互补性，而在原材料、初级产品上与其有较强的进口互补性。

要素禀赋互补的"变"体现在中国劳动力的红利期已过，出现了劳动力由过剩向短缺的转折点，即刘易斯拐点。我国劳动力不再那么廉价，造成生产成本的增加。资本方面，20 世纪 90 年代中俄两国都缺少资本，但是随着中国经济的持续稳步快速发展，中国已经成为世界第二大经济

① 欧阳卉：《中俄双边贸易竞争性、互补性及其对策研究》，《商场现代化》2013 年第 7 期。
② 《中国轻工产品占俄市场近六成份额》，《俄罗斯报》2011 年 11 月 16 日。

体，总体经济实力增强，资本雄厚。而俄罗斯则因经济发展起伏波动，急需外国资本的投入。在资本要素上，中俄两国互补性增强。技术方面，不再是中国一味地从俄罗斯引进技术，而出现了中国某些领域的技术得到了俄罗斯方面的认可并加以引进，双方技术合作范围领域越来越广、层次日益提高。

可见，要素禀赋互补，无论过去、现在还是将来，都是中俄开展双边经贸合作的一个重要因素。

第五节　两国市场互补

中俄两国市场互补空间存在巨大的可开发潜力，从总体上来看，中俄经济以及开展双边经贸合作互补性的基础和内涵始终没有发生变化。从经济长期发展角度看，作为两个毗邻大国，中国可以为俄罗斯丰富的资源产品、技术提供巨大的市场空间，俄罗斯从中国获取其经济社会发展所需要的商品和技术装备。[①]

从中俄两国目前的实际市场需求来看，中国对俄罗斯的能源和军民两用技术的需求呈现长期性的特征，而中国的中高档日用品、电子产品、通信产品、某些机构产品，包括各国跨国企业在中国生产的同类产品和耐用消费品、某些食品在俄罗斯市场销售前景看好。

据中国中央电视台 2002 年 5 月 26 日报道，中国的著名家电产品在莫斯科友谊商店落户，进入了俄罗斯市场，受到俄罗斯消费者的欢迎。这是当年的一个很好的例证。从近些年两国的经贸合作实践来看，特别是乌克兰危机以来，中俄经贸合作格局和形势已经发生了重大变化，双边经济合作的规模正在由以中小型项目为主转变为以大中型项目为主。两国间大中型长期合作项目的实施将开发出不少带动相互投资合作生产的新项目。

新时代中俄不断加强互利合作，不断巩固经贸、能源、互联互通等传统

---

① 姜振军：《中俄经贸合作实现跨越式发展的优先合作领域及对策建议》，《俄罗斯研究》2002 年第 4 期。

领域的合作，推进电子商务、生物医药、科技创新和数字经济等新业态方面的合作，持续拓展双方利益融通的深度、广度和厚度。

第六节　外部环境推动

尽管某些国家或地区出现了一股逆全球化潮流，但是从长远发展来看，经济全球化和一体化的趋势不可逆转，国际贸易作为各国间开展经济联系的一种主要形式，不断推动着世界经济的全球化和一体化进程，同时其本身又在这一进程中得到了完善和发展。世界经济全球化和一体化与国际贸易相互促进、相互影响，成为当代世界经济和国际经贸合作发展的最重要特征。

目前，世界多数国家致力于利用世界经济全球化和一体化的主流趋势，加快以"观念创新""格局创新""制度创新""政策创新""结构创新""工业创新"等为主要内容的贸易创新，提高一国参与国际竞争和维护国家利益的优势地位和竞争能力，把最大限度地保护本国市场、开拓国外市场作为保护国家经济安全的重要因素。

当前，世界发展重心在由西方转向东方，这为中俄加强双边经贸合作创造了良好的客观条件。乌克兰危机以来，特别是2022年俄乌冲突爆发后，美西方对俄罗斯实行史上最严厉、最全面的制裁，同时对中国进行"脱钩断链"，极力打压遏制，客观上推动中俄两国加强全方位合作。

以上这种难得的客观国际经济环境为中俄经贸合作大发展创造了千载难逢的机遇，我们务必顺应全球贸易发展的大趋势，一定能够将双边经贸合作提高到一个全新的、更高的水平和层次。

| 第三章 |

中俄经贸合作状况

中俄经贸合作发展中诸多因素的"变"与"不变"都深刻影响着双边合作的走势。中俄不断深化双边各领域合作，尤其是不断加强"一带一路"框架下的政策沟通、设施联通、贸易畅通、资金融通、民心相通等方面的合作，未来双边经贸合作的领域将不断拓展、层次不断提升、规模不断扩大，双边经贸合作将真正步入全方位高质量发展的新阶段，为巩固和深化中俄新时代全面战略协作伙伴关系奠定坚实的物质基础。

中俄区域经济合作的发展走势与双边经贸合作的发展走势大体一致，在合作规模、商品结构、合作领域、合作方式及结算方式等方面保持着总体一致的节奏。

第一节 合作规模

中俄双边经贸与区域经贸的合作规模总体上呈现不断增长的态势，且两者基本保持着相同的发展走势。

一 双边经贸合作规模

中俄双边经贸合作规模即体量规模，始终呈现量"变"的态势，尽管个别年份有所下降，但是总体呈现不断增长的趋势，体量规模向着不断扩大的方向发展"变化"。

第一阶段：起步调整时期（1992~1999年）。

20世纪90年代，中俄经贸合作延续了中苏贸易的发展。当时新俄罗斯处于转型起步期，产业结构不合理，市场商品短缺，尤其是轻工产品严重匮乏。1992年中俄贸易额为58.6亿美元，1993年贸易额达到76.8亿美元的历史高点，1994年为50.8亿美元，1995年为54.6亿美元，1996年为68.3亿美元，1997年为61.2亿美元，1998年为54.8亿美元，1999年为57.2亿美元（见图3-1）。

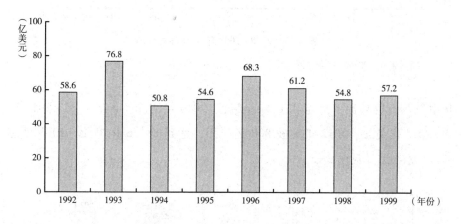

图3-1　1992~1999年中俄贸易额

资料来源：根据中国海关数据整理。

第二阶段：快速发展时期（2000~2008年）。

2000年普京就任俄罗斯总统，开启了俄罗斯的"普京时代"，俄罗斯经济步入稳步快速增长轨道。中俄双边贸易规模与俄罗斯经济走势总体呈正相关关系。2000年中俄贸易额为80.0亿美元，2001年为106.7亿美元，2002年为119.3亿美元，2003年为157.6亿美元，2004年突破200亿美元，达到212.3亿美元，2005年为291.0亿美元，2006年突破300亿美元，达到333.9亿美元，2007年突破400亿美元，达到481.7亿美元，2008年突破500亿美元，达到568.3亿美元（见图3-2）。

第三阶段：调整发展时期（2009~2013年）。

2008年爆发国际金融危机，对中俄双边经贸合作产生很大影响。2009

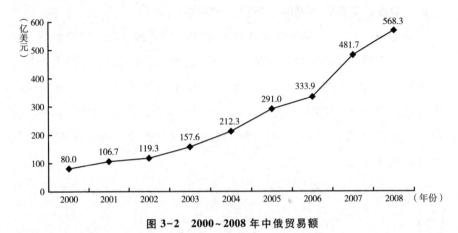

图 3-2　2000~2008 年中俄贸易额

资料来源：根据中国海关数据整理。

年中俄双边贸易额下降至 381.4 亿美元，2010 年为 554.5 亿美元，2011 年为 792.5 亿美元，2012 年突破 800 亿美元，达到 881.6 亿美元，2013 年为 892.1 亿美元（见图 3-3）。

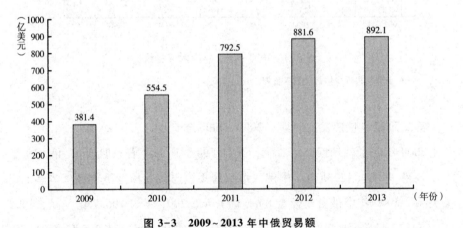

图 3-3　2009~2013 年中俄贸易额

资料来源：根据中国海关数据整理。

第四阶段：逆势突破时期（2014 年以来）。

乌克兰危机后，在西方制裁冲击下 2014~2019 年中俄经贸合作先降后升，2014 年突破 900 亿美元，达到 952.8 亿美元。2015 年为 830.0 亿美元，

2016 年为 695.0 亿美元，2017 年为 840.7 亿美元。2018 年实现了历史性突破，超过 1000 亿美元，达到 1070.6 亿美元。2019 年延续了增长势头，达到 1107.6 亿美元（见图 3-4）。

图 3-4　2014 年以来中俄贸易额

资料来源：根据中国海关数据整理。

2020 年以来，中俄经贸合作稳步发展，继续保持在 1000 亿美元以上，2020 年为 1077.7 亿美元，同比减少 2.7%。2021 年高达 1468.9 亿美元，同比增长 36.3%。2022 年，中俄经贸合作继续发展，贸易额接近 2000 亿美元既定目标。2022 年中俄贸易额为 1902.7 亿美元，同比增长 29.5%，其中中国对俄罗斯出口 761.2 亿美元，增长 12.8%，自俄罗斯进口 1141.5 亿美元，增长 43.3%。2023 年中俄贸易额为 2401.1 亿美元，同比增长 26.2%，其中中国对俄罗斯出口 1109.7 亿美元，增长 45.8%，自俄罗斯进口 1291.4 亿美元，增长 13.1%。

中俄双边经贸合作体量规模的不断扩大，一方面表明双边经贸合作基础较为坚实，另一方面表明双边经贸合作潜力巨大，前景值得期待。

而中俄双边经贸合作的“不变”体现在双边经贸合作的额度在各自国家对外贸易总额中的占比仍然较低，对各自国家经济社会发展的作用和影响依然不是很大。以 2014 年双边贸易额为例，2014 年中国成为俄罗斯最大的贸易伙伴，俄罗斯是中国的第九大贸易合作伙伴，双边贸易额达到

952.8亿美元，但仅占中国对外贸易总额的4.1%，占俄罗斯对外贸易总额的12.2%。

二 区域经贸合作规模

中俄区域经济合作主要是指中国东北地区和俄罗斯远东地区之间的经济合作。中国东北地区和俄罗斯远东地区在各自国家的经济发展中扮演着十分重要的角色、发挥着非常重要的作用。为了平衡国家区域间的经济社会发展，确保国家经济安全和边疆安全稳定，中国和俄罗斯先后出台了老工业基地振兴与东部地区经济开发的国家政策，并积极实施相应的振兴与开发战略。中俄区域经济合作在加强双边和地区之间的经济往来、推动东北亚地区的经济一体化进程等方面同样发挥着越来越重要的作用。

中俄区域经贸合作以边境贸易（简称边贸）为先导。自1982年恢复边境贸易以来，这一领域的合作一直以较快的速度发展，是两国经济合作的一个重要组成部分，起着"富民、兴边、强国、睦邻"的重要作用。也就是说，边境经贸合作不仅肩负着发展和稳定双方边境地区经济社会的职能，而且在促进两国民间沟通、加深相互了解和增进人民友谊等方面有着重要的意义。中俄两国边境地区之间经济互补性强，交通基础设施逐步完善，经中国国务院与当地省级政府批准设立了12个中俄边民互市区。

（一）中俄边境贸易合作状况

1992年以来，中俄边境贸易经历了起步发展阶段（1992~1993年）、缓慢发展阶段（1994~1999年）、快速发展阶段（2000~2007年）、起伏发展阶段（2008~2014年）、稳步发展阶段（2015年以来）。

1992年中俄边境贸易总额为0.5亿美元，1993年为32.0亿美元。从表3-1可以看到，中俄边境贸易额总体呈现逐渐增加的态势，2000年为23.7亿美元，2001年为22.5亿美元，2002年为31.7亿美元，2003年为35.2亿美元，2004年为42.0亿美元，2005年为56.0亿美元，2006年为69.8亿美元，2007年为83.5亿美元，到2008年增长到83.7亿美元。

表 3-1　中俄边境贸易情况

单位：亿美元，%

年份	中国边贸额	中俄边贸额	中俄边贸额占中国边贸额的比重
2000	45.6	23.7	52.0
2001	41.2	22.5	54.6
2002	57.0	31.7	55.6
2003	77.8	35.2	45.2
2004	94.7	42.0	44.4
2005	131.3	56.0	42.7
2006	161.6	69.8	43.2
2007	213.0	83.5	39.2
2008	309.0	83.7	27.1

资料来源：中国历年海关统计。转引自陆南泉《中俄区域经贸合作发展趋势分析》，《俄罗斯中亚东欧市场》2009 年第 9 期。

　　2009 年，中俄边境贸易额为 51.5 亿美元，其中黑龙江省对俄贸易额占中俄两国贸易总额的 17.5%，内蒙古自治区占 6%，辽宁省占 3.6%。2010 年中俄边境贸易额为 75.8 亿美元，同比增长 47.2%，其中中国向俄罗斯出口 32.9 亿美元，同比增长 51%，从俄罗斯进口 42.9 亿美元，同比增长 21%。2011 年为 93.6 亿美元，同比增长 23.5%，其中中国向俄罗斯出口 33.7 亿美元，同比增长 2.4%，从俄罗斯进口 59.9 亿美元，同比增长 39.6%。2012 年为 103.7 亿美元，同比增长 10.8%，其中中国向俄罗斯出口 39.4 亿美元，同比增长 16.9%，从俄罗斯进口 64.3 亿美元，同比增长 7.3%。从中俄边境贸易商品结构来看，中国对俄罗斯边贸出口商品主要为轻纺、农产品和小家电等，进口商品以原木、原油、化肥、钢材和纸浆等初级产品为主。2013 年中俄边境贸易额为 109.7 亿美元，2015 年为 163.2 亿美元。[①]

　　（二）中国与俄罗斯远东地区经贸合作

　　1. 中国与俄罗斯远东地区的贸易额

　　进入 21 世纪以来，中国与俄罗斯远东地区的经贸合作持续稳步发展。

---

① 2014 年和 2016 年至今的中俄边境贸易额数据未查到。

2002 年为 14.4 亿美元，2003 年为 20.1 亿美元，2004 年为 21.5 亿美元，2005 年为 33.5 亿美元，2006 年为 42.7 亿美元，2007 年为 45.2 亿美元，2008 年为 50.7 亿美元，2009 年为 43.9 亿美元，2010 年为 69.9 亿美元，2011 年为 81.9 亿美元，2012 年为 98.2 亿美元。

2013 年，中国与俄罗斯远东地区的贸易额为 111.9 亿美元，同比增长 13.6%，占远东地区外贸总额的 28.1%，为远东地区第一大贸易伙伴。而日本（107.8 亿美元，占比 27.0%）、韩国（96.5 亿美元，占比 24.2%）分列第二位和第三位。远东地区从中国进口额为 57.6 亿美元，同比增长 23.3%，占远东地区进口总额的 47.2%，中国为远东地区第一大进口来源国。远东地区向中国出口额为 54.3 亿美元，同比增长 5.4%，占远东地区出口总额的 19.6%，中国是远东地区的第三大出口目的国。[1]

2014 年，中国与俄罗斯远东地区的贸易额为 101.4 亿美元，同比减少 9.4%，占远东地区外贸总额的 25.7%，中国为远东地区的第三大贸易伙伴。日本（占比 26.3%）、韩国（占比 26.2%）分列第一位、第二位。远东地区从中国进口额为 47.2 亿美元，同比减少 18.1%，占远东地区进口总额的 44.7%，中国为远东地区的第一大进口来源国。远东地区向中国出口额为 54.2 亿美元，同比减少 0.2%，占远东地区出口总额的 19.1%，中国为远东地区的第三大出口目的国。[2]

2015 年，中国与俄罗斯远东地区的贸易额为 63.7 亿美元，同比减少 37.2%，占远东地区外贸总额的 24.2%，中国为远东地区的第二大贸易伙伴（日本、韩国分列第一位和第三位）。远东地区从中国进口额为 25.0 亿美元，同比减少 47.0%。远东地区向中国出口额为 38.7 亿美元，同比减少 28.6%。[3]

据俄罗斯远东海关局统计，2016 年中国与俄罗斯远东地区的贸易额为

---

① 中国驻哈巴罗夫斯克总领馆经商室：《2013 年我与俄远东贸易额同比增长 13.6%》，https://china.huanqiu.com/article/9CaKrnJDXB2。
② 《2014 年中国与俄远东联邦区贸易额下降 9.4%》，中华人民共和国商务部网站，2015 年 2 月 9 日。
③ 《2015 年中国为俄远东联邦区第二大贸易伙伴》，中华人民共和国商务部网站，2016 年 3 月 10 日。

61.3 亿美元，同比下降 3.9%，占远东外贸总额的 25.1%，中国为远东地区第一大贸易伙伴（韩国、日本分列第二位、第三位）。其中，远东地区从中国进口额为 22.8 亿美元，同比下降 8.8%，占远东地区进口总额的 39.4%，中国为远东地区第一大进口来源国；远东地区向中国出口额为 38.5 亿美元，同比下降 0.5%，占远东地区出口总额的 20.7%，中国为远东地区第三大出口目的国。[①] 2016 年在俄罗斯超前经济社会发展区和符拉迪沃斯托克自由港的中国投资项目增加了 1/3。

2017 年，中国与俄罗斯远东地区的贸易额为 77.7 亿美元，同比增长 26.8%，占远东地区外贸总额的 27.2%，中国为远东地区的第一大贸易伙伴。其中，远东地区从中国进口额为 26.9 亿美元，同比增长 18.0%，占远东地区进口总额的 42.8%，中国为远东地区第一大进口来源国；远东地区向中国出口额为 50.8 亿美元，同比增长 31.9%，占远东地区出口总额的 22.8%，中国为远东地区第二大出口目的国。中国向远东地区主要出口商品包括机械设备及其零部件（占中国向远东地区出口总额的 22.3%）、电子产品（占比 10.7%）、蔬菜及食品（占比 6.7%）、塑料及其制品（占比 5.3%）、黑色金属制品（占比 5.3%）、交通工具（占比 5.2%）等。中国从远东地区主要进口商品包括燃料能源产品（占中国从远东地区进口总额的 36.3%）、鱼类及水产品（占比 21.2%）、木材及其制品（占比 16.8%）、飞行器及其部件（占比 14.6%）、矿石（占比 4.9%）、油籽及其他种子（占比 2.4%）等。[②]

2018 年，中国与俄罗斯远东地区的贸易额为 97.8 亿美元，同比增长 25.9%，占远东地区外贸总额的 28.4%。其中，远东地区从中国进口额为 33.6 亿美元，同比增长 24.9%，占远东地区进口总额的 53.5%；远东地区向中国出口额为 64.2 亿美元，同比增长 26.4%，占远东地区出口总额

---

① 《2016 年中国为俄远东联邦区第一大贸易伙伴》，《参考消息》2017 年 3 月 20 日。
② 《2017 年我与俄远东联邦区进出口贸易情况》，http://www.mofcom.gov.cn/article/i/dxfw/ae/201806/20180602756065.shtml。

的 22.8%。[①]

2019年，中国与俄罗斯远东地区的贸易额为104.7亿美元，同比增长7.2%，占远东地区外贸总额的28.2%。其中，远东地区从中国进口额为40.2亿美元，同比增长19.6%，占远东地区进口总额的47.9%；远东地区向中国出口额为64.5亿美元，同比增长0.5%，占远东地区出口总额的22.4%。[②]

表3-2为2002~2019年中国与俄罗斯远东地区经贸合作情况。

表3-2 中国与俄罗斯远东地区经贸合作情况

单位：亿美元，%

年份	进出口总额		远东地区从中国进口		远东地区向中国出口	
	金额	比重	金额	比重	金额	比重
2002	14.4	27.1	4.3	27.9	10.1	26.7
2003	20.1	34.1	4.9	27.6	15.2	36.8
2004	21.5	28.1	6.6	21.7	14.9	32.3
2005	33.5	27.0	11.9	20.4	21.6	32.9
2006	42.7	26.6	30.0	24.4	12.7	28.4
2007	45.2	21.3	25.4	32.8	19.8	14.7
2008	50.7	21.0	31.8	36.1	18.9	12.3
2009	43.9	28.5	20.1	43.1	23.8	22.2
2010	69.9	26.6	39.1	51.1	30.8	16.6
2011	81.9	24.0	42.2	46.4	39.7	15.9
2012	98.2	27.2	46.7	45.5	51.5	20.0
2013	111.9	28.1	57.6	47.2	54.3	19.6
2014	101.4	25.7	47.2	44.7	54.2	19.1
2015	63.7	24.2	25.0	43.9	38.7	18.8
2016	61.3	25.1	22.8	39.4	38.5	20.7
2017	77.7	27.2	26.9	42.8	50.8	22.8
2018	97.8	28.4	33.6	53.5	64.2	22.8
2019	104.7	28.2	40.2	47.9	64.5	22.4

资料来源：俄罗斯远东海关局网站和中国驻哈巴罗夫斯克总领事馆的资料。

---

① 《2018年我与俄远东联邦区进出口贸易情况》，http://finance.sina.com.cn/roll/2019-07-17/doc-ihytcerm4217085.shtml。

② 《2019年我与俄远东联邦区进出口贸易情况》，http://finance.sina.com.cn/roll/2020-05-19/doc-iircuyvi3871958.shtml。

2020 年，中国与俄罗斯远东地区的贸易额为 108.5 亿美元，同比增长 3.5%，占远东地区外贸总额的 33.8%。其中，远东地区从中国进口额为 39.1 亿美元，同比减少 2.7%，占远东地区进口总额的 48.5%；远东地区向中国出口额为 69.4 亿美元，同比增长 7.6%，占远东地区出口总额的 28.8%。

2021 年，中国与俄罗斯远东地区的贸易额为 138.9 亿美元，同比增长 28.1%，占远东地区外贸总额的 33.2%，中国为远东地区第一大贸易伙伴。其中，远东地区从中国进口额为 51.5 亿美元，同比增长 31.7%，占远东地区进口总额的 48.7%；远东地区向中国出口额为 87.4 亿美元，同比增长 25.9%，占远东地区出口总额的 30.6%。

2022 年，中国与俄罗斯远东地区的贸易额超过 200 亿美元，占远东地区外贸总额的 57.0%，中国为远东地区第一大贸易伙伴。

2. 中国对俄罗斯远东地区的投资

2012 年以来，中国成为俄罗斯远东地区重要的外资来源国，仅在 2015～2016 年，中国对俄罗斯远东地区的投资额占到该地区吸引外资总额的 15%（约 28 亿美元）。

2016 年末，中俄成立中国东北和俄罗斯远东发展政府间委员会，旨在为两国边境地区贸易往来和落实具体项目创造良好的条件，并提供一定的帮助。

2017 年 11 月 1 日，在中俄总理定期会晤期间达成的远东投资合作项目 28 个，总额 40 亿美元。中方参与远东超前经济社会发展区和自由港项目 30 多个，计划投资 40 多亿美元。截至 2017 年末，中国在俄罗斯远东超前发展区落户投资项目 12 个，占超前发展区项目的 50% 以上，总投资达 1548.88 亿卢布，占超前发展区总投资额的 87%，两项指标在 8 个国家中均位列第一。中国在符拉迪沃斯托克自由港项目 11 个，占其项目总数的 52%，总投资 48.25 亿卢布，占其总投资的 7%。中铁东方国际集团决定建设从哈尔滨到符拉迪沃斯托克的高铁。为此，需要铺设约 380 公里的铁路，修建 12 个站点，从牡丹江到哈尔滨段已在建设中。预计时速为 250 公里。据初步估算，项目成本约 190 亿美元。

2018 年 9 月 12 日，中国国家主席习近平出席第四届东方经济论坛全会并致辞。习近平主席指出，在中俄双方共同努力下，近年来，中方参与俄罗斯远东地区合作项目成果显著。2017 年中方参与俄罗斯远东超前发展区和自由港项目 30 多个，规划投资超过 40 亿美元。中国已经成为俄罗斯远东地区第一大贸易伙伴国和第一大外资来源国。中方已设立首期 100 亿元、总规模 1000 亿元的中俄地区合作发展投资基金，愿同俄方一道支持、运营好基金，推进重大项目落地，将其打造成为中俄地区合作的重要平台。[①]

俄罗斯总统驻远东联邦区全权代表尤里·特鲁特涅夫在俄罗斯远东地区和中国东北地区政府间合作委员会双方主席会晤时表示，2018 年俄罗斯远东联邦区与中国的双边贸易额增长了 28%，达到 97 亿美元，同年初继续保持 15% 的增速。俄罗斯远东超前发展区和符拉迪沃斯托克自由港内实施的项目为 45 个，规划总投资 26 亿美元，占外资对远东投资的 63%。两国还在另外 35 个总投资规模达 178 亿美元的项目上积极合作。超过 5.7 万名中国公民获得了从符拉迪沃斯托克自由港进入远东联邦区的电子签证。特鲁特涅夫还指出，2018 年远东联邦区对华农产品出口总额为 18.4 亿美元，占该区农产品出口总量的 49%。

2018 年 11 月，根据俄罗斯总统普京签署的命令，布里亚特共和国和外贝加尔边疆区从西伯利亚联邦区划归至远东联邦区管辖。自此，该联邦区的管辖范围包括远东和东西伯利亚的 11 个联邦主体。2018 年 12 月 26 日，俄罗斯远东发展部部长亚历山大·科兹洛夫在接受卫星通讯社采访时表示，在远东超前发展区和符拉迪沃斯托克自由港内有 44 家含中资的入驻企业，合同投资额超过 25 亿美元，占远东超前发展区和符拉迪沃斯托克自由港入驻企业投资总额的 6%。

2019 年，在俄罗斯远东超前发展区和符拉迪沃斯托克自由港内入驻的 98 家外国参股企业中有 52 家中资企业，投资总额超过 48 亿美元。

---

① 《习近平：中国是俄罗斯远东地区第一大贸易伙伴国》，https://www.sohu.com/a/253484781_119825。

2020年，在远东超前发展区和符拉迪沃斯托克自由港有58家中资企业，总投资额约116亿美元。中国已成为俄罗斯远东地区第一大贸易伙伴国和外资来源国。

2021年，中国对俄罗斯远东地区投资额超过60亿美元，继续保持该地区第一大外资来源国地位。

2022年中国对俄罗斯远东地区投资额在132亿美元以上。截至2023年3月末，中国向俄罗斯远东地区的投资在700亿美元以上，主要投向工业、农业、运输、基础设施等领域的53个项目。

（三）中国东北地区对俄经贸合作

2000年以来，中国东北地区与俄罗斯远东地区经济合作呈现整体快速发展的趋势，规模不断扩大，涨幅都在几十个百分点，个别省区有的年份增长幅度较大，例如2006年吉林省对俄贸易额同比增长123.0%。

1. 黑龙江省与俄罗斯经贸合作

（1）进出口贸易合作

《黑龙江省国民经济和社会发展第十四个五年规划和二〇三五年远景目标纲要》明确，推动黑龙江省对俄罗斯经贸合作扩量提质，充分发挥地缘区位优势，提升对俄罗斯经贸合作层次、拓展对俄经贸合作领域，巩固我国对俄经贸合作"排头兵"的地位，把黑龙江省打造成我国对俄合作综合服务高地、向北开放新高地。

在我国东北地区对俄贸易中，黑龙江省一直领先，辽宁省处于第二位，吉林省排在第三位。

俄罗斯是黑龙江省第一大贸易伙伴。据统计，1990~2008年黑龙江省对俄进出口贸易总额累计完成563.6亿美元，年均增长17.5%。其中，出口总额累计完成346.3亿美元，年均增长19.0%；进口总额累计完成216.4亿美元，年均增长14.5%。2008年，该省对俄进出口实现110.6亿美元，是1990年贸易额的约18倍，占全省进出口总额的48.3%，占全国对俄贸易总额的19.5%。其中，出口完成79.7亿美元，是1990年的约23倍；进口完成30.9亿美元，是1990年的约11倍（见表3-3）。

表 3-3 1990~2008 年黑龙江省对俄进出口情况

单位：亿美元，%

年份	进出口		出口		进口	
	金额	同比增长	金额	同比增长	金额	同比增长
1990	6.1		3.5		2.7	
1991	8.5	39.3	4.9	40.0	3.6	33.3
1992	17.4	104.7	9.7	98.0	7.7	113.9
1993	18.9	8.6	8.4	-13.4	10.5	36.4
1994	8.0	-57.7	2.9	-65.5	5.1	-51.4
1995	7.0	-12.5	2.1	-27.6	4.9	-3.9
1996	7.9	12.9	2.0	-4.8	5.9	20.4
1997	8.5	7.6	3.4	70.7	5.1	-13.6
1998	6.7	-21.2	1.8	-47.1	4.9	-3.9
1999	9.2	37.3	2.3	27.8	6.8	38.8
2000	13.7	48.9	4.7	104.3	9.1	33.8
2001	18.0	31.4	7.8	66.0	10.2	12.1
2002	23.4	29.4	9.7	24.4	13.6	33.3
2003	29.6	27.0	16.4	69.1	13.2	-2.9
2004	38.2	29.1	21.5	31.1	16.7	26.5
2005	56.7	48.7	38.4	78.6	18.4	10.2
2006	67.9	19.5	45.4	18.2	21.5	16.8
2007	107.3	58.0	81.7	80.0	25.6	19.1
2008	110.6	3.1	79.7	-2.4	30.9	20.7

资料来源：历年《黑龙江统计年鉴》。

2009 年，黑龙江省对俄进出口总额为 55.8 亿美元，比上年下降 49.5%。黑龙江省以边境小额贸易方式对俄进出口总额 34.3 亿美元，下降 35.6%，占同期全省对俄进出口总额的 61.5%。其中，出口 20.8 亿美元，下降 34.5%；进口 13.5 亿美元，下降 37.2%。以一般贸易方式对俄进出口总额 17.2 亿美元，下降 64.3%，占比为 30.8%。其中，出口 8.7 亿美元，下降 78.1%；进口 8.5 亿美元，增长 1.0%。黑龙江省对俄出口超亿美元的主要商品中，服装及衣着附件出口 8.7 亿美元，下降 68.1%；鞋类出口 6 亿美元，下降 13.1%；机电产品出口 5.5 亿美元，下降 69.8%；箱包及类似容器出口 2.8 亿美元，下降 19.8%；农产品出口 2.6 亿美元，下降 8.2%；纺织纱线、织物及制品出口 1.9 亿美元，下降 53.3%；家具及其零件出口 1.0 亿美元，下降 84.8%。

2010 年，黑龙江省对俄进出口总额为 74.7 亿美元，比上年增长 33.9%，低于中俄进出口增速 11.5 个百分点，占中俄双边进出口总额的 13.5%，占全省进出口总额的 30.0%，俄罗斯仍为黑龙江省第一大贸易伙伴。黑龙江省对俄进出口总额与 2008 年的历史最大值（110.6 亿美元）相差较大，而且黑龙江省对俄出口总额已落后浙江省和广东省，排在第三位。

2011 年，黑龙江省对俄进出口总额为 189.9 亿美元，占中俄进出口总额的 24.0%，比 2008 年的 110.6 亿美元高出 79.3 亿美元，比 2010 年增长 154.2%。同年，俄罗斯仍然是黑龙江省最大的贸易伙伴。从主要贸易方式看，该省对俄一般贸易、边境小额贸易、其他贸易同比实现增长，增幅分别为 542.0%、30.1% 和 4.0%，加工贸易出口增幅达 52.0%。对俄一般贸易完成 107.0 亿美元，边境小额贸易完成 60.0 亿美元，占对俄贸易比重分别达到 56.3% 和 31.6%。

2012 年，黑龙江省对俄进出口总额为 213.1 亿美元，同比增长 12.2%。自俄罗斯进口 149.7 亿美元，同比增长 2.3%。对俄罗斯出口 63.4 亿美元，同比增长 45.8%。

2013 年，黑龙江省对俄进出口总额为 223.7 亿美元，同比增长 5.0%，占中俄进出口总额的 25.1%。自俄罗斯进口 154.6 亿美元，同比增长 3.3%。对俄罗斯出口 69.1 亿美元，同比增长 9.0%。对俄投资完成 9.5 亿美元，同比增长 55.0%，占全国对俄投资的 34.2%。

2014 年，黑龙江省坚持"出口抓加工、进口抓落地"，推动对俄全方位交流合作，扩大对俄贸易规模，打造跨国产业链条，对俄进出口总额达 232.8 亿美元，同比增长 4.1%，占全省进出口总额的 59.8%，占中俄贸易总额的 24.4%。自俄罗斯进口 142.8 亿美元，同比下降 7.6%。对俄罗斯出口 90.0 亿美元，同比增长 30.2%。对俄出口电站装备、农机装备、家具、建材、果蔬、猪肉等产品实现 23.0 亿美元，同比增长 1.0%；全省自俄进口原油 1547.0 万吨、木材 636.0 万立方米、铁矿砂 325.0 万吨、煤炭 240.0 万吨、化肥 86.0 万吨、纸浆 28.0 万吨、电力 38.0 亿千瓦时。对俄跨境电子商务零售出口货值突破 3 亿美元。对俄大企业和大项目合作取得了新进展。

2015 年，黑龙江省对俄进出口总额为 108.4 亿美元，比上年下降 53.4%，分别占全省进出口和中俄进出口总额的 51.7% 和 13.1%。对俄出口额为 23.5 亿美元，从俄进口额为 84.9 亿美元。一般贸易和边境小额贸易方式分别占对俄进出口总额的 57.5% 和 32.1%。对俄贸易国有企业占主导，私营企业比较活跃，国有企业占全省对俄进出口总额的 61.1%，私营企业占 38.1%。对俄出口服装、鞋、纺织、机电产品、农副产品等，占对俄出口保持较大的比重份额，服装、鞋类、轻纺产品出口占全省对俄出口额的 48.3%，机电产品、高新技术产品、农副产品出口占全省对俄出口额比重分别为 21.3%、1.2% 和 20.2%。从俄进口位列前十的商品为原油、原木、锯材、肥料、铁矿砂及其精矿、粮食、纸浆、煤、成品油、合成橡胶，占从俄进口总额的 95.3%。边民互市贸易首次计入了海关数据统计，为全省对俄贸易增添了新的动力。对俄跨境电子商务不断发展，发送对俄国际邮包 1445.3 万件，运送货物 3180.0 吨。该省在俄罗斯投资企业累计达 505 家，中方实际投资额为 25.9 亿美元。对俄投资企业备案 99 家，同比增长 75.0%，投资总额为 41.8 亿美元，同比增长 182.0%，占全省备案投资总额的 60.6%。对俄主要投资领域为能源矿产业、林业、农业、加工业和园区建设；对俄承包工程完成营业额 2.4 亿美元，占全省的 9.3%，同比增长 48.5%。对俄工程承包及劳务合作主要集中在森林采伐、农业种植和建筑工程行业。投资合作项目主要分布在俄罗斯远东的滨海边区、哈巴边区、犹太自治州、阿穆尔州和外贝加尔边疆区。

2016 年，黑龙江省对俄进出口总额为 91.9 亿美元，比上年减少 15.3%。对俄出口额为 17.0 亿美元，从俄进口额为 74.9 亿美元。

2017 年，黑龙江省对俄贸易快速增长，进出口总额达 109.9 亿美元，增长 19.6%，占该省进出口总额的 58.0%，占中俄贸易总额的 13.1%。

2018 年，黑龙江省对俄进出口总额为 184.4 亿美元（合人民币 1220.6 亿元，同比增长 64.7%），占同期全省进出口总额的 69.8%，占同期中俄进出口总额的 17.2%。对俄罗斯出口 11.3 亿美元；从俄罗斯进口 173.1 亿美元（合人民币 1146 亿元，同比增长 80.4%，首次突破 1100 亿元，创历史新高）。对俄罗斯出口农产品、机电产品、鞋类均超 1.4 亿元，总额分别为 3.2 亿美元、2.8 亿美元、1.8 亿美元，以上三项出口合计占同期黑龙江省对俄罗斯出口总额的 74.3%。此外，高新技术产品出口成为亮点，对俄出口达 0.3 亿美元，增长 1.4 倍。①

2019 年，黑龙江省对俄进出口总额为 192.9 亿美元（合人民币 1270.7 亿元，同比增长 4.1%），占同期黑龙江省与"一带一路"共建国家进出口总额的 85.5%。对俄出口 15.1 亿美元（合人民币 100 亿元，同比增长 34.3%）；从俄罗斯进口 177.8 亿美元（合人民币 1170.7 亿元，同比增长 2.1%）。

2019 年 8 月 2 日，《国务院关于印发 6 个新设自由贸易试验区总体方案的通知》印发实施，中国（黑龙江）自由贸易试验区正式设立。8 月 30 日，中国（黑龙江）自由贸易试验区在哈尔滨揭牌。9 月 17 日，中国（黑龙江）自由贸易试验区黑河片区挂牌成立，这标志着我国最北贸易试验区片区的建设正式启动。9 月 29 日，中国（黑龙江）自由贸易试验区绥芬河片区正式启动。《中国（黑龙江）自由贸易试验区总体方案》规定了 3 个片区的主要功能：哈尔滨片区重点发展新一代信息技术、新材料、高端装备、生物医药等战略性新兴产业，科技、金融、文化旅游等现代服务业和寒地冰雪经济，建设对俄罗斯及东北亚全面合作的承载高地和联通国内、辐射欧亚的国家物流枢纽，打造东北全面振兴全方位振兴的增长极和示范区；黑河片区重点发展跨境能源资源综合加工利用、绿色食品、商贸物流、旅游、健康、沿边金融等产业，建设跨境产业集聚区和边境城市合作示范区，打造沿边口岸物流枢纽和中俄交流合作重要基地；绥芬河片区重点发展木材、粮食、清洁能源等进口加工业和商贸金融、现代物流等服务业，建设商品进出口储运加工集散中心和面向国际陆海通道的陆上边境口岸型国家物流枢纽，打造中俄战略合作及东北亚开放合作的重要平台。这些为中俄东部毗邻地区区域经

---

① 从 2018 年起，海关公布的黑龙江省对俄贸易数据以人民币计，单位为元。为与之前年份贸易额单位统一，按照美元兑人民币年平均汇率折算为美元，并在其后括号内列出以元为单位的数据和同比变化。下同。

济合作创造了良好的基础条件。[①]

2020年，黑龙江省对俄进出口总额为141.2亿美元（合人民币973.3亿元，同比减少23.4%），占该省进出口总额的63.3%。对俄罗斯出口13.8亿美元（合人民币95.1亿元，同比减少4.9%）；从俄罗斯进口127.4亿美元（合人民币878.2亿元，同比减少25.0%）。

2021年，黑龙江省对俄进出口总额为203.7亿美元（合人民币1313.4亿元，同比增长34.9%），占该省进出口总额的65.8%。对俄罗斯出口16.6亿美元（合人民币107.0亿元，同比增长12.5%）；从俄罗斯进口187.1亿美元（合人民币1206.4亿元，同比增长37.4%）。

2022年，黑龙江省对俄进出口总额为276.0亿美元（合人民币1854.7亿元，同比增长41.2%），占该省进出口总额的70.0%。对俄罗斯出口25.7亿美元（合人民币172.7亿元，同比增长61.4%）；从俄罗斯进口250.3亿美元（合人民币1682.0亿元，同比增长39.4%）。

2023年，黑龙江省对俄进出口总额为298.8亿美元（合人民币2103.9亿元，同比增长13.4%），占该省进出口总额的70.6%。对俄罗斯出口额41.0亿美元（合人民币288.7亿元，同比增长67.2%），从俄罗斯进口257.8亿美元（合人民币1815.2亿元，同比增长7.9%）。

（2）黑龙江省推动进出口贸易合作的举措

乌克兰危机以来，特别是俄乌冲突后，黑龙江省对俄进出口贸易合作取得了较为显著的成绩，主要得益于以下做法。

第一，推动对俄贸易提质增量。加强对重点商品、重点地市、重点企业的监测，加强贸易风险预警，及时了解、研判对俄贸易面临的新形势、新问题，总结以往工作经验，加大宏观指导和支持力度，稳步落实相关政策举措，力求取得实效。有关部门及时下达边贸粮食出口配额，协调解决出口粮食运输问题。对俄罗斯调整粮食关税及出台金属出口临时关税等政策进行预警及报告，为企业提供优质服务。组织召开全省煤炭进口专题会议，组织各地市扩大俄煤进口量，提供俄煤进口补贴政策、建立俄煤进口报告制度。发

---

① 陆南泉：《中俄区域经贸合作发展趋势分析》，《俄罗斯中亚东欧市场》2009年第9期。

挥两国总理定期会晤机制作用，与俄方进行沟通，推动俄煤生产企业和贸易商与该省企业开展对接洽谈，扩大煤源，商签长期合作协议，争取恢复敞顶箱进口俄煤项目。落实省领导批示，推进香港"俄气中能"60 万吨/年 LPG贸易项目。学习跨境电商及青田商品城等先进经验。

扩大农副产品进口规模，开展精深加工。争取将俄罗斯农产品加工重点项目纳入黑龙江省"十四五"规划纲要中的重大工程项目，面向国内高中端消费群体，加快发展进口农副产品精加工，深度融入国内国际双循环。

建设高水平出口消费品加工区，推动出口转型升级。研究制定《黑龙江省建设高水平出口消费品加工区指导意见》，面向俄欧市场，在临近口岸或中心城市配套能力强的区域建设消费品加工区，提升我省消费品制造能力，更大范围开拓俄罗斯和欧洲市场。

第二，着力推进全省边境贸易创新发展。完成第一批互贸进口商品落地加工试点评估、第二批落地加工试点申报相关工作。将逊克县纳入黑河市试点框架，扩大落地加工范围；推进"黑龙江省边民互市贸易综合服务平台"上线运行；完成东宁互贸区迁址批复工作；加大对上争取力度，争取恢复我省重点商品互市贸易。

进一步发挥全省边贸创新发展联席会议机制作用，推动黑河、绥芬河互贸进口商品落地加工试点工作落实落靠，支持黑河、绥芬河建设互贸进口商品落地加工园区建设；推动互贸+跨境电商、互贸+电商直播、互贸+海外仓、互贸+数字人民币试点等新业态、新模式；推广复制先进经验，推动互市贸易通关便利化；增加互贸进口商品品种和来源国；研究推动互市贸易商品进入二级市场流通。

第三，助推综合保税区高质量发展。黑龙江省综合保税区分别为哈尔滨综合保税区、绥芬河综合保税区。2021 年以来，省级财政统筹使用债券资金 69587 万元支持综合保税区基础设施建设，其中 2021 年安排债券资金68547 万元，2022 年安排债券资金 1000 万元。

立足省域综合保税区发展实际，与哈尔滨海关紧密配合，明确综合保税区二期建设方案，各有关部门协调配合，共同推进哈尔滨、绥芬河综合保税区二期建设，力争按时完成二期验收。

第四，推动边（跨）合作区构建新发展格局。有关部门组织黑河、绥芬河边（跨）合作区编制滚动开发实施方案，赴广东、浙江等地开展对口合作，推进黑河、绥芬河边（跨）合作区和东宁跨境合作区的产业发展。鼓励、支持哈尔滨新区、哈尔滨空港、黑河、大庆、鹤岗、绥化等有条件的地区申建综合保税区、保税物流中心。

第五，给予跨境电商综合试验区的相关政策支持。黑龙江省跨境电商综合试验区包括哈尔滨、绥芬河、黑河跨境电商综合试验区。省级财政拟统筹利用中央外经贸发展专项资金鼓励企业运用跨境电商方式扩大外贸规模。对企业以跨境电商模式从事进出口业务，根据年进出口额给予相应奖励和补贴。

第六，给予沿边重点开发开放试验区的相关政策支持。2016年，绥芬河-东宁重点开发开放试验区获国家批准。按照省委、省政府的工作部署，我厅配合省发改委等省直有关部门积极对上争取中央预算内基建投资资金，支持沿边重点开发开放试验区建设。2021年，省级财政下达中央预算内基建投资资金4600万元，重点支持绥芬河市站前旅游集散中心和绥芬河市互贸加工产业园基础设施等项目建设。

第七，加强自贸试验区的重点产业发展。推动自贸试验区中药材产业发展。①推进基地建设。按照省委、省政府加快生物产业发展的部署要求，充分发挥自贸试验区优势，依托资源条件，哈尔滨、黑河、绥芬河加快建设道地性突出、种植规模较大、带动能力较强、市场销售稳定、特色优势明显的中药材基地。截至6月底，哈尔滨、黑河、绥芬河中药材种植面积分别达到26.4万亩、18.4万亩和0.4万亩。②加大政策扶持。充分发挥中药材基地建设项目补助资金作用，重点支持高标准种子种苗繁育基地、规模化种植基地、中药材初加工、中药材交易市场（集散地）建设，促进中药材基地建设水平整体提高。③发展产地加工。积极探索"基地+进口、加工+外贸"模式，加快推进俄罗斯进口中药材饮片加工等项目建设。哈尔滨片区依托德顺长、瑞源峰、天问山等一批中药材加工企业，大力发展产地加工。黑河片区依托瑷珲对俄进出口加工基地，注册成立黑河市爱珲中草药大市场有限公司，10家企业和32家经销商入驻，中药材跨境产业集群纳入省生物经济中的中药材产业。绥芬河片区落户久仙草、众跃、雪灵峰 3 家中药材加工企业，总投资 0.4 亿元，项目建成后，年可加工中药材 1.7 万吨。

推动自贸试验区对俄农业合作。①积极开展生产调度。加强与片区重点境外农业企业联系，定期开展对俄农业生产调度与指导，分析研判境外生产形势。2022 年，哈尔滨、黑河、绥芬河在俄种植面积分别发展到 30 万亩、187 万亩和 102 万亩。②积极争取政策项目。向农业农村部国际司报送《我省在俄粮食种植和回运有关问题及建议的函》，提出人员出境、农机过境、金融支持、通关手续、粮食配额等方面问题，并争取利用部际联席会议、中俄农业合作机制解决粮食种植和回运难等问题。争取中俄农业合作试验示范区建设项目，协助农业农村部调研俄滨海边区、阿穆尔州、犹太自治州、哈巴罗夫斯克（伯力）等地区情况，分析黑龙江省承接示范区建设有利和优势条件以及落实项目承接主体等情况。推进对俄大豆繁育基地建设，协调落实 2 个大豆种子在俄登记审定并推广应用。③积极搭建服务平台。先后组织企业参加中俄农业合作交流线上会议、中俄博览会线上推介会、莫斯科国际食品展，帮助企业开拓市场，对接俄方项目企业，洽谈合作项目。开展对俄农业企业技术培训，配合省农科院组织线上大豆技术培训会，邀请专家讲解境外大豆栽培技术要点，解决当前在俄大豆生产技术问题。

推动自贸试验区发展农产品加工业。①专班推动。成立招商专班，编制了《黑龙江省农业和农产品加工项目招商手册》《黑龙江省农业和农产品加工招商项目投资机会清单》，着力推动哈尔滨市的水稻、奶（肉）牛等产业招商，黑河市的大豆、肉牛、中药材、工业大麻等产业招商，牡丹江的果蔬、奶（肉）牛等产业招商。②政策推动。制定出台了《黑龙江省农业产业化重点龙头企业认定和运行监测管理办法》和《黑龙江省农业产业强镇示范建设工作实施方案》，支持片区农产品加工业发展壮大。2021 年，省粮食局下发了《黑龙江省大豆加工补贴暂行实施方案》，将自俄罗斯进口的大豆加工企业纳入补贴支持范围。哈尔滨、黑河、绥芬河 3 个市的省级及以上农业产业化龙头企业分别发展到 111 个、14 个和 2 个。哈尔滨、黑河、牡丹江具有进口大豆加工资质的企业分别发展到 10 家、9 家和 20 家。

第八，进一步发挥展会等贸易平台作用。以中俄博览会为重点，做好中俄博览会、亚欧博览会、加工贸易博览会、俄有关州区相关展会和论坛等线上线下重点展会的参展、参会工作，多元化开拓国内外市场。

（3）黑龙江省对俄投资合作

第一，投资合作状况。对俄罗斯的农业投资合作是我国的一个重要对外投资方向，投资速度和所占比例整体呈现稳步增长的态势。2015年，我国对俄罗斯直接投资额为29.6亿美元，比2014年增加367.0%，其中对农林牧渔的投资占11.7%。中国对俄罗斯农业投资方向发生了较大变化，从以前单纯的农业种植业、养殖业转向农产品加工、销售、仓储、物流等农业生产的全产业链合作。2016年，中国对俄罗斯直接投资流量为12.9亿美元，比上年减少了56.3%，其中对俄罗斯农林牧渔业的直接投资额为4.3亿美元，所占比例为33.5%。① 截至2022年，中国对俄罗斯直接投资存量为99亿美元。

中国与俄罗斯农业产业投资合作项目主要包括农产品生产、收储、加工、物流、销售等，投资主要集中在租种耕地和农业资源开发方面，建立农业合作示范区，不断推动两国粮食生产、果蔬种植、畜牧养殖以及农产品加工等方面合作的良性互动与发展。俄罗斯主要进口中国农业机械和电子工业产品，两国在改进农业机械制造和农业机械贸易方面的合作将不断加深。②

中国在俄罗斯的农业合作投资一度主要集中在俄罗斯远东地区，特别是滨海边疆区、哈巴罗夫斯克边疆区、阿穆尔州和犹太自治州。近年来，对俄投资区域分布逐渐转向欧俄，即中西部地区，中俄先后在俄罗斯的伏尔加格勒、奔萨等地启动实施了农业合作项目。

中俄东部毗邻地区以往的农业种植合作打下了较为坚实的合作基础。黑龙江省对俄农业合作90%以上的项目集中在俄罗斯远东地区的阿穆尔州、犹太自治州、哈巴罗夫斯克边疆区、滨海边疆区，农业合作项目分别占该省

---

① 郭鸿鹏、吴顿：《"一带一盟"视阈下中俄农业合作发展研究》，《东北亚论坛》2018年第5期。

② Глеб Объедков. Как Китай оценивал сельское хозяйство России и китайско-российское сельскохозяйственное сотрудничество. https：//www.agroxxi.ru/stati/kak - kitai - ocenival - selskoe-hozjaistvo-rossii-i-kitaisko-rossiiskoe-selskohozjaistvennoe-sotrudnichestvo.html.

对俄罗斯农业项目的 35.9%、32.8%、19.8%、7.6%。对俄罗斯的农业合作企业主要来自黑河、牡丹江、鹤岗和鸡西等边境市县，其中黑河 48 家、牡丹江 29 家、鹤岗 12 家、鸡西 12 家。该省对俄境外农产品生产基地已达 640 万亩，境内对俄果蔬出口基地为 120 万亩。对俄劳务输出总计在 15 万人次以上，劳务总收入 20 多亿元。

黑龙江省对俄农产品贸易额占该省农产品贸易总额的 30% 左右，列贸易对象国第一位。大豆、小麦和玉米为主要从俄罗斯进口的农产品，其中大豆占近 80%；蔬菜和水果为对俄农产品的出口品种，占近 90%。

2018 年，黑龙江省从俄进口粮食 90.3 万吨（合计 2.7 亿美元），同比增长 75.6%（占全国进口俄粮的 60.0%），其中进口大豆 81.0 万吨，2.58 亿美元，同比增长 61.3%。对俄粮食出口 3.9 万吨，同比减少 1.7%。回运粮食 52.8 万吨，同比增加 1.1 倍。俄粮回运较少主要是受我国海关粮食进口配额的限制，有关专家已多次提出给予俄粮回运相关扶持政策。

中俄双方初步形成了农业产业化合作的格局，从农业种植、养殖到加工、销售形成了产业化合作，有利于推动我国建立境外商品粮基地。

黑龙江省对俄罗斯农业合作已呈现如下态势：双方合作规模不断扩大、双方合作领域不断拓展、双方合作组织形式多种多样。

至 2019 年底，黑龙江省现有备案对俄投资企业 393 家，累计备案投资额达到 70.5 亿美元，实际对俄罗斯投资额为 23.4 亿美元。总体来看，在"一带一路"倡议的引导下，黑龙江省在对外出口及投资等方面将赢得更多难得的发展机遇。

2021 年 1~10 月，黑龙江省共有 21 家对俄投资企业备案，主要涉及农业、制造业、装卸搬运和仓储业等行业。备案投资额 6367.7 万美元。实际投资金额 3404.9 万美元，同比增长 48.5%，占全省实际投资额的 60%。2021 年，黑龙江省对俄罗斯投资备案企业达到 400 多家，备案投资额 70 亿美元，对俄罗斯投资存量 22.4 亿美元。

第二，对俄投资合作存在的问题。

一是投资合作受当时疫情严重影响。对俄投资合作企业面临用工、物流、通关、防疫、违约、融资等困难，原有投资项目进展缓慢、新投资项目前期工作无法开展，部分对俄境外投资合作区和投资项目经营暂停，造成直接或间接经济损失。

二是对俄合作国有企业参与度不高。对俄投资以民营中小型企业为主，该省目前对俄投资的国有成分的企业只有 6 家，占全省对俄投资企业总数的1.5%，主体实力不强，抗风险能力弱，在人才、资金、管理、技术和国际化方面实力明显不足，这导致全省对俄投资合作缺乏大企业、大项目的支撑和带动，省内产业不能对境外产业形成支撑，也不能与之互动。

三是俄罗斯投资环境欠佳。主要表现为如下。其一，经济形势和市场形势的不容乐观，长期受西方制裁，劳动力短缺，企业开工不足，贫困人口比重增加，消费能力下降。其二，对外经贸政策变动较频繁，缺乏稳定性。2022 年以来，俄方对农、林、矿等资源类商品的出口政策进行了多次调整，提高了大豆、油菜籽、原木、黑色和有色金属等商品的出口关税，对玉米、小麦等粮食出口实施配额管理，影响该省企业境外投资收益和投资积极性。其三，法制不够完善，官僚主义作风和国家保护主义较重，国外投资者权益有时得不到有效保障，增加了投资风险。

四是基础设施制约投资合作规模进一步扩大。俄罗斯远东地区交通基础设施落后，铁路运力紧张，粮食、煤炭、铁矿石、木材等大宗商品运输所需铁路车皮计划难以申请，口岸建设投入不足，与我方不能同步，跨境基础设施不足，口岸过货能力深受限制。

第三，黑龙江省对俄投资合作的主要做法。

一是重点合作项目稳步推进。农业方面，2021 年黑龙江省在俄农业种植面积约 820 万亩，种植规模呈现恢复性增长；佳沃北大荒农业控股有限公司、黑河北丰公司、华洋公司等重点企业的粮食种植、养殖、回运、加工全产业链经营模式得到进一步推广；碧桂园集团落户黑龙江自贸试验区，年产粮食作物百万吨以上远东农业综合开发项目已完成投资前的准备工作。能源矿产方面，黑龙江紫金龙兴矿业俄图瓦铅锌矿二期建设稳步推进、引进香港"俄气中能" 60 万吨/年 LPG 贸易项目等重点项目。林业方面，妥善应对俄罗斯木材出口关税政策变化，通过本地化经营模式积极开展合作；华宇境外投资合作区经典家具跨境橱柜产业项目投产运营，充分发挥双园优势，开创中俄林业合作全新模式。黑龙江兴邦国际资源投资股份有限公司阿玛扎尔"林浆一体化"项目资产重组和引进战略投资伙伴工作取得重大进展，在2022年项目全面复工建设。境外投资合作区方面，开展省级境外农业合作示范区评审，引领带动更多企业抱团开展境外农业开发；指导境外投资企业加快海外本地化经营步伐，有效应对国内务工人员出境难问题；开展网上推介，合作区招商成果显著。

二是强化对俄地方政府间投资合作机制平台作用。①组织中俄企业对接洽谈，举办中国黑龙江-俄罗斯远东经贸合作系列活动开幕式暨能源矿产推介会，邀请中俄矿产领域企业、专家代表发言，中俄双方有关部门及企业代表达到1000余人，多家中俄知名媒体进行了集中宣传报道。举办"最北自贸试验区·开放合作新高地"中国（黑龙江）自由贸易试验区对俄罗斯投资合作线上推介会、俄罗斯（萨哈林州）-中国（黑龙江省）重点产业推介会、中国（黑龙江）-俄罗斯投资合作"农林牧渔"云展会。与俄罗斯出口中心共同组织172场中俄食品和饮料出口企业、森工企业、农工综合体一对一"线上合作对接会"。②重点深化与俄罗斯远东各州区政府间联络机制，与萨哈（雅库特）共和国签署年度投资合作计划，与滨海边疆区、阿穆尔州、犹太自治州、克拉斯诺亚尔斯克边区就双边经贸关系进行工作会谈。

三是发挥黑龙江-广东两省对口合作机制作用，依托本省地缘区位优势和国家赋予的向北开放特殊优惠政策优势，吸引碧桂园集团"无人化"现代农业项目、万科哈尔滨新区中俄产业园项目、大自然家居有限公司实木地板项目落户该省开展对俄投资合作。

四是加强与俄方政府部门协调解决合作中的问题，帮助黑龙江兴邦国际资源投资股份有限公司延长清偿期，助力项目复工建设；帮助该省大庆贝加尔湖水业有限公司协调在俄瓶装水项目受阻情况；帮助紫金矿业集团股份有限公司联系哈巴罗夫斯克边疆区马尔梅日矿床项目；推动哈尔滨黎明气体有限公司生产的液态氧气走进俄罗斯市场；帮助黑龙江天为有限公司在俄圣彼得堡建立汽车仪表项目与俄方和我使馆进行对接，开展前期工作；帮助碧桂园农业与俄远东和北极发展集团及犹太自治州政府进行对接；推荐圣彼得堡大学律师团队帮助该省在俄投资的乌苏里斯克经贸合作区企业进行法律维权，就企业法人行贿案件推翻俄方二审判决，获得突破性进展。

五是扎实推进对俄投资统计工作。对外直接投资统计数据是判断该省境外投资情况的客观依据。在 2022 年对外投资合作统计工作会上，商务部合作司领导对该省直投统计工作高度肯定："为解决统计工作中的难点、堵点，黑龙江省厅领导亲自挂帅，布置相关工作，连续两年黑龙江省数据评估实现了双优。"为协调好疫情防控和直接投资统计工作，进一步落实商务部工作要求，在规定时间内高效完成本年度对俄投资统计工作，该省数据填报率和通过率均达到 100%（全国仅有三个），圆满完成对俄投资年报工作。

六是引导企业健康有序开展对俄投资合作，防范各类风险。因俄罗斯新冠疫情持续反复恶化，该省对俄投资风险不断加剧，积极落实商务部、省疫情防控指挥部相关要求，及时部署境外投资企业疫情防控工作，按照"属地属人"原则，严格要求对外投资合作企业发挥主体责任，加强对海外企业及人员安全风险管理和疫情防控，完善工作机制，严防群体性事件和境外输入风险；开展"双随机、一公开"检查工作，规范对俄投资合作事中事后监管行为，引导企业健康有序开展对俄投资合作。

七是推动对俄投资合作不断创新。①召开全省对俄投资合作务实创新推进会，以落实《中俄在俄罗斯远东地区合作发展规划（2018-2024 年）》和开展我省"十四五"规划与俄罗斯"远东发展 2035 纲要"对接为切入点，以新发展理念为引领，对全省及各地市对俄经贸合作工作思路进行把关定向，推动该省对俄投资合作实现高质量发展。②通过强化政策保障促进农业重点领域合作。2021 年 6 月我厅与广东省商务厅、俄滨海边疆区农业部签署《地方政府间大豆领域合作协议》，为两国三地开展长期农业合作提供政策保障，从而成为全国第一个在大豆合作领域签署此类协议的省份，推动中俄大豆领域地方间合作工作向前迈进。签署《中国黑龙江省商务厅与俄罗斯萨哈（雅库特）共和国工业和地质部及远东和北极发展集团能源矿产领域合作意向备忘录》，进一步巩固黑龙江省作为俄罗斯能源原材料进口通道的地位。

2. 吉林省与俄罗斯经贸合作

吉林省对俄经贸关系对吉林省自身来说有一定的地位。该省对俄区域合作就是推动图们江区域的国际合作。目前，俄罗斯是吉林省第六大贸易伙伴和第三大出口国。吉林省主要进口俄罗斯的木材、矿产、干果、海产品和食品，对俄主要出口汽车配件、机械制造产品、电子仪器和化工产品。

1999 年吉林省与滨海边疆区代表签署省区结成经贸对子协议；2004年吉林省与远东地区以"陆路、港口"形式开始实施；2005 年吉林省驻滨海边疆区经济合作工作室正式成立。2006 年和 2007 年吉林省对俄贸易额分别为 4.0 亿美元和 8.0 亿美元，分别比上年增长 123% 和 101%，呈现快速增长的态势。其中，延边朝鲜族自治州上年实现对俄贸易 6.3 万美元，占全省对俄贸易总额的近 80%。截至 2007 年末，吉林省有业绩的对俄贸易企业已达 205 家，比两年前增加 75 家，出口超百万美元、过千万美元的企业分别达 26 家和 8 家。全省累计在俄罗斯设立企业 48 户，投资总额近 4 亿美元。2007 年俄罗斯首次成为吉林省第一大出口国家市场。2008 年对俄进出口完成 7.6 亿美元，同比下降 5.0%，其中出口完成 6.8亿美元，同比下降 6.7%，仍保持出口第一市场地位。2009 年，俄罗斯全面打击"灰色清关"，吉林省与俄罗斯进出口贸易受到严重影响，为 4.7亿美元，降幅超 38%。

2010 年，吉林省对俄进出口贸易开始回温，为 6.2 亿美元，增长幅度高达 31.6%。2011 年为 6.2 亿美元，同比下降 0.01%。2012 年为 8.2 亿美元，同比增长 32.3%。2013 年，吉林省与俄罗斯进出口总额开始下降，其中进口额出现近十年下降幅度最大，与上年同期相比下降了 43.1%，说明吉林省在 2013 年从俄罗斯进口商品减少幅度较为明显。2014 年为 5.8 亿美元。吉林省政府与苏马集团签署双方共同建设俄罗斯扎鲁比诺港口的合作框架协议。2015 年吉林省与俄罗斯的贸易额为 5.2 亿美元，同比下降 10.3%，其中对俄出口 2.7 亿美元，自俄进口 2.5 亿美元。对俄协议投资额达到 15.7亿美元。主要涉及领域包括林业深加工、矿石开发、港口物流以及农产品养殖业。吉林省利用俄罗斯外商投资额达到 0.4 亿美元。截至 2015 年，俄罗斯在吉林省投资的企业为 16 家，主要包括经贸有限公司、建材有限公司以及语言培训公司等。2016 年吉林省对俄进出口贸易额为 4.3 亿美元，同比下降 17.3%。2017 年为 3.4 亿美元，同比下降 20.9%。2018 年为 8.8 亿美元，同比增长 158.8%。俄罗斯已成为吉林省第四大贸易伙伴。因此，吉林省与俄罗斯在经贸合作方面仍然有较大提升空间。2019 年吉林省对俄进出口贸易额为 7.5 亿美元，同比下降 14.8%。2020 年为 8.4 亿美元，同比增长 12.0%。2021 年为 15.1 亿美元，同比增长 79.8%。2022 年为 26.3 亿美元，同比增长 74.2%。2023 年 6 月 1 日，吉林省增设俄罗斯符拉迪沃斯托克港口作为内贸外运中转港口。

3. 辽宁省与俄罗斯经贸合作

辽宁省对俄罗斯的主要出口商品为蔬菜、水产类农副产品、日用品等一些技术含量较低的产品。自俄罗斯的主要进口商品包括原油、天然气、机电产品等能源原材料和技术含量较高的产品。

辽宁省与俄罗斯经贸合作额度较小，而且有些年份的统计数据不全。1991~1999 年，辽宁省对俄罗斯进出口总值累计近 20 亿美元。2000 年为 2.4 亿美元，同比增长 49.0%，其中对俄罗斯出口 0.9 亿美元，同比增长 12.0%，自俄罗斯进口 1.5 亿美元，同比增长 83.0%。2001 年为 10.1 亿美元，同比增长 320.8%，其中对俄罗斯出口 5.5 亿美元，同比增长 511.1%，自俄罗斯进口 4.6 亿美元，同比增长 206.7%。2011 年为 21.7 亿美元，同比增长 35.0%，其中对俄罗斯出口 10.2 亿美元，同比增长 35.7%，自俄罗斯进口 11.5 亿美元，同比增长 35.1%。2012 年为 24.6 亿美元，同比增长 13.4%，其中对俄罗斯出口 11.0 亿美元，同比增长 7.8%，自俄罗斯进口 13.6 亿美元，同比增长 18.3%。2013 年为 24.2 亿美元，同比下降 1.6%，其中对俄罗斯出口 11.4 亿美元，同比增长 3.6%，自俄罗斯进口 12.8 亿美元，同比下降 5.9%。2014 年为 24.3 亿美元，同比增长 0.4%，其中对俄罗斯出口 11.8 亿美元，同比增长 3.5%，自俄罗斯进口 12.5 亿美元，同比下降 2.3%。2015 年为 30.1 亿美元，同比增长 23.9%，其中对俄罗斯出口 9.3 亿美元，同比下降 21.2%，自俄罗斯进口 20.8 亿美元，同比增长 66.4%。2016 年为 32.5 亿美元，同比增长 8.0%，其中对俄罗斯出口 7.9 亿美元，同比下降 15.1%，自俄罗斯进口 24.6 亿美元，同比增长18.3%。① 2021年为17.2亿美元，同比增长63.2%。俄罗斯分别保持了辽宁省煤炭、天然气和原油的第二、第二和第三大进口来源国地位。2022年为53.4亿美元，同比增长210.5%。2023年1~9月为60.6亿美元，同比增长82.3%。

辽宁省参与建设的俄罗斯别雷拉斯特物流中心完成中欧班列179列，是2020年的2.4倍。辽宁省还将加快畅通海陆大通道，着力打造大连—沈阳—满洲里—蒙古国—俄罗斯—欧洲主通道的运能运力。

辽宁省对俄罗斯的投资规模较小。2013年辽宁省对外直接投资金额为290.4亿美元，其中对日本、韩国、中国香港等国家或地区的投资占全省对外直接投资总额的61.2%，但是在174家对外直接投资企业中只有2家企业选择对俄罗斯进行直接投资。辽宁省与俄罗斯的贸易逆差正在逐步扩大。②

总体来看，中俄东部毗邻地区区域经济合作基础较为牢固，呈现合作形式日益多样化、合作规模不断扩大的趋势。

第二节 商品结构

中俄双边贸易商品结构中，"不变"的是两国的贸易商品始终以资源密集型、劳动密集型的产品为主，我国对俄罗斯出口的轻工纺织品和农副产品及我国自俄罗斯进口的初级能源原材料在两国贸易商品结构中的占比一直居高不下，也就是说，双方均保持着传统商品在双边贸易中的绝对统治地位。

一 中俄贸易商品结构

从表3-4可以看出，2000~2003年，俄罗斯对我国出口的工业制成品比例较高，占我国进口贸易额的比重平均为57.7%。2004年，我国从俄罗斯进口的初级产品贸易额超过工业制成品的贸易额，占进口总额的62.1%，

---

① 辽宁省对俄贸易情况根据《辽宁统计年鉴2016》、辽宁省商务厅相关资料整理计算。转引自周延丽、韩艳丽《辽宁省对俄经济合作现状与展望》，《西伯利亚研究》2019年第2期。
② 郭俏好：《辽宁省与俄罗斯经贸合作研究》，《合作经济与科技》2020年第7期。

直到 2009 年，该比重不小于 70%。随着从俄罗斯进口的初级产品额度的增长，工业制成品进口额度相应下降。在中国从俄罗斯进口的初级产品中，主要是工业原料和矿物燃料商品，其中石油类商品所占比重上升幅度最大，由 2000 年的 13.5% 上升到 2009 年的 44.1%。[①] 到 2013 年，俄罗斯矿物燃料等矿产品对中国的出口额就占其商品出口总额的 67.8%。

表 3-4 初级产品和工业制成品在中俄贸易中所占比重

单位：%

产品种类	进/出口	2000 年	2001 年	2002 年	2003 年	2004 年	2005 年	2006 年	2007 年	2008 年	2009 年
SITC0-SITC4	出口	11.1	11.7	14.2	10.9	7.5	6.5	6.5	5.0	5.1	7.1
（初级产品）	进口	38.9	32.2	42.9	46.9	62.1	78.7	81.1	80.2	79.8	70.5
SITC5-SITC8	出口	88.9	88.3	85.8	89.1	92.5	93.5	93.5	95.0	94.9	92.8
（工业制成品）	进口	55.8	66.9	55.4	52.7	37.8	21.2	18.9	19.8	20.2	29.5

资料来源：联合国商品贸易统计数据库（http://comtrade.un.org/db/）。转引自万红先、李莉《中俄贸易商品结构及其影响因素研究》，《国际商务（对外经济贸易大学学报）》2011 年第 5 期。

2020 年中俄双边贸易商品结构进一步改善，在保持轻纺、资源等大宗商品贸易持续增长的同时，劳动密集型产品所占份额逐步缩减，而高附加值产品的比重日益提高，机电和高新技术产品的比重正逐年提升，中国对俄罗斯机电和高新技术产品进口和出口实现双增长。2021 年，在双边贸易商品结构中，原材料的比重略有下降，木材加工产品比例增长较为明显。但从整体贸易商品结构来看，能源和原材料的比重仍然保持在 70% 以上。

（一）中国对俄罗斯出口商品结构[②]

根据表 3-5 的数据，我们对中国对俄罗斯出口的商品种类进行分析。2015~2023 年，中国对俄出口的商品种类呈现多样化的特征，并在不同年份表现出显著的变化。

中国向俄罗斯出口的主要商品之一是第 16 类（机电、音像设备及其零部件和配件），从 2015 年的 103.57 亿美元增长至 2023 年的 423.13 亿美元。

---

① 万红先、李莉：《中俄贸易商品结构及其影响因素研究》，《国际商务（对外经济贸易大学学报）》2011 年第 5 期。

② 本部分由黑龙江大学国别和区域研究院硕士研究生曹媛媛撰写。

第 17 类（车辆、航空器、船舶及运输设备）的出口量也呈现明显增长，从 13.85 亿美元增长到 233.45 亿美元。这一类别呈现持续稳健的增长趋势，这种增长不仅反映了中国在制造业和技术领域的竞争优势，也表明了俄罗斯对中国高科技产品的需求不断增加。第 6 类（化学工业及其相关产品）、第 7 类（塑料及其制品）、第 15 类（贱金属及其制品）的出口量同样呈现快速增长的趋势，分别从 15.04 亿美元增长到 63.59 亿美元、从 14.75 亿美元增长到 67.11 亿美元、从 27.16 亿美元增长到 69.33 亿美元。

第 11 类（纺织原料及纺织制品）也是中国出口的重要品类之一。虽然贸易额在 2015~2023 年有所波动，但总体出口额保持在较高水平，平均值为 58.11 亿美元，在连续 7 年低于 2015 年 66.71 亿美元的情况下，2023 年出现了较为明显的增长，增长至 65.63 亿美元。然而，第 4 类（食品、饮料及烟草制品）的出口额在 2015~2023 年经历了多次波动和变化，2015~2021 年，该类别的贸易额相对稳定，除了 2020 年下降到 6.41 亿美元之外，其他年份基本维持在 7 亿~8 亿美元，波动幅度不大。2022 年，这一类产品的贸易额开始出现较大幅度的增长，从 2021 年的 7.32 亿美元增长到 11.48 亿美元，在 2023 年达到了 12.32 亿美元的高点。第 19 类（武器、弹药及其零件、附件）以及第 21 类（艺术品、收藏品及古物）的贸易额相对较低，属于交易量较小的品类。

表 3-5 2015~2023 年中国对俄罗斯出口商品类别及金额

单位：亿美元

类别	2015 年	2016 年	2017 年	2018 年	2019 年	2020 年	2021 年	2022 年	2023 年
第 1 类	1.56	2.15	2.20	2.23	2.35	1.72	2.12	1.97	1.76
第 2 类	8.18	9.02	9.35	9.35	8.77	5.76	6.38	8.46	9.06
第 3 类	0.04	0.04	0.04	0.06	0.05	0.04	0.05	0.12	0.15
第 4 类	7.29	7.37	7.29	7.84	7.10	6.41	7.32	11.48	12.32
第 5 类	2.30	1.96	2.99	4.32	4.23	1.74	2.05	3.59	3.71
第 6 类	15.04	15.24	19.16	22.93	23.93	26.89	37.89	66.97	63.59
第 7 类	14.75	14.78	16.82	19.75	21.81	23.84	36.00	52.99	67.11
第 8 类	25.19	29.34	32.22	37.45	37.07	23.04	20.69	16.16	15.07
第 9 类	1.78	1.46	1.48	1.49	1.43	1.27	1.51	1.15	1.31

续表

类别	2015 年	2016 年	2017 年	2018 年	2019 年	2020 年	2021 年	2022 年	2023 年
第 10 类	2.44	2.37	2.63	3.16	3.05	3.55	3.53	9.90	10.90
第 11 类	66.71	57.25	59.30	58.08	53.57	54.03	54.33	54.08	65.63
第 12 类	21.50	21.44	23.47	22.38	22.24	17.70	26.49	28.38	38.30
第 13 类	7.09	5.62	7.52	8.63	8.59	9.92	10.88	11.60	14.43
第 14 类	1.39	0.58	0.24	0.24	0.23	0.31	0.32	0.30	0.44
第 15 类	27.16	27.21	30.24	35.17	38.77	37.02	56.60	55.66	69.33
第 16 类	103.57	132.00	161.16	182.45	187.81	209.36	288.01	302.12	423.13
第 17 类	13.85	18.96	18.85	26.22	26.82	26.85	50.39	74.19	233.45
第 18 类	8.61	8.55	11.2	13.38	12.24	14.98	19.64	19.9	29.91
第 19 类	0.01	0.01	0.01	0.02	0.01	0.01	0.02	0.03	0.06
第 20 类	19.35	17.38	21.93	23.63	28.14	35.94	41.63	34.42	40.84
第 21 类	0.03	0.02	0.01	0.01	0.07	0.12	0.05	0.06	0.04
第 22 类	0	0.61	0.85	0.74	9.23	5.33	9.75	7.66	9.21
总值	347.84	373.36	428.96	479.53	497.51	505.83	675.65	761.22	1109.75

资料来源：中华人民共和国海关总署网站，http://www.customs.gov.cn/。

如表 3-6 所示，2015～2023 年中国对俄出口商品前十名有所变化。
2023 年，中国对俄出口的前十种商品包括 84 章（核反应堆、锅炉、机械器
具及其零部件）、87 章［车辆及其零配件（不包括铁路车辆）］、85 章
（电机、电气设备、音像设备及其零部件）、39 章（塑料及其制品）、64 章
（鞋靴、护腿和类似品及其零部件）、90 章（光学、照相、医疗设备及其零
部件）、73 章（钢铁制品）、29 章（有机化学品）、40 章（橡胶及其制品），
以及 61 章（针织或钩编的服装及衣着附件）。

表 3-6　2015～2023 年中国对俄罗斯出口商品前十名

单位：亿美元

排名	2015 年	2016 年	2017 年	2018 年	2019 年	2020 年	2021 年	2022 年	2023 年
1	84 章	84 章	84 章	85 章	85 章	85 章	84 章	84 章	84 章
	52.33	77.61	86.87	93.33	94.73	107.48	147.07	168.80	252.37
2	85 章	85 章	85 章	84 章	84 章	84 章	85 章	85 章	87 章
	51.24	54.38	74.29	89.12	93.08	101.88	140.95	133.31	225.20

续表

排名	2015 年	2016 年	2017 年	2018 年	2019 年	2020 年	2021 年	2022 年	2023 年
3	62 章	43 章	43 章	43 章	43 章	87 章	87 章	87 章	85 章
	25.96	25.64	28.63	33.08	32.73	21.33	42.83	62.96	170.77
4	61 章	62 章	62 章	62 章	87 章	43 章	39 章	39 章	39 章
	21.61	19.72	24.58	23.55	21.58	19.15	27.37	37.45	44.50
5	43 章	64 章	64 章	64 章	64 章	39 章	64 章	29 章	64 章
	19.60	19.04	21.13	20.10	20.19	18.26	24.02	32.51	34.05
6	64 章	61 章	61 章	87 章	62 章	95 章	73 章	64 章	90 章
	18.47	18.51	16.61	17.63	18.92	17.12	22.39	24.86	28.89
7	87 章	73 章	87 章	61 章	39 章	62 章	29 章	90 章	29 章
	11.34	12.70	16.39	15.65	.15.99	16.87	21.01	19.25	26.19
8	39 章	87 章	39 章	39 章	73 章	73 章	90 章	73 章	40 章
	11.25	12.54	12.44	14.54	15.44	15.60	18.99	19.08	22.61
9	94 章	39 章	90 章	90 章	94 章	64 章	95 章	40 章	73 章
	10.50	11.49	10.81	12.98	11.90	15.57	18.66	15.54	20.43
10	73 章	94 章	73 章	73 章	95 章	90 章	94 章	61 章	61 章
	10.14	8.37	10.77	12.65	11.86	14.42	16.79	14.95	18.25

资料来源：中华人民共和国海关总署网站，http://www.customs.gov.cn/。

2023 年，中国对俄罗斯的出口商品种类广泛，涉及 98 个大类商品。2022 年 1~12 月，中国对俄罗斯的月度出口额平均为 390.2 亿元，而到了 2023 年，这一数字增至 606.6 亿元，增幅达到 55.5%。尽管两年间中国对俄罗斯出口的前三大类商品相同，但排名略有变化。2023 年，机械、车辆和电子机械的出口额分别为 252.37 亿美元、225.20 亿美元和 170.77 亿美元，占比分别为 22.7%、20.3% 和 15.3%。与此相比，2022 年，电子机械的出口额位居第二，而车辆的占比仅为 8.3%。车辆已成为中国对俄罗斯出口的重要商品，2023 年出口额同比增长了 72%。

随着中国制造业的发展和技术水平的提升，中国对俄出口的产品结构发生了积极变化。传统的机电设备依然是出口的重要组成部分，与此同时，出口中高附加值产品的比重也有所增加。中国在车辆、航空器、船舶及运输设备等领域的产品出口增长迅速，为中俄贸易带来了新的活力。在车辆领域，中国的汽车产业在技术和品质上取得了长足的进步，中国汽车品牌逐渐赢得了国际市场的认可。中国对俄出口的汽车数量和种类不断增加，为俄罗斯消费者提供了更多的选择。在航空器领域，中国航空工业发展迅速，各种型号的飞机和航空器开始进入国际市场。中国对俄出口的航空器数量不断增加，为俄罗斯的航空运输业注入了新的活力。在船舶及运输设备领域，中国的造船业和港口设施建设水平日益提高，中国的船舶和运输设备开始向国际市场输出。中国对俄出口的船舶及运输设备产品呈现稳步增长的态势。

中国对俄出口的结构优化和高附加值产品的增加，为中俄贸易合作注入了新的活力和动力，合作领域的多样化也为中俄经济合作搭建了更加坚实的基础。

（二）中国自俄罗斯进口商品结构①

自 2014 年以来，欧盟和美国分别因不同原因对俄罗斯实施制裁。这些制裁限制了俄罗斯企业获得西方技术以及金融和市场机会，同时禁止了某些类型的商品出口到欧盟和美国。② 为了应对欧洲和美国的制裁，俄罗斯对来自这些地区的一些食品和工业产品实施了禁运。结果，俄罗斯到这些地区的出口减少，而中国成为俄罗斯出口商更具吸引力的合作伙伴。如图 3-5 所示，2014~2021 年，中国自俄进口的前六位（根据俄罗斯 HS 分类命名）商品包括矿产品，木材、纸浆和纸制品，食品和农业原材料，金属及其制品，机械、设备和车辆，化学工业产品。

矿产品（HS 编码 25-27）一直是中国自俄进口商品的主要组成部分，其占比在 2014~2021 年有所波动，但始终保持在较高水平。

2014 年以来，西方国家对俄罗斯的制裁主要集中在能源和金融部门。中国自俄进口木材、纸浆和纸制品（HS 编码 44-49）的占比在不同年份有一定波动。虽然它在 2016 年曾达到较高水平，但在后续年份下降。2014 年以来的西方对俄罗斯的经济制裁对俄罗斯的对华木材、纸浆和纸制品出口产生了多方面的影响。这些制裁导致俄罗斯经济的不稳定性增加，使出口商难以预测市场和价格变化。其中，金融制裁对融资和支付产生了一定影响，影

---

① 本部分由黑龙江大学国别和区域研究院硕士研究生曹媛媛撰写。
② 张凤皓：《国际制裁俄罗斯对中俄贸易的影响》，《国际观察》2017 年第 2 期。

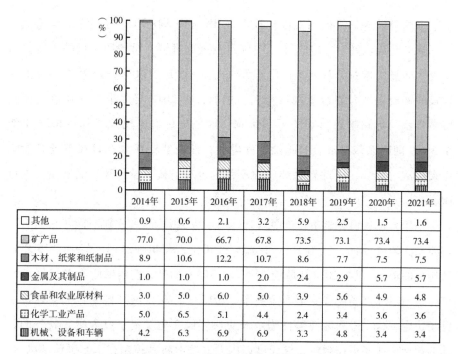

	2014年	2015年	2016年	2017年	2018年	2019年	2020年	2021年
□其他	0.9	0.6	2.1	3.2	5.9	2.5	1.5	1.6
▨矿产品	77.0	70.0	66.7	67.8	73.5	73.1	73.4	73.4
▧木材、纸浆和纸制品	8.9	10.6	12.2	10.7	8.6	7.7	7.5	7.5
■金属及其制品	1.0	1.0	1.0	2.0	2.4	2.9	5.7	5.7
▨食品和农业原材料	3.0	5.0	6.0	5.0	3.9	5.6	4.9	4.8
▥化学工业产品	5.0	6.5	5.1	4.4	2.4	3.4	3.6	3.6
▦机械、设备和车辆	4.2	6.3	6.9	6.9	3.3	4.8	3.4	3.4

图 3-5　2014~2021 年中国自俄进口商品前六位及其占比

资料来源：根据 https：//russian-trade.com/reports-and-reviews/2018-03/dinami 数据整理。

响出口商的资金流动。国际市场对俄罗斯木材、纸浆和纸制品的需求不稳定，价格波动，影响其出口。竞争对手和价格竞争也在一定程度上减少了俄罗斯的市场份额。

中国自俄进口食品和农业原材料（HS 编码 01-24）的占比有所增加。自 2014 年以来，西方国家对俄罗斯实施了一系列经济制裁，其中包括禁止从俄罗斯进口食品，这给俄罗斯的食品出口带来一定挑战。为弥补其在西方市场的损失，俄罗斯采取了多方面的措施，其中之一是加大了对中国等国家的食品出口。中俄双方签署了一系列贸易协议，降低了贸易壁垒，促进了食品和农产品的双边贸易。

中国自俄进口金属及其制品（HS 编码 72-83）的占比呈现上升趋势。西方国家对俄罗斯的制裁也包括金属行业。中国不断的工业化和基础设施建设需求为俄罗斯金属产品大量出口到中国提供了机遇。

中国自俄进口机械、设备和车辆（HS 编码 84-90）的占比呈现先上升后下降的趋势。2014～2017 年，中国自俄进口机械、设备和车辆的占比经历了较为明显的增长，从 4% 上升至 7%。这一增长可以部分归因于中国不断增长的基础设施和制造业领域需求。然而，自 2018 年以来，受到包括国际贸易紧张局势和制裁政策的不利影响，这一出口占比逐渐下降，2021 年降至 3%。国际制裁导致贸易不确定性增加，使俄罗斯在寻找替代市场时面临更大挑战。此外，全球贸易环境的不稳定也对机械、设备和车辆出口产生负面影响。

中国自俄进口化学工业产品（HS 编码 28-40）的占比在不同年份间有一定波动。2014 年的占比为 5%，在随后的年份占比出现波动，其中 2015 年达到最高的 7%，但在 2018 年降至 3%，之后略有回升，但仍然低于 2015 年的峰值。这与国际市场需求变化不无关系。2015 年，联合国气候变化大会通过了巴黎协定，这一里程碑性事件为全球应对气候变化设定了更为雄心勃勃的目标，包括全球变暖控制在 2 摄氏度以内，并争取将其控制在 1.5 摄氏度以内。中国积极响应这一号召。在这一背景下，俄罗斯化工企业需要不断提升技术水平，采用现代化仪器仪表技术、新型材料技术以及生产过程优化技术，满足不断变化的市场需求。政府支持条例鼓励创新和优化生产过程，为化工产业的发展提供保障。在这一背景下，巴洛仕集团崭露头角，成为俄罗斯化工产业的重要支持者，为行业的绿色和可持续发展提供全面解决方案。

2023 年与 2022 年相比，中俄贸易呈现明显的增长态势。中国自俄罗斯进口的商品广泛分布于 90 个大类。中国海关数据显示，2022 年 1～12 月，中国自俄罗斯进口的月度平均值为 638.7 亿元，而到了 2023 年，这一数字增至 757.7 亿元，增幅达到 18.6%。在 2023 年的进口额中，排名前三的商品类别为矿物燃料、矿砂、铜及铜制品，进口额分别为 6666.7 亿元、308.6 亿元和 227.6 亿元，占比分别为 73.3%、3.4% 和 2.5%。与 2022 年相比，矿物燃料的进口占比略有下降，矿砂占比略微增长，铜及铜制品则取代了木材及木制品，成为第三大进口商品。

然而，中国计划减少温室气体排放，加大对绿色能源的发展。这导致中国对煤炭和石油的需求下降，从而对俄罗斯向中国出口这些商品产生不利影响。同时，中国积极推动自身的钢铁和金属产业发展，并从其他国家（如印度和土耳其）进口这些产品。这对俄罗斯向中国出口钢铁和金属带来竞争压力。中国正在提高对进口商品的技术和卫生标准，这要求俄罗斯公司必须符合质量和安全标准，才能成功进入中国市场。[①]

二 黑龙江省对俄贸易商品结构

从我国对俄贸易大省——黑龙江省来看，2014 年该省对俄贸易额高达232.8 亿美元（合人民币 1430 亿元），对俄出口商品品种合计 2829 种，额度位列前十的轻工纺织品和农副产品等额度为 72.3 亿美元，占全省对俄出口额的80.3%，其中服装为 28.6 亿美元，鞋类为 9.8 亿美元，纺织品为8.9 亿美元。从俄罗斯进口额度位列前十的能源原材料合计 139.6 亿美元，占该省自俄罗斯进口额的 97.8%，其中石油为 119.3 亿美元，原木为 6.7 亿美元，铁矿砂为 3.4 亿美元。2015 年黑龙江省对俄贸易额 108.4 亿美元，同比下降 53.4%，占同期全省进出口总值的 51.7%。自俄进口原油 1548.0 亿吨，同比增长 0.2%，进口金额因国际大宗商品价格下降的影响而减少55.8 亿美元。对俄出口额为 23.5 亿美元。2016 年黑龙江省对俄贸易额 91.9 亿美元，同比下降 15.3%。自俄进口 74.9 亿美元，进口前十位的商品主要是原油、原木、锯材、肥料、粮食、纸浆、铁矿砂及其精矿、煤炭、食用植物油和成品油等，基本上还是以能源和原材料为主，占进口总额的 94.0% 以上。在进口商品中，原油进口数量达到了 1668.1 万吨，增长了 7.8%。对俄出口 17.0 亿美元，出口前十位主要商品是服装、鞋帽、纺织品和干鲜水果蔬菜，贸易额占对俄出口总额的 70.2% 以上。进入出口前十位的工业产业只有钢材一项，贸易额只有 1906.0 万美元，占出口贸易额的 1.1%。而2016 年黑龙江省对外出口商品中，机电产品和高新技术产品占据前两位，贸易总额达到了 18.6 亿美元，占出口总额的 37.0%。2017 年黑龙江省对俄贸易快速增长，实现进出口总额 109.9 亿美元，增长 19.6%，占该省进出口

① Кравченко С. А. , К. В. Ракова. Востребованность глобально-локального устойчивого развития: амбивалентности новейших уязвимостей. Вопросы философии. 2022. №8. С. 55-64.

总额的58.0%，占中国对俄贸易的13.1%。2018年黑龙江省对俄罗斯进出口总额184.4亿美元（合人民币1220.6亿元，同比增长64.7%），占同期全省进出口总额的69.8%，占同期中俄进出口总额的17.2%。从俄罗斯进口173.1亿美元（合人民币1146亿元，同比增长80.4%，首次突破1100亿元，创历史新高）。该省对俄罗斯出口农产品、机电产品、鞋类均超1.5亿美元，总额分别为4.4亿美元、3.0亿美元、1.9亿美元。高新技术产品出口成为亮点，对俄罗斯出口达0.3亿美元，增长1.4倍。该省从俄罗斯进口原油142.7亿美元，增长1.1倍，占同期全省自俄罗斯进口总额的88.4%；进口原木7.1亿美元，占比4.4%；进口锯材6.9亿美元，占比4.3%。2019年，黑龙江省对俄进出口总额为192.9亿美元（合人民币1270.7亿元，同比增长4.1%），占同期黑龙江省与"一带一路"共建国家进出口总额的85.5%。对俄出口15.1亿美元（合人民币100亿元，同比增长34.3%）；从俄罗斯进口177.8亿美元（合人民币1170.7亿元，同比增长2.1%）。自俄罗斯原油进口占70%以上，铁矿砂、农产品等进口商品增长较快。黑龙江省对俄罗斯的机电产品、农产品和劳动密集型产品出口持续增长。黑龙江省与俄罗斯双方贸易商品以初级原材料、能源资源性商品为主。

2020年，黑龙江省对俄进出口总额为141.2亿美元（合人民币973.3亿元，同比减少23.4%），占该省进出口总额的63.3%。对俄罗斯出口13.8亿美元（合人民币95.1亿元，同比减少4.9%）；从俄罗斯进口127.4亿美元（合人民币878.2亿元，同比减少25.0%）。进出口商品结构与2016~2019年基本相同。2021年，黑龙江省对俄进出口总额为203.7亿美元（合人民币1313.4亿元，同比增长34.9%），占该省进出口总额的65.8%。对俄罗斯出口16.6亿美元（合人民币107.0亿元，同比增长12.5%）；从俄罗斯进口187.1亿美元（合人民1206.4亿元，同比增长37.4%）。自俄罗斯进口天然气104亿立方米，同比增长154.2%；进口原木638.3万立方米，同比增长30.2%；进口大豆266.5万吨，同比增长28.9%；进口原油2949.9万吨，同比下降1.0%。2022年，黑龙江省对俄进出口总额为276.0亿美元（合人民币1854.7亿元，同比增长41.2%），占该省进出口总额的70.0%。对俄罗斯出口25.7亿美元（合人民币172.7亿元，同比增长

61.4%）；从俄罗斯进口 250.3 亿美元（合人民币 1682.0 亿元，同比增长 39.4%）。自俄罗斯进口天然气 104.0 亿立方米，同比增长 154.2%；进口原木 638.3 万立方米，同比增长 30.2%；进口大豆 266.5 万吨，同比增长 28.9%；进口原油 2949.9 万吨，同比下降 1.0%。2023 年，黑龙江省对俄进出口总额为 298.8 亿美元（合人民币 2103.9 亿元，同比增长 13.4%），占该省进出口总额的 70.6%。对俄罗斯出口额 41.0 亿美元（合人民币 288.7 亿元，同比增长 67.2%），从俄罗斯进口 257.8 亿美元（合人民币 1815.2 亿元，同比增长 7.9%）。2024 年为 328.8 亿美元（合人民币 2341.6 亿元，同比增长 11.3%）。

三　中俄贸易商品结构发展趋势

中俄双边贸易商品结构中，"变"体现在我国对俄罗斯出口商品结构逐步优化，纺织品等轻工产品比重逐年下降，从 2001～2009 年的数据来看，纺织品及原料和鞋靴出口占我国对俄罗斯出口总额的比重从 2001 年的 63.6% 下降至 2009 年的 19.0%。自 2006 年起，机电产品（主要包括电机、电气、音像设备及其零附件；核反应堆、锅炉、机械器具及零件；车辆及其零附件）成为我国对俄罗斯出口的第一大类商品，在对俄罗斯出口贸易中所占比例不断增加（2002 年、2004 年和 2009 年机电产品所占比重有所下降），我国向俄罗斯出口的机电产品贸易额占对俄出口贸易总额的比例从 2001 年的 18.7% 猛增至 2009 年的 44.4%。[①]

2014～2022 年，中俄贸易商品结构中矿产品仍然是主要出口商品，木材和纸制品出口出现波动，食品和农业原材料占比有所增加，金属及其制品略有增加，化学工业产品出口有所波动，机械、设备和车辆出口占比相对稳定。

随着中俄两国经济结构的不断调整，在双边贸易商品结构保持传统优势的基础上，机电等高附加值产品的占比将不断提高，商品结构不断优化。

2023 年 3 月 21 日，《中华人民共和国主席和俄罗斯联邦总统关于 2030 年

---

① 李汉君：《中俄贸易商品结构存在的问题与优化》，《对外经贸实务》2010 年第 8 期。

前中俄经济合作重点方向发展规划的联合声明》明确：扩大贸易规模，优化贸易结构，发展电子商务及其他创新合作模式。稳步推动双边投资合作高质量发展，深化数字经济、绿色可持续发展领域合作，营造良好营商环境，相互提升贸易投资便利化水平。这为双方未来开展双边贸易投资合作确定了发展目标。

第三节　合作领域

2024 年 5 月 16 日发布的《中华人民共和国和俄罗斯联邦在两国建交 75 周年之际关于深化新时代全面战略协作伙伴关系的联合声明》指出：双方满意地看到，中俄各领域务实合作持续推进并取得积极成果。双方愿继续按照互利共赢原则深化各领域合作，密切配合，共同克服外部挑战和不利因素，提升双方合作效率，实现合作稳定、高质量发展。中俄两国经贸合作领域不断扩大，主要优先领域包括能源合作、木材及其产品贸易合作、科技合作、农业合作、园区建设合作、物流通道建设合作等。

一　能源合作

能源合作是中俄重要战略合作领域，是经贸合作的重要组成部分，在确保两国能源安全方面发挥着巨大作用。BP（英国石油）公司于 2018 年《世界能源统计年鉴》中指出：俄罗斯是世界能源丰富的大国，到 2017 年底，石油探明储量为 145 亿吨，位居世界第六位，占世界总储量的 6.3%。天然气探明储量为 35 万亿立方米，位居世界第一位，占世界总储量的 18.1%。煤炭探明储量为 1603 亿吨，位居世界第二位，占世界总储量的 15.5%。中国是能源需求大国，一次能源需求占世界总需求的比重稳定在 23% 左右。中俄两国客观上形成了供求市场，表明双方能源合作潜力巨大。

（一）油气

1996 年中俄签署《中俄共同开展能源领域合作的政府间协定》，为两国开展能源合作奠定了基础。1997 年，俄联邦能源部与中国海洋石油有限公司签署了有关组织油气领域合作项目的协议，其中包括实施西西伯利亚天然气供应计划备忘录的协议。同年，俄罗斯天然气工业股份公司与中国石油天然气总公司签订了相关合作协议。1999 年，俄联邦石油公司、中国国家石油天然气公司和韩国国家天然气公司商定参与并开发出口天然气管道的联合项目，俄罗斯分别向中国和韩国供应 200 亿立方米和 100 亿立方米的天然气。

俄罗斯远东地区能源开发是中俄能源合作的重要基础，为中国东北地区与俄罗斯远东地区经济合作创造了机遇。俄罗斯把亚太地区看作最有前景的能源出口市场，中国是俄罗斯最重要的能源伙伴。2009 年 4 月，俄罗斯政府批准了与中国的石油领域合作协议，建设东西伯利亚—太平洋输油管道的对华支线。中国石油天然气集团公司、俄罗斯天然气工业股份公司、俄罗斯石油管道运输公司、俄罗斯石油公司和卢克石油公司 2010 年签署了相关合同，同意 2011~2030 年俄方向中方供应 3 亿吨石油，中方向俄方提供 250 亿美元的贷款。自 2011 年 1 月 1 日起，俄罗斯通过东西伯利亚—太平洋石油管道的泰舍特—斯科沃罗季诺—漠河—大庆支线每年向中国初始供油量 1500 万吨，到 2014 年供油量增长到 2000 万吨，2017 年 11 月供油量增长到 3000 万吨。从 2018 年 1 月 1 日起，中俄泰舍特—斯科沃罗季诺—漠河—大庆原油管道二线工程正式投入商业运营，俄罗斯通过该管道向中国年供油量为 3000 万吨。

2015 年 9 月，俄罗斯石油公司与中国石化公司签署合作框架协议，中国石化公司购买俄罗斯东西伯利亚石油天然气公司和秋明石油天然气公司 49% 的股份。2017 年 9 月，俄罗斯石油公司与中国华信能源有限公司签署了向中国供应石油的合同，总供应量达 6080 万吨。

2018 年中国进口俄罗斯原油 7149 万吨，2019 年为 7764 万吨，2020 年约 8357 万吨，2021 年为 7964 万吨，2022 年为 8625 万吨。

关于天然气合作问题，2006 年 3 月 21 日，普京总统在访华期间正式宣布，俄罗斯将敷设通往中国的天然气管道，中国石油天然气集团公司与俄罗斯天然气工业公司签订了相关的框架性文件。2006 年 4 月 14 日，俄罗斯天然气工业公司和中国石油天然气集团公司、中国石油化工股份有限公司共同决定，开始起草敷设通往中国的西线天然气输送管道投资计划书。自 2011 年起，俄罗斯每年向中国出口天然气约 800 亿立方米。[①] 2007 年 2 月 5 日，

---

① 姜振军：《俄罗斯国家安全问题研究》，社会科学文献出版社，2009，第 381 页。

俄罗斯石油公司与中国石化之间的合作协调委员会签署了合作勘探萨哈林岛（库页岛）大陆架的"萨哈林3号"项目的协议，中方所占份额为25%。

2009年10月12日，中俄能源投资股份有限公司在北京宣布成立，10月13日出资收购俄罗斯松塔儿石油天然气公司50%股权，从而取得俄罗斯东西伯利亚地区两块储量达600亿立方米天然气田的勘探开采权。这是继2009年6月17日中俄签署《关于天然气领域合作的谅解备忘录》后，在实体经济领域诞生的第一家中俄合资石油天然气公司。因此，这次收购可以说开创了中俄能源合作领域的先河，成为中俄能源合作的新模式。[①]

2014年5月，俄罗斯天然气工业公司与中国石油天然气集团公司签署了"西伯利亚力量"项目的供气合同，为期30年，计划每年向中国出口380亿立方米天然气，合同总值约为4000亿美元。2019年12月初，俄方启动"西伯利亚力量"管道向中国输气工作。2020年俄罗斯天然气工业公司计划对华输气50亿立方米，2021年100亿立方米、2022年150亿立方米。预计到2025年将达到每年输送380亿立方米天然气的设计能力。2022年11月，俄罗斯联邦政府副总理诺瓦克表示，中俄双方正在就"西伯利亚力量2号"供气项目进行谈判，该管线将经过蒙古国向中国输送俄罗斯天然气，年供气量达500亿立方米。

亚马尔液化天然气项目是一个大型能源战略项目，对世界能源市场有着重要而深远的影响，不仅是中俄能源合作的一项新的重大成果，而且是北极地区天然气国际合作开发的一个成功案例。[②]

2008年5月，美国地质调查局（USGS）在对北极圈内33个地理区域的油气资源进行系统评估的基础上发布了《北极地区油气潜力评估报告》，该报告的评估结果显示，北极圈内已探明并可用现有技术开发的石油、天然气、液化天然气储量估计分别高达900亿桶、1669万亿立方米和440亿桶，其中石油约占世界已探明储量的13%、天然气占30%、液化天然气占20%，其中84%的油气资源分布在近海区。而相关最新研究估计，北极地区拥有

① 《中俄合资公司获俄气田开采权》，http://news.cnpc.com.cn/system/2009/10/15/001260931.shtm。

② 这里主要借鉴了王琦老师在我们一起给某部做的相关委托课题里撰写的关于中俄在亚马尔液化天然气项目合作部分。

910 亿桶原油、1363 万亿立方米天然气及 400 亿桶液化天然气的待发现技术可采储量。[①] 俄罗斯北极的亚马尔-涅涅茨自治区是俄罗斯乃至全世界最主要的天然气生产基地。俄罗斯北极地区生产俄罗斯 80% 以上的天然气。[②] 俄罗斯专家加吉耶夫（2008）认为，俄罗斯北极地区的天然气占全俄的 90%，石油占全俄的 75%。截至 2013 年初，在俄罗斯北极海域共钻 86 口探井，发现了 24 个油气区（包括在海陆过渡区）。RystadEnergy 公司的分析师 J. M. 杜森特（J. M. Duesund）认为，到 2030 年俄罗斯将掌握北极地区 55% 的碳氢化合物。目前，俄罗斯最大的大陆架开采项目是 Prirazlomnoe，而陆地上的最大项目是亚马尔半岛正在进行的液化天然气开采项目。[③]

中国参与投资建设的亚马尔液化天然气项目通过北方海上航道向中国出口液化天然气。亚马尔液化天然气项目的天然气和凝析油储量分别为 1.4 万亿立方米和 6018 万吨。该项目设计天然气年产量 280 亿立方米，凝析油产量 100 万吨，液化天然气工厂设计年产能 1650 万吨。在亚马尔半岛及其邻近海域已发现 26 个气田，探明天然气储量 10.4 万亿立方米，远景天然气储量 38 万亿立方米。亚马尔液化天然气项目由俄罗斯诺瓦泰克股份公司、中国石油天然气集团有限公司、法国道达尔公司和中国丝路基金共同合作开发。亚马尔液化天然气公司初步规划架构为：俄方控股 51%，其余 49% 股份由 3~4 个外国公司持有。2011 年，法国道达尔公司以 4.25 亿美元收购了该公司 20% 的股份。2013 年，中石油集团与诺瓦泰克签署了购买亚马尔液化天然气公司 20% 股份的协议，2014 年 1 月完成交割。中国丝路基金在 2015 年获得了 9.9% 的股份。2013 年 10 月，中石油集团签署了液化天然气购销框架协议。根据协议，中方每年从该项目进口 300 万吨液化天然气，期限为 15 年。亚马尔液化天然气项目共有三条生产线，2017 年 12 月第一条生产线投产，第二条和第三条分别于 2018 年 7 月和 11 月投产，年生产能力达到 1650 吨。亚马尔液化天然气被认为是俄罗斯最大的能源项目，估计占全

① Schenk, C. J., "An Estimate of Undiscovered Conventional Oil and Gas Resources of the World", pubs. usgs. Gov, 2012-04-18 (2013-09-18), http: //pubs. usgs. gov/fs/2012/3042/.

② Басангова К. М. Теоретико-методологический анализ предпосылок устойчивого развития регионов арктической зоны российской Федерации [J]. Управленческое консультирование, 2014, 4 (64): 56-61.

③ 张琪：《美能源部批第 7 个 LNG 出口项目》，《能源研究与利用》2014 年第 3 期。

球能源市场的 5%。2018 年 7 月 19 日，中俄能源合作重大项目——亚马尔液化天然气项目向中国供应的首船液化天然气（LNG）通过北极东北航道运抵中国石油天然气集团有限公司旗下的江苏如东 LNG 接收站并交付完毕，开启了亚马尔项目向中国供应 LNG 的新起点。中国石油在亚马尔项目建设上充分发挥了中国企业大会战的集中优势，在建造资源（运输）、加快模块建设等方面发挥了重要作用。2019 年上半年生产了 900 万吨液化天然气和 60 万吨稳定凝析油。三条液化天然气生产线均在 2019 年上半年超过其额定产量。①

2020 年中国进口俄罗斯管道天然气 500 亿立方米，2021 年为 133.20 亿立方米，2022 年为 236.50 亿立方米，2023 年为 227 亿立方米。

中国参与建设的俄罗斯阿穆尔州最大天然气加工厂是俄罗斯通过黑河向中国出口天然气的重要基地。这些中俄能源合作项目都有中国东北地区和俄罗斯远东地区的积极参与，也将带动中俄地区间的合作，其中包括基础设施建设、过境运输、石油化工、科学研究、环境保护等各领域的广泛合作。

同时也要看到，俄罗斯东部地区资源开发竞争激烈、能源出口多元化势头不减。在东北亚地区，日本、韩国都属于能源短缺国家，在对俄罗斯能源合作上态度积极，成为中国进口俄罗斯能源的主要竞争对手。

2007 年，日本向俄罗斯支付 38 亿美元购买原油，2008 年日本在俄罗斯萨哈林岛与俄罗斯合作投资建设俄罗斯首座液化天然气工厂，年产量为 960 万吨，其中大约 65% 用于出口日本。俄日双方达成协议，日本的独立行政法人"石油天然气及金属矿物资源机构"2009 年 5 月 12 日宣布将对俄罗斯东西伯利亚地区的油田蕴藏量进行调查。这是俄日共同开发项目，日方力争从该地区进口原油。2011~2018 年，日本石油进口位居世界第四位，2012 年为 180.2 万吨。日本是液化天然气消费大国，2014 年达到 8850 万吨的最高值，之后液化天然气进口一直保持在 8000 万吨以上。日本煤炭进口位居世界第三位。2017 年，俄罗斯是日本的第五大石油进口国、第四大液化天然气进口国和第四大煤炭进口国。

韩国 97% 的能源消费依赖进口，其石油进口量位居世界第五位，天然气进口量排在世界前五。韩国很早就将对俄罗斯能源合作上升为国家战略。

---

① 陈孟磊：《亚马尔：中俄北极圈的握手》，《中国石油石化》2018 年第 11 期。

韩国与俄罗斯在能源领域的合作主要集中在俄罗斯远东地区的油气田项目合作，如伊尔库斯克地区。石油和天然气管道的建设也通过俄罗斯远东地区运输到韩国。俄罗斯向韩国出口萨哈林液化天然气的项目也位于俄罗斯远东地区。2003 年 5 月 12 日，俄韩签署 5 年天然气合作协议。2004 年 9 月，韩国与俄罗斯达成 3 项两国大型能源企业之间的能源合作项目。同时，俄罗斯也将东部地区能源产业快速发展及打入中、日、韩能源市场看成是保持俄罗斯在东北亚地区应有地位的重要手段。[①] 2005 年 7 月 15 日，俄罗斯与韩国签署了俄罗斯向韩国出口液化天然气的合同，有效期为 20 年。俄罗斯每年将从远东地区的萨哈林岛向韩国出口 150 万吨液化天然气。

2008 年签署《俄韩天然气供应谅解备忘录》，两国决定共同投资建设俄罗斯远东天然气工厂。2009 年起开展包括萨哈林 2 号项目在内的海上石油平台、液化天然气压缩技术及相关基站等项目的合作。2010 年，韩国大宇造船和海洋工程公司与俄罗斯合作建造海上天然气加工处理厂。2012 年俄罗斯卢克石油公司与韩国现代工程公司合作建设乌兹别克斯坦"卡德姆"天然气加工厂，俄方负责气田勘探，韩方负责项目加工等。[②] 2018 年 6 月 29 日，俄罗斯与韩国达成协议，将继续推进双边能源合作，包括跨境天然气管道项目。与此同时，韩国天然气公司计划入股诺瓦泰克公司的"北极液化天然气-2"项目，并承购该项目的液化天然气。

在地区与国家间的经贸合作，尤其是作为国家重要战略物资的能源合作中，地方政府扮演着重要角色，应从形成对俄罗斯能源合作的促进机制、拓展多种合作方式、完善基础设施和服务体系等方面统筹协调，将东北地区的比较优势转化为绝对优势，以推动中俄能源合作的稳定持续发展。

（二）电力

中俄电力合作发展较为迅速。从俄罗斯购电项目是中俄两国政府能源领域合作项目之一，是国家电网公司、黑龙江电力公司和政府部门高度重视的一项国际化业务。在中俄两国相关政府部门的大力支持下，经双方电力技术

---

① 《东北地区政府宜抓住契机推动对俄能源合作》，http://www.cheminfo.gov.cn/24/06/2009。
② 张晓桐：《俄韩油气能源合作分析》，吉林大学硕士学位论文，2016，第 30 页。

专家多次研究、深入论证之后，1992 年 7 月 1 日 11 时，110 千伏布黑线（布拉戈维申斯克变电站—110 千伏黑河变电站）正式合闸送电，其意义重要而深远：开辟了中俄两国历史上电力合作的先河，为中俄电力合作规模的扩展打下了坚实的基础，更为黑龙江省地方经济的发展做出了贡献。1996 年，中俄第二条输电线路从俄罗斯锡瓦基至中国大兴安岭十八站，即"锡十线"正式投运送。2005 年 7 月，中俄拉开了大规模电力合作的序幕，2006 年达到高峰后开始下滑。2005~2008 年，黑龙江省从俄罗斯购电 14.37 亿千瓦时。2009 年 3 月，黑龙江省电力有限公司首笔以边境小额贸易方式进口俄罗斯电力 241 万美元后，从俄罗斯进口电量逐渐增长，2009 年创历史最高水平。中国海关的统计显示，2009 年中国自俄罗斯进口电力超过 7 亿千瓦时。

2010 年，俄罗斯东方电力股份公司将强化实施对我国的电力输出，第一阶段计划的具体实施步骤是在阿穆尔州建设 500 千瓦的输电线路和在哈巴罗夫斯克（伯力）建设 400~500 兆瓦的蒸汽发电机组。这些项目建成后，对中国的电力输出将扩大到每年 40 亿~50 亿度。此时，最重要的任务是为第二阶段向中国输出 180 亿度电力签署合同做好准备。[①]

截至"十一五"（2006~2010 年）期末，黑龙江省在中俄边界架设了 4 条跨境国际输电线路，累计购俄电 42.70 亿千瓦时。自 1992 年开展中俄电力合作以来，黑龙江电力公司已历史性累计进口俄电突破 200 亿千瓦时，达到 200.97 亿千瓦时。

2011 年中国继续加大自俄罗斯购电规模，黑龙江省全年累计自俄罗斯购电 12.27 亿千瓦时，比合同计划多购电量 2800 万千瓦时，比 2010 年多购入电量 2.44 亿千瓦时，同比增长 24.8%。根据中俄签订的供电合同，2011 年中国通过黑龙江电力公司 110 千伏布黑线和 220 千伏布爱线从俄罗斯向中国供电，并在黑龙江省黑河地区销售，合同年保证供电量为 5.84 亿千瓦时，年计划供电量为 11.99 亿千瓦时，出口电价为每千瓦时 0.042 美元，计划供电量总值为 5037 万美元。

2012 年 2 月 25 日，中国国家电网公司同俄罗斯东方能源股份公司签署

---

① 《俄中电力能源合作没有大分歧》，http://www.nengyuan.net/201003/27-563251.html。

了长达 25 年的购电协议。该协议规定，到 2037 年前俄罗斯向中国出口电量 1000 亿千瓦时。

截至 2014 年第三季度末，国网黑龙江省电力有限公司通过 110 千伏布黑线、220 千伏布爱甲乙线（布拉戈维申斯克变电站—220 千伏爱辉变电站）和 500 千伏阿黑线（500 千伏阿穆尔变电站—500 千伏黑河换流站）完成自俄罗斯进口电量 26.31 亿千瓦时。

自 1992 年中俄电力合作以来，国网黑龙江电力通过在运的 4 条跨国联网线路，历史性累计进口俄罗斯电力 248.73 亿千瓦时。2017 年累计进口结算俄罗斯电量 33.19 亿千瓦时。截至 2018 年 4 月 1 日，完成进口结算俄罗斯电量 5.51 亿千瓦时，500 千伏中俄直流联网黑河背靠背换流站连续实现安全运行 6 周年，通过 500 千伏阿黑线累计进口俄电 138.30 亿千瓦时，占进口总量的 44.4%，相当于节约燃煤 470.22 万吨。截至 2019 年 8 月 30 日，完成自俄罗斯进口电量 18.8 亿千瓦时。2020 年 1~8 月，完成累计进口俄罗斯电量 318.75 亿千瓦时，累计节约燃煤 1033 万吨，减少二氧化碳排放约 2789 万吨。从 2021 年 10 月 1 日起，黑河 500 千伏换流站的满负荷（750MW）运行时长从每天 5 个小时增至 16 个小时，能够极大缓解地方供电紧张的局面。到 2022 年末，俄罗斯向中国出口电力增长 15.0%，2023 年达到 40 多亿千瓦时。

国家电网公司积极服务"一带一路"建设，遵循共商、共建、共享原则，推动中俄电网互联互通。目前，两国已有 4 条输电通道实现互联，计划 2025 年前，向俄罗斯购买电力 1000 亿千瓦时。在俄罗斯远东地区开展电力合作，中国具备资源优势、技术优势和区位优势，双方合作前景广阔。

2023 年 3 月 21 日，《中华人民共和国主席和俄罗斯联邦总统关于 2030 年前中俄经济合作重点方向发展规划的联合声明》明确：巩固全方位能源合作伙伴关系。加强能源重点领域长期合作，推动实施战略合作项目，拓展合作形式，加强能源技术、设备等领域合作，共同维护两国和全球能源安全，促进全球能源转型。这为双方未来加强能源合作擘画了宏伟蓝图。

二　木材及其产品贸易合作

作为全球第二大木材消耗国和第一大木材进口国，2009 年以来中国木材消费总量增长了 173%，2018 年中国木材消耗量 6 亿多立方米，对外依赖度超过 55%。2020 年我国的木材需求量可能超过 8 亿立方米。

俄罗斯林地面积约占世界林地面积的 10%，木材蓄积量约占世界木材总蓄积量的 25%。俄罗斯森林大体可分为两大类：阔叶林和针叶林。阔叶林又可分为硬材质阔叶林和软材质阔叶林两类。软材质阔叶树种（通常所说的软杂木）主要包括杨树、柳树、椴树、桦树等，其面积约占森林总面积的 17%；而硬材质阔叶树种（通常所说的硬杂木）主要包括桦树、水曲柳、枫树、榆树、柞树等，所占比重约为 13%。针叶树种主要有落叶松、樟子松、白松、红松和臭松等，这些树种的面积占俄罗斯树木总面积的 70.21%。从表 3-7 可以看出，2015 年俄罗斯针叶林和阔叶林木材总蓄积量为 814.9 亿立方米（其中，针叶林木材总蓄积量为 575.4 亿立方米，阔叶林为 239.5 亿立方米），而中国约为 125 亿立方米。伴随经济建设的快速发展，中国木材市场的需求量在逐年增加。

表 3-7 俄罗斯针叶林和阔叶林蓄积量

单位：亿立方米

蓄积量	1990 年	2000 年	2005 年	2010 年	2015 年
针叶林	631.2	577.9	575.4	578.5	575.4
阔叶林	169.2	224.9	229.4	236.7	239.5
总计	800.4	802.8	804.8	815.2	814.9

资料来源：Global forest resources assessment 2015, country report, Russian federation。转引自王明娟《俄罗斯木材及其产品出口研究》，黑龙江大学硕士学位论文，2020。

俄罗斯木材出口的主要国家有中国、芬兰、日本（见图 3-6）。根据 2006 年公布的中国森林资源清查结果，中国木材供需缺口基本为 2 亿~3 亿立方米，缺口主要靠进口来补充。俄罗斯是中国第一大木材进口来源国。1996 年中国进口俄罗斯木材的比重仅有 4.0%，随后该比重迅速增长到 2009 年（2000 万立方米）的 76.0%，直到 2018 年，中国仍然是进口俄罗斯木材最多的国家。1996~2008 年，中国逐渐取代芬兰成为俄罗斯木材的最大出口国。2006 年以来呈现稳步增长的态势，2006 年中国从俄罗斯进口木材 2183 万立方米，占进口原木总量的 70.0%。2007 年进口 2539 万立方米，占进口木材总量的 68.5%。① 2008 年为 1964 万立方米，2009 年为 2000 万立方米以上。2018 年为 2760.75 万立方米，2019 年为 2100 万立方米，2020 年为 2115.15 万立方米，2021 年为 1893.00 万立方米，2022 年为 1525 万立方米，2023 年为 1466.34 万立方米。

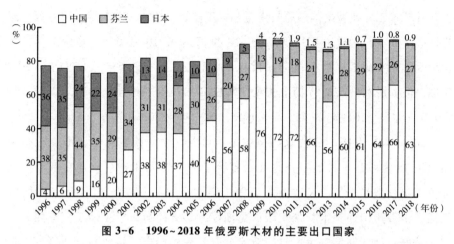

图 3-6　1996~2018 年俄罗斯木材的主要出口国家

资料来源：根据 comtrade 数据库（https：//comtrade.un.org/data/）整理。转引自王明媚《俄罗斯木材及其产品出口研究》，黑龙江大学硕士学位论文，2020。

　　满洲里口岸、绥芬河口岸和二连浩特居中国进口俄罗斯木材的前三位。2000 年以来，满洲里口岸木材进口量连续 15 年雄踞全国各口岸之首，这充分说明满洲里口岸在中国木材进口方面的重要地位，其优势在于其独特的地缘优势、强大的口岸能力、坚实的产业集群支撑等。据统计，满洲里口岸进口俄罗斯木材由 2001 年的 299.7 万立方米增至 2007 年的 1148.7 万立方米，增幅达 283.3%。2008 年有所减少，下降至 700 万立方米左右。2012 年满洲里口岸进口俄罗斯木材增长到 890.1 万立方米，2014 年为 927.4 万立方米，2015 年为 919.8 万立方米，2016 年为 1124.4 万立方米。2017 年为 1184.1 万立方米，同比增长 5.3%，创满洲里口岸进口木材历史最高纪录。2018 年为 1066.2 万立方米，同比下降 10.0%。2019 年为 1030 万立方米，2020 年为 697 万立方米，2021 年为 223.90 万立方米。2022 年 1 月 1 日起，俄罗斯

① 《中俄木材贸易发生结构性变化　板材进口前景看好》，http：//www.jiajuzhijia.com/news/show.php = 1425。

禁止出口软木原木和高价值硬木原木。2023 年 1~7 月满洲里口岸进口俄罗斯木材 165.10 万立方米。

对俄边境口岸绥芬河作为东北亚的交通枢纽，木材进口量稳占全国进口俄罗斯木材总量的 1/3 以上，成为中国最大的进口俄罗斯木材集散中心，可以长期且较为充分地满足国内原料供应和加工需要。1995~2015 年，绥芬河口岸累计进口俄罗斯木材达 8517 万立方米，货值达 97.10 亿美元。在俄罗斯的木材采伐、原木加工等林业投资项目有 139 个，总投资额 5 亿美元左右。2016 年进口俄罗斯木材 558.87 万立方米，2017 年增长到 800 万立方米，2018 年约 650 万立方米，2019 年为 750 万立方米，2022 年为 309 万立方米。

2006 年 7 月 16 日，在第二届中国·黑龙江木业博览会上，浙江康奈集团组织 18 家温州木材加工企业共同签署了入驻黑龙江省东宁县在俄罗斯乌苏里斯克（双城子）建立的中俄跨国连锁木材加工园区协议，协议金额达 8 亿元。中俄跨国连锁木材加工园区是浙江康奈集团与东宁吉信工贸集团、东宁县政府、俄罗斯乌苏里斯克市政府联合签署的康吉经济贸易合作区的一部分。康奈集团组织 18 家温州木材加工企业与东宁吉信集团合作开发境外工业园区，康奈集团提供资金、技术、人才和品牌支持，东宁吉信集团与乌苏里斯克市政府负责提供在俄罗斯境内的土地、公共关系和各项服务。中俄跨国连锁木材加工园区占地面积 150 万平方米，入驻企业均为锯材、指接板、集成材、中高密度板及高档家具生产企业。该园区已被列为国家重点扶持的 6 个境外工业园区之一。当时，该园区已投资 1 亿多元，已入驻的 5 家企业中有 3 个木材加工企业生产出了受国际市场欢迎的高档家具。现在，已有 50 多家国内知名企业达成园区投资意向。

近年来，绥芬河口岸努力构建百亿级木材加工产业集群，吸引国内木材行业大型企业及国外合作伙伴投资，给予一系列行业优惠政策，不仅对推动中俄林业可持续发展具有重要意义，而且给当地木材产业发展及众多行业投资者和实业家带来了新的机遇。

绥芬河中俄木材加工交易中心项目旨在承接全市木业初加工中小企业入驻，与边境经济合作区木业精深加工实现上下游相互配套、共同发展的产业集群。该中心已划入中国（黑龙江）自由贸易试验区，总占地面积 66 万平方米，预计投资 1.5 亿元，设计年产量为 250 万立方米的板材生产基地，投产后年产值 25 亿元。项目规划建设 200 套针叶、阔叶板材生产线，烘干窑 200 孔、综合办公楼 1 栋，同时配套原料和板材堆场、机加中心、检疫熏蒸处理中心、交易中心、物流中心。

俄罗斯政府对原木出口采取限制政策。自 2006 年 1 月 1 日开始连续上调原木出口关税税率。2008 年 4 月 1 日，俄罗斯将原木出口关税税率提高至 25%，且每立方米不低于 15 欧元。从 2009 年 1 月起，将原木出口关税税率提高到 80%，且不低于每立方米 50 欧元。俄罗斯不断提高原木出口关税，以此来刺激和拉动国内的木材深加工和精加工行业，吸引本国和外国投资者投资俄罗斯木材加工业。但是，受到国内劳动力资源、技术设备和生产工艺等条件的限制，俄罗斯形成完整的木材产业链条尚需时日。[1] 由于受到 2008 年国际金融危机的影响，俄罗斯暂时推迟了原木出口关税的执行。但是，目前俄罗斯已经执行上述限制政策，而且对特种和稀有树种木材的查验非常严格，甚至按根检查。从 2022 年 1 月 1 日起，俄罗斯将全面禁止出口针叶和有价值的硬木原木，并拟通过立法予以监管，严格限制未加工木材不受控制的出口。

为了落实俄联邦有关限制原木出口、增加加工木材的出口量，俄罗斯各地区正在采取相应措施，促进林业资源的合理利用。例如，哈巴罗夫斯克边疆区政府 2008 年 12 月颁布了"哈巴罗夫斯克边疆区 2009～2018 年林业计划"。该计划的宗旨是，通过对哈巴罗夫斯克边疆区林业综合体现状进行分析，制定并论证该边疆区林业综合体的区域发展战略，以保障提高利润和全面合理利用林业资源，保证森林采伐和木材加工工业的集约化发展、保护生态环境、保证在俄罗斯联邦林业法典的框架内有效地管理森林资源。[2]

针对俄罗斯出口木材政策的调整，我国企业应"走出去"，在俄罗斯开办木材加工企业，或与俄罗斯企业合资开办木材加工厂，一方面可以解决我国进口俄罗斯木材的货源问题、继续保持稳步增长的态势，另一方面可以解决俄罗斯森工企业的就业问题。

---

[1] 《木材企业"走出去"开展中俄木材加工合作》，《经济参考报》2008 年 9 月 24 日。

[2] Хабаровский край опубликовал план лесной промышленности в период 2009 – 2018 гг. http://www.regions.ru/26/12/2008.

2008 年之前，俄罗斯原木在我国进口木材总量中的份额平均保持在 50% 以上，中俄发展成为最重要的木材贸易合作伙伴。2009 年上半年，在政策调整和经济趋缓等多种因素的影响下，我国进口俄罗斯木材总量明显减少。[①]

俄罗斯提高原木出口关税之后，很多中国企业将有希望到俄罗斯投资建厂或者与俄罗斯的企业合作。但是，对目前的中国木材商来说，把自己国内的工厂"搬"到俄罗斯去存在许多困难和问题。一是目前国内大多数从事深加工业的木材商经营规模较小，抵抗风险的能力差，资金实力不足；二是相对别的行业而言，国内多数木材商受视野局限，国际投资与国际产业运营的能力较低；三是俄罗斯的劳动用工管制制度造成了有效劳动力供应不足；四是中俄两国的文化差异与生活环境也是国内木材商的考虑要素。[②]

俄罗斯是中国重要的木材供应国，面对俄罗斯出口木材政策的调整，我们应采取积极的应对措施，缓解企业的进口压力。如鼓励国内企业进驻俄罗斯与其合作开办木材加工厂，为我国进口俄罗斯木材提供源源不断的货源。相关部门为我国木材进口企业适当降低进口费用，给予更多的优惠政策，促使我国进口俄罗斯木材继续保持稳步提升；调整木材进出口政策，扩大原木进口加工后出口的优惠政策，提高企业的利润，鼓励进口；在中俄东部毗邻地区建立木材加工园区，形成我国木材加工的规模效应；政府有关方面应密切跟踪、认真研究俄罗斯政策导向，因势利导，趋利避害，从战略角度做出对与俄罗斯开展木材合作的长远规划和具体安排。

2000 年之后，中国进口俄罗斯锯材的比重不断上升，到 2018 年已经占俄罗斯锯材出口总量的 61.8%（见图 3-7）。

1996~2018 年，中国是进口俄罗斯木浆最多的国家，其次是波兰、韩国和德国。如图 3-8 所示，中国进口俄罗斯木浆的整体趋势是增加的，由 1996 年的 16.4% 提升至 2018 年的 67.5%。[③]

① Соглашение между Амурской областью и провинцией Хэйлунцзян о сотрудничестве в области деревообработки было достигнуто. http://www.regions.ru/news/location01794/2281368/.

② 《中俄木材贸易状况：进口总量有所减》，http://news.dichan.sina.com.cn/2009/10/15/73401_all.html。

③ 王明媚：《俄罗斯木材及其产品出口研究》，黑龙江大学硕士学位论文，2020，第 31 页。

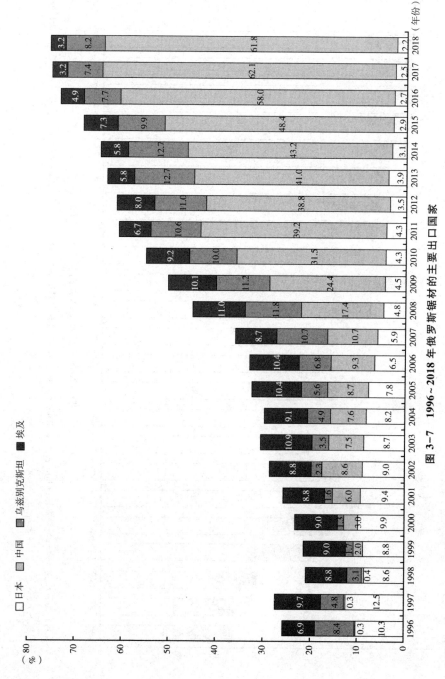

图3-7 1996～2018年俄罗斯锯材的主要出口国家

资料来源：根据 comtrade 数据库（https://comtrade.un.org/data/）整理。转引自王明媚《俄罗斯木材及其产品出口研究》，黑龙江大学硕士学位论文，2020。

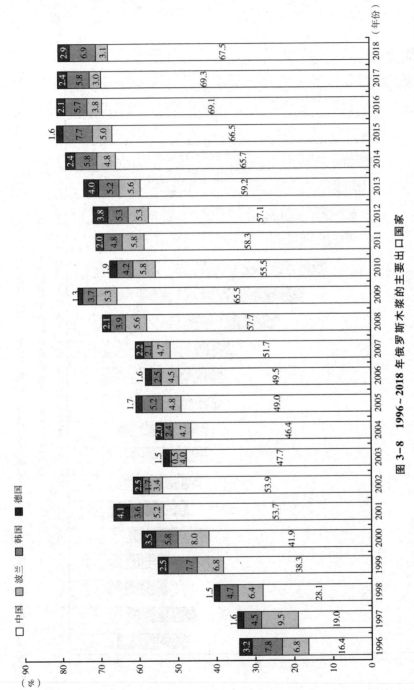

图 3-8 1996~2018 年俄罗斯木浆的主要出口国家

资料来源：根据 comtrade 数据库（https：//comtrade. un. org/data/）整理。转引自王明媚《俄罗斯木材及其产品出口研究》，黑龙江大学硕士学位论文，2020。

三 科技合作

中俄不断深化双边科技合作，为构建新型大国关系注入科技创新内涵，成为中俄新时代全面战略协作伙伴关系的重要支撑。俄罗斯是世界科技大国，在世界级 102 项顶尖技术中，俄罗斯掌握 57 项，有 27 项具有世界一流水平。中俄两国科技界有着与对方合作的强烈愿望和共同的合作理念，双边科技合作潜力巨大、大有可为，将为深化中俄新时代全面战略协作伙伴关系做出应有的贡献。

中国在量子通信、5G、计算机视觉、超级计算、深海探索、登月探测等领域取得显著进展，高铁和 5G 移动通信等世界领先。世界知识产权组织全球创新指数显示，2020 年中国排名已跃升至第 14。俄罗斯在数学、物理学、化学、材料学等学科的基础理论研究上处于世界前沿地位。航空航天技术、激光技术、生物工程技术、核能技术、新材料等应用技术均居世界领先地位，特别是在远程战略轰炸机技术、弹道导弹技术、航空和航天发动机技术、潜艇技术等军工技术上优势明显，居于世界前列。从世界知识产权组织全球创新指数排名看，俄罗斯科技创新实力从 2009 年的第 78 位提升至 2020 年的第 47 位。[1]

经过近 30 年的发展，中俄科技创新合作拥有相对完整的合作框架和成熟的合作机制，形成了全方位、多层次、宽领域的合作格局。两国科技创新优先发展方向的一致性、比较优势的互补性、双边合作的互利性为进一步加强中俄科技创新合作奠定了坚实基础。[2] 中俄两国企业在基建建设、中医推广、核电、食品生产、生物科技、生态环保等领域的合作上积累了丰富经验，取得了显著成果。中俄双方已达成中国参与俄罗斯主导的超导重离子加速器（NICA）项目的协议。中俄已陆续建立了一批联合研究实验室和中心，作为"中俄科技创新年"项目，中国科学院微生物研究所与俄罗斯梅奇尼

---

[1] 高际香：《中俄科技创新合作：模式重塑与路径选择》，《俄罗斯东欧中亚研究》2021 年第 3 期。

[2] 刘伟：《〈2020—2025 年中俄科技创新合作路线图〉的主要内容及创新点》，《国际人才交流》2021 年第 11 期。

科夫疫苗和血清研究所就建立 COVID-19 研究联合实验室签署了合作备忘录。双方持续推动实施《中华人民共和国国家航天局与俄罗斯联邦国家航天集团公司 2018—2022 年航天合作大纲》（简称《2018—2022 年中俄航天合作大纲》），加强中俄在特种材料研发、月球和深空探测、卫星系统研制、地球遥感和空间碎片监测等领域的合作。

2019 年 6 月，习近平主席同普京总统共同宣布 2020 年、2021 年举办"中俄科技创新年"。中俄互办"中俄科技创新年"充分体现了中俄新时代全面战略协作伙伴关系的高水平和新内涵，标志着科技创新正逐渐成为两国关系提质升级的新亮点。为此，于 2019 年由中国投资有限责任公司与俄罗斯直接投资基金联合成立了"中俄联合科技创新基金"，旨在投资支持发展中俄经济关键行业创新技术项目，并实现项目商业化。

2020 年 8 月 26 日在钓鱼台举行的"中俄科技创新年"开幕式上中俄签署的《2020—2025 年中俄科技创新合作路线图》明确指出，中俄科技优先合作领域包括科学研究、创新合作、科技交流、大科学项目等，重点在以下优先方向开展研究：数字、大数据、人工智能、无人交通系统、新材料与纳米技术、能源与新能源、节能与环保技术、信息通信技术、绿色农业技术、地球科学、海洋技术、精准医疗、生命科学、生物医学与工程、认知和神经科学以及双方商定的其他领域。双方支持在优先领域开展联合前沿性研究，包括交叉学科项目。

2021 年 9 月 24 日，主题为"科技创新、繁荣发展"的中俄科技合作联盟第二次全体大会以视频连线方式在哈尔滨召开，由黑龙江省科技厅、省科学院与俄罗斯科学院乌拉尔分院联合主办，这是"中俄科技创新年"国家活动之一。成立于 2018 年 7 月的中俄科技合作联盟现有 237 家联盟成员单位，成为中俄科技创新合作的桥梁和纽带，把中国 17 个省、自治区和直辖市科学院的 164 家科研单位、大学和企业，以及俄罗斯科学院乌拉尔分院科研机构、大学和企业的 73 家单位紧密地联合在一起，形成一个庞大的科研单位群体。截至目前，中俄科技合作联盟网站项目库收录了中俄双方成员单位提供的科技创新项目 350 多个。通过该跨国网络平台，中俄双方实现了科技创新项目供需信息的互联互通，为双方联盟成员单位之间寻求合作建立联系，为中俄两国专家、学者开展全方位、多层次、宽领域的学术交流和务实合作提供保障和服务，为推动中俄科技创新合作发挥重要作用。未来将在新材料技术、生物技术、信息技术、先进制造技术、环保技术、先进能源技术等领域进行学术交流和项目推介，开展联合研究并推动科技创新项目产业化。2022 年联盟将举办有关新材料领域的学术交流会和项目推介会，不断巩固和拓展中俄科技合作联盟良好发展态势，推动中俄地方科技创新合作迈上新台阶。双方决定，将全力推动在基于超导粒子加速器的离子对撞机（NICA）大科学装置框架下的互利合作。

2021 年 12 月 7 日，由中国科技部主办、中国科学技术交流中心承办的"中国科技创新及中俄科技合作成果展"在俄罗斯斯科尔科沃创新中心隆重开幕。这是"中俄科技创新年"的重点活动之一，是"中俄科技创新年"的最后一项大型活动，它对两国科技创新合作的成果进行展示，引领未来双边科技合作稳步快速发展。

中国与俄罗斯开展国际科技合作的省份从黑龙江省、吉林省、内蒙古自治区等与俄罗斯毗邻省区逐渐向我国中东部地区扩展。在不具有地缘优势的省区，对俄罗斯科技合作规模也在不断扩大。除黑龙江省外，中国其他省区，尤其是东部沿海发达省份也积极参与中国对俄罗斯的科技合作。浙江省不断深化对俄罗斯产学研合作，已从俄罗斯引进了大批高水平科技人才，目前浙江省与俄罗斯联合开展的科技合作项目已超过 70 个，中俄双方已联合投入 30 余亿元用于推动项目产业化，已有 30 余个项目实现了产业化。此外，通过与俄罗斯的合作，浙江省已掌握了众多拥有自主知识产权的技术成果，一些技术还填补了国内技术空白。浙江省建立了巨化中俄科技园，该科技园是中国第一家以企业为合作主体的科技合作园区。此外，浙江省还在省内建立了俄罗斯科学院西伯利亚分院及俄罗斯科学院远东分院技术转移中心。除浙江省外，同处于长三角地区的江苏省早在 2002 年即建立了"国家火炬计划江苏沿江对俄合作高新技术产业化基地"，这是中国首家国家火炬计划对俄科技合作基地。通过对俄科技合作基地，江苏省已与俄罗斯科研机构建立了稳定的科技合作关系，俄罗斯科研成果可在对俄科技合作基地实现产业化应用。随着合作的加强，对俄科技合作已成为江苏省开展国际科技合作的重要方向。广东省的对俄科技合作侧重于科技成果的产业化，2010 年，国际（对俄）科技合作产业园在广东省挂牌，这是中国首个对俄罗斯进行技术引进和产业化应用的科技园区。广东省已与俄罗斯开展产业化合作。①

以项目为重点，充分发挥莫斯科中俄友谊科技园、哈尔滨国际科技城和哈工大八达集团国家中俄科技合作及产业化中心、黑龙江省科学院对俄工业技术合作中心、黑龙江省农科院对俄农业技术中心、黑龙江大学中俄科技合作信息中心、哈尔滨焊接研究所中国-乌克兰技术合作中心等黑龙江省对俄科技合作平台的作用，开展多领域的对俄科技合作。大力加强与俄罗斯在关键、核心技术以及航空航天等高新技术领域的合作。积极引进黑龙江省急需的科技成果和科技人才。2005 年，黑龙江大学与世界一流催化领域专业研究机构俄罗斯鲍列斯科夫催化研究院合作，就"聚乙烯催化剂"共建了具有国际水平的中俄联合催化实验室。黑龙江大学与俄罗斯科学院、莫斯科大学等 40 多所俄罗斯一流高校合作，产出了一大批促进中俄全面战略协作伙伴关系发展、服务于黑龙江省经济社会发展的高水平科研成果，为国家急需领域的科技创新、成果转化做出了突出的贡献。哈尔滨医科大学的"寒地重大心血管疾病国际科技合作基地"，与俄罗斯及国内等多家心血管一流研究院所合作，旨在解决寒地心血管疾病发生发展中的重点难点问题，建立新的诊疗方法并研发新型治疗药物，为寒地心血管病的防治提供技术支撑体系、创新药物研发平台和优秀人才培养基地。

哈尔滨工程大学国家国际科技合作基地作为 15 个国家级对俄科技合作基地之一，按照"项目-人才-基地"模式建设国际科技合作平台，已经与俄罗斯科学院、莫斯科鲍曼国立技术大学、俄罗斯圣彼得堡国立海洋技术大学等 30 余家研究机构建立了实质性的科研合作关系，通过人才引进、联合培养、合作研究等多种方式，打造了一支高水平国际化人才队伍，构建了船舶与海洋工程国际科技合作创新网络。从 2006 年起，该基地与俄罗斯圣彼得堡国立海洋技术大学开展本科 2+2 合作学习计划以及硕博 2+5 联合培养 7

---

① 叶慧杰：《黑龙江省政府对俄科技合作现状及问题研究》，哈尔滨工程大学硕士学位论文，2014，第 16 页。

年计划，共培养 145 人。我国首批建设，也是唯一一个对俄极地领域"一带一路"联合实验室——中国-俄罗斯极地技术与装备"一带一路"联合实验室的申报主体便是该基地。2019 年，科技部审批通过了首批 14 家"一带一路"联合实验室，是参照国家重点实验室建设的国家对外科技合作创新最高级别平台。哈尔滨工程大学申报的中国-俄罗斯极地技术与装备"一带一路"联合实验室获批建立，是其中唯一一个中俄合作项目，并写入 2019 年中俄总理定期会晤科技分委会会议纪要。这是哈尔滨工程大学"三海一核"特色学科体系平台建设的最新成果、学科群建设的重要进展，为开展极地科学装备研究提供了新的重要国际化平台。

2008 年 6 月 23 日，黑龙江省与俄罗斯有关方面在哈尔滨签订的俄罗斯特洛伊斯克燃煤电站 2×660MW 机组动力岛项目设计和设备供货合同，合同金额达 194 亿卢布。该项目为俄罗斯新一轮电站建设的标志性项目，也是我国对俄出口成套机电产品中合同标的额最大、技术含量最高的项目。该项目合同的中方签约方是由黑龙江天狼星电站设备有限公司牵头的中方联合体（包括黑龙江天狼星电站设备有限公司、哈尔滨锅炉厂有限责任公司、哈尔滨汽轮机厂有限责任公司、哈尔滨电机厂有限责任公司、中国电力工程顾问集团东北电力设计院）。私企和国企优势互补，以全新的方式联合开拓俄罗斯市场，对黑龙江省参加俄罗斯新一轮电站项目建设、扩大对俄工程承包和劳务合作的规模、调整出口产品结构起到了良好的示范作用。①

2011 年 3 月，哈尔滨工业大学和莫斯科鲍曼国立技术大学共同发起成立中俄工科大学联盟，开创了中俄同类高校联盟的先河，为两国大学开展科技人文交流树立了典范。2015 年 10 月 1 日，哈尔滨工业大学与俄罗斯圣彼得堡国立大学合作建立了"中俄等离子体物理应用技术联合研究中心"、"中俄中东铁路文化遗产保护创新研究中心"和"中俄生态环境联合研究中心"等 3 个中俄联合研究中心，将依托两校的学科优势，会聚中俄两国优秀学者，致力于前沿科技创新、中俄高层次人才培养和文化教育交流，努力

---

① 马云霄：《平等互利原则下实现双赢 黑龙江对俄科技合作亮点频现》，《黑龙江日报》2005 年 6 月 13 日。

成为中俄两国乃至全球范围内具有影响力的研究机构和智库，为深化中俄两国的文化交流与科技合作、推动两国创新型经济发展做出新的更大的贡献。中俄联合研究中心被中国科技部和国家外国专家局授予国家级国际合作联合研究中心，连续 5 年每年得到 300 万~500 万元的国家经费支持；在科技部对俄合作项目的支持下，哈尔滨工业大学奥瑞德光电技术有限公司通过与俄罗斯合作，开展了直径大于 300 毫米大尺寸蓝宝石晶体的生长技术研究，并于 2008 年 7 月成功制造出直径为 325 毫米、重量达 68.68 千克的高质量蓝宝石晶体。该工艺达到世界领先水平，打破了国外的垄断，替代进口，为大尺寸蓝宝石晶体在我国航空航天、半导体产业的广泛应用奠定了坚实的基础。哈尔滨化工研究院通过与俄罗斯科学院合作研发的高效环保新型漂白剂——过氧化硼酸钾已投入生产，并累计销售产品 350 余吨，与多家应用厂家签订购货合同 1000 吨。①

2019 年 6 月，在哈尔滨新区举办的中俄科技合作成果展演展示活动上，"中俄科技成果转化基地"在黑龙江省工业技术研究院揭牌，哈尔滨对俄科技合作平台又添新力量。目前，哈尔滨市成立了 20 个国家级国际科技合作基地，其中 15 家为对俄合作基地。以这些基地为平台，哈尔滨市对俄科技合作不断提速。中俄科技成果转化基地将不断完善孵化生态体系，吸引更多俄罗斯人来哈尔滨进行科技成果转化和落地。黑龙江省工业技术研究院依托哈尔滨工业大学建设而成，是"政产学研金介"结合的一体化产学研联盟框架结构，在孵企业中已有 12 家与俄罗斯创新主体在飞行器导航系统、宇航定位天线系统、无线电导航产品、气体输送管道发电装置等领域开展深度交流合作。哈尔滨市依托哈工大、哈工程、中船重工 703 所等高校院所，结合高端复合材料、特种焊接、重燃设备、海洋开发等重点领域项目，成立了 20 个国家级国际科技合作基地，初步构建了以基地为纽带，以企业为载体，以大学大所为支撑的创新服务体系。这些基地中的 15 家为对俄科技合作基地，成为哈市对俄科技合作的重要骨干力量。

除 15 个国家级对俄合作基地外，"哈科会"（哈尔滨国际科技成果展览

---

① 《黑龙江省成对俄科技合作桥头堡 实现效益近 35 亿元》，《黑龙江日报》2008 年 9 月 2 日。

交易会）也是哈尔滨市对俄科技合作的重要平台。作为国家对俄科技合作的一面旗帜，自 2006 年起，哈市借助"哈科会"，共征集 10 余个国家近 10000 个项目，累计展出项目 4000 余个，签订各类科技合作协议 900 余项。

随着对俄罗斯科技合作的不断推进，近年来，哈尔滨市一批对俄科技合作企业迅速成长。哈尔滨博深科技公司从俄罗斯引进"超临界燃煤锅炉风扇磨煤机轻型耐磨叶轮"项目，攻克了技术瓶颈，填补了国内产业空白，并在轻质和耐磨方面实现突破，技术水平赶超德国；针对水稻产区高危稻瘟病害，德强集团引进俄罗斯枯草芽孢杆菌技术，被全国农业技术推广服务中心确定为重点推广产品。

2019 年 6 月，中国国家主席习近平同俄罗斯总统普京共同宣布 2020 年、2021 年举办"中俄科技创新年"。2020 年 8 月 26 日，"中俄科技创新年"通过视频连线方式启动。在"中俄科技创新年"筹备过程中，黑龙江省发挥优势，积极组织省内高校、科研院所和企业参与各项活动，共有 36 项活动列入国家活动方案。8 月 29 日，由黑龙江省科学技术厅和黑龙江大学主办的"中俄科技创新年"黑龙江大学系列学术活动以"线下+线上"直播的方式启动，标志着黑龙江省正式开启"中俄科技创新年"系列活动。黑龙江省科学技术厅厅长张长斌指出："科技创新是中俄务实合作中最富前景的合作领域，决定着两国发展的未来。黑龙江省作为对俄科技合作的重要省份，在中俄科技创新合作方面一直走在全国前列。我们要以中俄两国举办科技创新年为契机，推动黑龙江省与俄罗斯多个州区的科技创新合作，发挥中俄学术联盟、联合实验室、联合研究中心作用，促进人才双向流动，加强创业投资、成果转化等方面协作，让中俄科技创新合作结出更多硕果。"

到目前为止，黑龙江省已构建起"一城、两园、十三个中心"的对俄科技合作框架，进行信息跟踪、技术引进、中介、孵化和产业化，本着"超前介入、全程跟踪、务求实效"的原则，加强技术创新方式、方法的引进、吸收与利用，开展全方位、多层次、多渠道的对俄科技合作。黑龙江省重点加强了重要装备、工艺及技术的引进与开发，并建立了国内最大的对俄科技合作人才库，成立了对俄科技合作专家咨询委员会，在能源、新材料、环保、现代农业、生物医药等众多领域取得了一批重大科技成果，为老工业基地的振兴提供了有力的技术支撑。

为了不断拓宽中俄科技合作渠道，提升合作水平，加速人才培养，长春中俄科技园积极推动并组建了不同领域的联合实验室或工程技术中心，集成俄罗斯等外方的高新技术成果，通过技术转移、成果转化和规模产业化，开展一批具有战略前瞻性、基础和应用方面的研究与探索。

有关领导在视察长春中俄科技园时指出，发展中俄科技园不仅是把俄罗斯已有的科技成果在中国转移转化，它还可以带动我们自主创新，提升自主创新的能力与水平。这种交流是互利、共赢的。中俄的科技交流是中俄的政治、经济、文化全面交流合作、战略交流合作伙伴关系中的重要组成部分。因此，中俄合作具有重要的战略意义。

辽宁省愿意本着"平等互利、形式多样、注重实效、共同发展"的原则，充分发挥双方市场容量大、产业结构互补性强、合作机制完善的优势，加强与俄罗斯的合作。从 2001 年至今，辽宁省共引进俄罗斯高技术项目 3000 多个，引进高层次技术人才 1600 余人，每年接待俄罗斯游客 6.3 万人次。

辽宁省在沈阳市举办了俄罗斯高新技术展和引进俄罗斯专家项目洽谈会暨高新技术成果展。该平台为辽宁省和俄罗斯在科技交流、引进技术等方面进行合作起到了积极的作用，取得了非常好的效果，进一步推进了与俄罗斯在科技领域、技术创新方面的合作。

辽宁省农业科学院与俄罗斯相关农业科研机构开展玉米联合育种合作研究，研发适宜东北春玉米产区及俄罗斯相应地区种植的玉米新品种。

《中国东北地区同俄罗斯远东及东西伯利亚地区合作规划纲要（2009—2018）》中拟定了发展中俄科技合作园区的计划：哈尔滨、牡丹江中俄信息产业园（"一园三区"）、长春中俄科技合作园、辽宁中俄科技园、大连中俄高新技术转化基地、符拉迪沃斯托克中俄信息园区（"一园三区"）、帕尔吉然斯克中俄技术创新实验平台、阿穆尔州中俄农业技术转化中心。

四 农业合作

粮食安全的内涵是随着粮食市场供求而变化的，所涉及的要素以及每个要素的阈值均在不断变化。联合国粮农组织把粮食安全（1996 年）定义为：在所有人都能随时在物质上和经济上获得足够的、安全的和富有营养的粮食，以满足其积极且健康生活的膳食需求和食物爱好时，即处于粮食安全状态。中国的粮食安全定义：能够向所有居民有效地提供以数量充足的、结构合理的、质量达标的各种食物（包括粮食在内）。① 俄罗斯的粮食安全定义：国家有能力不受内外部威胁，依靠相应的资源、潜力和保障措施以满足居民对符合现行标准的食品在数量、质量和品种等方面的需求。

世界粮食安全形势日益趋紧。因极端天气等自然灾害频发以及类似于新冠疫情等重大公共卫生事件的影响，世界粮食安全的风险指数会随之增高，各国保障粮食安全的难度相应加大。粮食安全始终是事关国家经济稳步发展、社会长治久安的一个基础性的重大战略问题。

当前中俄两国的粮食安全状况整体良好，粮食综合生产能力稳步提高，食物供给日益丰富，供需基本平衡。在不出现极端的不可抗力的情况下，中俄粮食安全保障状况不会发生重大的改变，能够基本处于安全可控的范围之内。不过，中俄粮食安全面临着诸多内外部不利因素的影响和威胁，双方通过发挥土地资源、劳动力、资本和技术等要素禀赋优势，不断强化合作路径，采取较为有效的对策，以促进两国共同保障粮食安全。

（一）中俄粮食安全形势

2008 年以来，中俄粮食安全状况良好，主要体现在年人均粮食占有指数大多接近或超过通常的国际粮食安全阈值。但由于中国人口众多，对粮食的需求量大，因而中国的粮食安全基础比较脆弱。

1. 中国粮食安全现状

习近平总书记指出："中国人的饭碗任何时候都要牢牢端在自己手上，我们的饭碗应该主要装中国粮。"

中国粮食安全水平总体比较高，粮食自给率基本保持在 95% 以上。但我国大豆消费对外依存度很高，人均粮食占有量低于世界粮食安全标准人均400 千克，表明中国粮食安全存在一定的隐患。

---

① 王敏燕：《浅谈粮食安全风险防范——以杭州为例》，《时代金融》2012 年第 6 期。

中国粮食产量多数年份都在 5 亿吨以上，2013 年以来超过 6 亿吨。2008 年为 5.287 亿吨，同比增长 2.4%。2009 年为 5.308 亿吨，同比增长 2.4%。2010 年为 5.465 亿吨，同比增长 2.9%。2011 年为 5.712 亿吨，同比增长 4.3%。2012 年为 5.896 亿吨，同比增长 3.1%。2013 年为 6.019 亿吨，同比增长 2.0%。2014 年为 6.071 亿吨，同比增长 0.9%。2015 年为 6.214 亿吨，同比增长 2.3%。2016 年为 6.400 亿吨，同比增长 2.9%。2017 年为 6.617 亿吨，同比增长 3.3%。2018 年为 6.58 亿吨，同比下降 0.6%。2019 年为 6.64 亿吨，同比增长 0.9%。2020 年为 6.70 亿吨，同比增长 0.9%。2021 年为 6.83 亿吨，同比增长 2.0%。2022 年为 6.87 亿吨，同比增长 0.5%。2023 年为 6.95 亿吨，同比增长 1.9%。2024 年为 7.06 亿吨，同比增长 1.6%。

但历史上大多数年份中国的人均粮食占有量达不到世界粮食安全人均 400 千克的标准，说明我国粮食安全曾存在较大的隐患。从人均粮食占有量来看，我国人均粮食占有量 1949~1972 年在 200 千克以上，不到 300 千克。1978~1989 年在 300 千克以上，但不到 400 千克。2008 年以来，其中有 2 年不到 400 千克/人，有 9 年超过 400 千克/人。目前，我国人均粮食占有量高于世界平均水平，基本保持在 470 千克左右，比 1996 年（414 千克）增加了 14%，比新中国成立时的 1949 年（209 千克）增加了 125%（见图 3-9）。

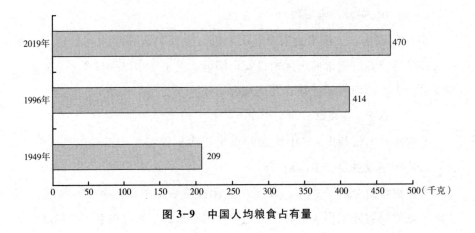

图 3-9　中国人均粮食占有量

我国的粮食储备水平较高，平均高于联合国规定的 17%~18% 的国家粮食安全系数。我国总体粮食物流能力得到了大幅提升。这使我国粮食安全总体处于比较高的水平。

中国粮食安全存在结构性隐患，其中大豆的消费对外依存度较高，这给国家粮食安全带来了较大的威胁。2008年、2009年和2010年，中国大豆进口呈阶梯式增长，分别为3740万吨、4255万吨和5480万吨。[①] 2011年大豆进口为5264万吨；2012年为5838万吨，同比增长10.9%；2013年为6338万吨，同比增长8.5%；2014年为7140万吨，同比增长12.7%；2015年为8169万吨，同比增长14.4%；2016年为8391万吨，同比增长2.7%。2017/2018年度，大豆新增供给量为10955万吨，其中进口量为9500万吨。2018/2019年度约为11000万吨，其中进口量约为9400万吨。2019/2020年度约为10580万吨，其中进口量为8900万吨（见图3-10）。图3-11为2017~2019年中国大豆榨油消费量。

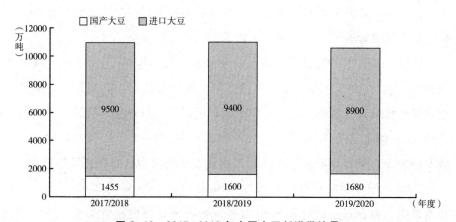

图3-10 2017~2019年中国大豆新增供给量

2020年中国大豆进口量为10032.70万吨，2021年为9647万吨，2022年为9053万吨。2023年为9861万吨。2024年为1.05亿吨。

从低收入阶层的粮食保障水平来看，因我国尚有一定数量的贫困人口，其粮食保障水平很低，这是我国未来粮食安全的一个较大的影响因素。

---

① 张晓山：《"入世"十年：中国农业发展的回顾与展望》，《学习与探索》2012年第1期。

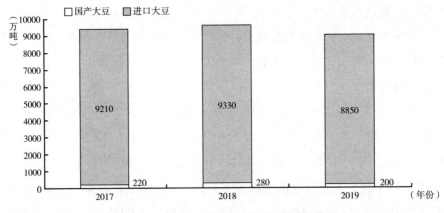

图 3-11　2017~2019 年中国大豆榨油消费量

2. 俄罗斯粮食安全现状

俄罗斯农业发展不稳定，受气候因素影响较大。庄稼收成好的年份，其粮食安全状况较好。反之，则令人忧虑。

1991~1998 年，俄罗斯农业生产累计减少了 41.4%，食品产量减少了约 50%，其中 1998 年是产量最少的一年，两个指数均下降到最低，俄罗斯粮食安全状况极度恶化。1999~2008 年，俄罗斯经济逐步好转，年均增长率高达 6%~8%，但是其农业生产增长率却只有 1%~1.5%。2000~2008 年，俄罗斯农业产量累计增长近 38%，其粮食安全状况明显向好且日趋稳定。

2008 年俄罗斯粮食总产量超过 1.08 亿吨，2009 年为 9700 万吨。2010 年因遭灾，粮食总产量只有 6090 万吨，勉强满足国内粮食需求。2010 年 8 月 15 日，为确保本国粮食安全，俄罗斯政府实施部分粮食产品的出口禁令（延长到 2011 年 6 月 30 日）。2011 年俄罗斯粮食总产量为 9420 万吨，可以充分满足内需并恢复出口，出口量约 2500 万吨。2012 年为 7040 万吨，2013 年为 9134 万吨。2014 年为 1.05 亿吨，出口量近 3000 万吨。2015 年为 1.034 亿吨，出口约 3300 万吨。俄罗斯进口粮食比重非常小，2015 年只有 1%。2016 年为 1.17 亿吨以上，出口 3500 万吨。2017 年高达 1.36 亿吨，出口约 4700 万吨。2018 年为 1.1 亿吨（见图 3-12）。

俄罗斯联邦农业部部长帕特鲁舍夫在向国家杜马做报告时指出，俄罗斯已经收割庄稼的面积达 8000 万公顷，比 2018 年同期增多 30 万公顷，收获

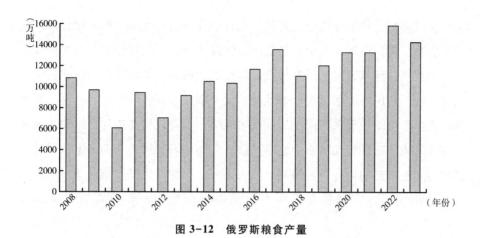

图 3-12　俄罗斯粮食产量

粮食 1.05 亿吨。预计 2019 年俄罗斯的粮食产量将达到 1.18 亿吨，比 2018 年增长 500 万吨。2019 年小麦预计产量能够达到 7800 万吨，土豆达到 700 万吨，大田蔬菜达到 500 万吨，冬季温室蔬菜产量达到 120 万吨，将创历史新纪录。

2019 年俄罗斯粮食总产量 1.20 亿吨，出口约 3936.40 万吨。2020 年为 1.33 亿吨，出口约 3910 万吨。2021 年为 1.33 亿吨，出口约 4500 万吨。2022 年为 1.58 亿吨，出口超过 6000 万吨。2023 年为 1.43 亿吨，出口约 5000 万吨。

从人均粮食占有量来看，1990~2018 年，俄罗斯人均粮食占有量大多数年份保持在 400~600 千克/人，只有 2 年不到 400 千克/人。由此可见，俄罗斯人均粮食占有量整体比世界粮食安全标准人均 400 千克高。然而，因加工生产能力不足，俄罗斯国产食品满足其国内市场需求的比例在 50% 左右，而进口食品则约占其国内市场需求的 30%~50%。[1]

（二）中俄双边农业合作

中国粮食安全面临着诸如耕地数量抵近红线、种地成本增加、农民数量减少、水资源短缺与自然灾害频发、粮食深加工能力不足、粮食消费刚性需求增加、各地区农业经济发展水平参差不齐、供需区域性矛盾突出、品种结

---

[1]　Проблемы продовольственной безопасности. http：//knowlege. aiibest. ru/economy. html.

构性矛盾加剧、种粮比较效益偏低、来自国外势力的竞争、世界粮食供求吃紧等威胁。俄罗斯粮食安全面临的风险和威胁包括：实体经济部门投资吸引力和国产产品竞争力减弱以及最重要的经济领域对对外经济市场行情依赖导致的宏观经济风险；本国生产基地技术发展落后于发达国家、对食品安全及其监控体系组织的要求不同引发的技术风险；不良气候变化与自然和技术极端情况造成的后果带来的农业生态风险；外国市场行情波动和国家扶持政策措施的实施引起的对外贸易风险；加入世贸组织食品关税下调对俄罗斯食品市场的影响；西方制裁对俄罗斯食品市场的影响；食品质量问题时有发生。①

中国较为充足的劳动力资源、资本和技术等要素禀赋优势与俄罗斯丰富的耕地资源优势，是两国开展农业合作的坚实基础。中俄应将双方共同保障粮食安全问题提升到战略高度，通过加强农业产业化合作来实现共同保障粮食安全的目标。因此，中俄应增强双边战略互信，树立合作共赢的理念，加强双边农业产业化合作，形成合作产业链，从而确保双边农业产业化合作的可持续性。

在人均可耕地资源、人均水资源、劳动力资源、劳动力受教育程度和中央政府公共教育经费支出等 5 项基本生产要素指标中，我国劳动力资源指标占据优势，俄罗斯在其他 4 项指标上占据优势。② 我国拥有较为丰富的农村剩余劳动力，估计为 1.5。俄罗斯在可耕地资源方面优势明显，其农业用地资源极为丰富。当前，俄罗斯人均可耕地资源为 0.82 公顷（中国不足 0.1 公顷）。由于人口少，农业劳动力不足，俄罗斯有近 1/4 的耕地处于闲置状态。俄罗斯联邦经济发展部副部长斯列普尼奥夫指出，俄罗斯有不少空闲的农业耕地，目前正计划将远东地区的一部分闲置土地出租给外国人耕种。在农业科技投资强度、农业科技贡献率、农业机械拥有量、道路建设水平和水利化程度等 5 项高级生产要素指标中，俄罗斯仅在道路建设方面优于中国，

---

① Доктрина продовольственной безопасности Российской Федерации（утв. Указом Президента РФ от 30 января 2010 г. N120），http：//base.garant.ru/12172719/#ixzz3Gwidhh4q. http：//base.garant.ru/12172719/#ixzz3Gwja89Ss.

② 崔丽莹：《中俄农业合作的条件与方向》，《俄罗斯中亚东欧市场》2012 年第 1 期。

而中国在其他 4 项指标上均处于优势，对俄罗斯具有巨大的吸引力。[①]

中俄各有其农业生产要素禀赋优势，而且这种优势互补明显，是两国开展农业产业化合作的基础和重要前提条件。

中国陆地面积约 960 万平方公里，从北至南跨越寒温带、温带、暖温带和亚热带，热量条件优越。涵盖湿润、半湿润与半干旱、干旱两大自然地理区域。中国极为丰富、多样的土地资源类型，有利于全面发展农林牧副渔生产。

中国现有耕地约 9572 万公顷，占全世界耕地总面积的 7.7%，位列世界第 4。中国北部和西部的牧区与半农半牧区的天然草地约 3.53 亿公顷，占全世界草地总面积的 10%，居世界第 3 位。林地面积约 1.25 亿公顷，占全世界森林总面积的 4.1%，居世界第 8 位。森林覆盖率只有 13%，低于世界 22% 的平均覆盖率，居世界第 121 位。中国人均占有林地约 0.12 公顷，仅为世界平均数的约 1/5。天然草地略多，人均占有约 0.35 公顷，不到世界平均数的 1/2。农、林、牧用地总和，中国平均每人占有 0.54 公顷，最多也不超过 0.67 公顷，仅为世界的 1/4 至 1/3。中国土地资源分布不平衡，地区间土地生产力存在显著差异。

我国人口多、耕地少，农业技术先进，资本充裕，而俄罗斯则相反，这使中俄双方在粮食生产要素禀赋方面形成了互补。可见，要素禀赋互补，无论过去、现在还是将来，都是中俄开展双边经贸合作的一个重要因素。

近年来，中俄农业合作取得了显著成绩，但是整体规模不大。俄罗斯远东地区与中国东北地区同处世界三大黑土带之一，土壤肥沃，适宜种植玉米、大豆等粮食作物。黑龙江省企业和农民目前参与的农业合作项目遍及俄罗斯远东阿穆尔州、滨海边疆区、犹太自治州、哈巴罗夫斯克边疆区等 10 个州区，建成境外农产品生产基地总面积约 48 万公顷。2016 年，黑龙江省对俄农业产业协会会员企业境外种植面积由 2015 年的 800 多万亩增加到 870 多万亩；粮食回运重量呈上升趋势，由 2015 年的 35.8 万吨增加到 2016 年的 40 多万吨，价值 1.2 亿美元；会员企业由 2015 年的 122 家增加到 2016

---

① 崔丽莹：《中俄农业合作的条件与方向》，《俄罗斯中亚东欧市场》2012 年第 1 期。

年的近 130 家。2017 年以来，中俄农业合作稳步发展，成为双边贸易最大的新增长点。两国农产品相互准入清单不断扩大，中国全年从俄罗斯进口的农产品已超过 30 亿美元，成为俄罗斯第一大食品进口国。此外，中国企业还积极参与俄罗斯远东地区农业开发，开展种养加一体化农业合作项目，取得了良好的社会经济效益。

2017~2018 销售年度，俄罗斯向中国出口大豆为 84.6 万吨。2019 年 9 月初，南京海关下属南通海关完成了 4431.677 吨俄罗斯大豆的口岸放行。这不仅标志着中俄在大豆合作方面的最新进展，而且是以海运散装方式进口的俄罗斯大豆首次登陆南通口岸，推动南通口岸成为长江流域拓展对接"一带一路"进口粮食海路物流通道的起点。

俄罗斯的阿穆尔州是俄罗斯对中国大豆出口量最大的地区，该州 97% 的农产品出口中国。2019 年为 38.46 万吨，2020 年为 37.7 万吨，2021 年约为 30 万吨。2025 年起，俄罗斯对中国的大豆出口量将达到每年 370 万吨。俄罗斯大豆联合会估计，未来 5 年，俄罗斯对中国的大豆出口量有可能升至 1000 万吨。

中国市场出现一定程度的大豆短缺，俄罗斯远东地区在填补这一短缺方面有较大优势。大豆及大豆深加工产品列远东地区农产品出口的第二位。俄罗斯远东和北极发展部部长亚历山大·科兹洛夫表示，为了扩大对中国的大豆出口量，俄罗斯将开辟大豆种植区，高效种植该作物。

2019 年 6 月 5 日，《中华人民共和国商务部、农业农村部与俄罗斯联邦经济发展部、农业部关于深化中俄大豆合作的发展规划》签署，这为全面扩展和深化中俄两国大豆贸易与全产业链合作奠定了重要基础。两国有关部门还签署了俄罗斯大麦等五项农产品准入的协议，为农产品贸易持续快速增长奠定了基础。

中国海关总署发布公告，将出口中国大豆产区扩展到俄罗斯全境，增加水路（包括海运）的运输方式。在遵守市场原则的基础上，中俄应充分挖掘双方大豆合作的潜力，持续推进全产业链合作，打造长期稳定的合作格局。

俄罗斯农产品出口公司的统计数据显示，2023 年俄罗斯出口菜籽油 170

万吨，同比增长 72%，其中近 86% 出口中国，为 146 万吨。中国成为俄罗斯菜籽油的最大进口国。

在 2023 年 10 月第三届"一带一路"高峰论坛成功举办期间，中俄签署了粮食贸易合作协议，这是两国关系史上最大的粮食贸易合同。根据合同规定，俄罗斯将向中国供应 7000 万吨谷物、豆类和油籽，为期 12 年，总价值达到 2.5 万亿卢布（约合 1700 亿元，257 亿美元）。

中俄两国同为世界贸易组织成员，可以通过"绿箱"等倾斜政策和有关法律法规对双方的农业产业化合作给予相应的支持与保护，使之顺利开展，从而实现共同保障各自国家粮食安全的目标。中俄农业产业化合作受自然、政策及社会文化等因素的影响较大，双方应增强农业产业化合作的风险意识，购买相关保险，将合作的风险降至最低。

中俄企业首先需要对两国总体农产品市场和两国毗邻地区的农产品市场行情进行前期调研，较为准确地把握市场变化和农产品市场的供求行情，然后再确定农业生产合作种植和养殖的品种和规模。

中俄农业产业化合作应着力进行区域化布局，努力推行科技含量高、资源综合利用率高和效益高的集约化生产模式，实现农副产品生产、加工、销售、服务、经营一体化，把农业的产前、产中、产后各个环节有机地结合起来，形成农业产业链，也使各环节的参与主体真正形成风险共担、利益均沾的共同体。

中俄应发挥两国地缘区位优势以及基本生产要素禀赋和高级生产要素禀赋等诸多优势，抓住当前的有利时机，积极行动起来，尽快沟通协调，建立起长期、稳定的中俄农业产业化合作渠道和机制，为稳定两国粮食市场、维护各自的国家粮食安全做出应有的贡献。

中国对俄农业生产合作已经取得了较为显著的成绩，并积累了较为丰富的经验，奠定了双方长期稳定合作的坚实基础。农业产业化的农副产品生产，一般需要在一定区域范围内相对集中连片，从而形成较为稳定的区域化生产基地，使生产布局集中，便于管理。

中俄应着力构建双边长期的农业产业化合作模式。

农业产业化是以市场为导向，以经济效益为中心，以主导产业、产品为重点，优化组合各种生产要素，实行区域化布局、专业化生产、规模化建设、系列化加工、社会化服务、企业化管理，形成种养加、产供销、贸工农、农工商、农科教一体化经营体系，使农业走上自我发展、自我积累、自我约束、自我调节的良性发展轨道的现代化经营方式和产业组织形式。农业产业化是提高劳动生产率、土地生产率、资源利用率和农产品商品率等的基本途径。为共同保障粮食安全，中俄应加强农业产业化合作。

中俄农业产业化合作应实行生产经营企业化管理和服务体系社会化。中俄农业产业化合作企业应采取规范的企业化运作，农副产品生产应符合规范性和标准化的要求。同时，中俄农业合作产业化经营应建立起社会化的服务体系，从而促进各生产经营要素直接、紧密、有效结合与运行。

（三）中俄区域间农业合作

中国东北地区与俄罗斯远东和西伯利亚地区山水相连，地缘区位优势明显，往来便捷，区域间农业合作成本低。在加强农业产品贸易、合作生产和劳务合作的同时，两国毗邻地区应着力加强农业基础设施建设和农业高新技术等方面的合作，促进两国东部毗邻地区区域间的农业产业化合作，以更大规模和更高水平保障双方和地区的粮食安全。

俄罗斯远东地区与中国东北地区同处世界三大黑土带之一，土壤肥沃，适宜种植玉米、大豆等粮食作物。中俄农业合作取得了显著成绩。2010~2015 年，中国对俄罗斯农产品出口额高于进口额，改变了之前一直处于对俄农产品贸易逆差的状况，进入我方贸易顺差状态；2015~2017 年，我国自俄罗斯进口农产品的速度明显快于出口速度，对俄农产品贸易又回到逆差状态。从近 20 年历史数据看，尽管时有起伏变化，但中俄农产品贸易整体呈现持续上升的趋势，进出口额基本保持平衡格局。[①] 2017 年，中国对俄罗斯出口农产品贸易额（按照世界贸易组织的农产品分类标准）为 18.89 亿美元，同比（2016 年为 18.58 亿美元）增长 1.67%，比 1999 年的 1.86 亿美元增长了 9 倍以上。同年，中国从俄罗斯进口农产品贸易额为 21.17 亿美

---

① 郭鸿鹏、吴頔：《"一带一盟"视阈下中俄农业合作发展研究》，《东北亚论坛》2018 年第 5 期。

元，同比（2016 年为 19.81 亿美元）增长 6.87%，比 1999 年的 3.33 亿美元增长 5 倍以上。

中俄两国农产品贸易的商品结构较为单一，中国从俄罗斯主要进口水产品，且占绝大多数。俄罗斯主要从中国进口水果、蔬菜、水产品等。根据加入世界贸易组织议定书和承诺的减让清单，俄罗斯承诺将农产品平均进口关税税率从 2011 年的 13.2% 降为 10.8%，这样俄罗斯从中国进口的水果、蔬菜、水产品就享受到了较大幅度的税率减让，部分蔬菜的进口关税税率自 25% 减让到 15%。从 2016 年开始，除莴苣和部分加工过的蔬菜外，对绝大部分进口蔬菜实行零关税，苹果、洋葱、番茄酱等均已实现零关税。2012 年，中国出口到俄罗斯的水产品普遍适用 15% 和 20% 两档税率。截至 2017 年，中国出口到俄罗斯的水产品绝大部分已实现零关税。中国从俄罗斯进口的农产品主要是水产品、油籽和坚果，位列自俄罗斯进口农产品的前三，其中冷冻鱼占俄罗斯对中国食品出口的 70%。从近 10 年中俄农产品贸易情况来看，中国进口海产品第一大供应国已非俄罗斯莫属。中国从俄罗斯进口的农产品中，80% 以上为水产品，其中从俄罗斯进口的冷冻鱼占中国冷冻鱼进口总额的近 50%。以 2016 年为例，中国进口海产品总额达 69 亿美元以上，其中从俄罗斯进口总额约为 14 亿美元，占比 20%，与 2015 年相比增长了 19%。从俄罗斯进口的海产品中，冷冻鱼比重最高，占 85% 以上，达 90 万吨，总值超 12 美元，比 2015 年增长 15%。明太鱼在冷冻鱼中比例最高，2016 年从俄罗斯进口明太鱼 56 万吨，总值超过 5.8 亿美元。[①] 2017 年中国进口俄罗斯农产品总值为 21.3 亿美元。2018 年中国进口俄罗斯农产品总值为 25 亿美元，其中豆油和葵花籽油占中国进口的 30% 以上。2019 年为 35.30 亿美元，同比增长 29.2%。2020 年为 40.9 亿美元，同比增长 13.7%，鱼类和海产品对华出口在俄罗斯所有出口产品中占 3%。目前，中国占俄罗斯全部农产品出口量近 10%。2021 年为 35.49 亿美元，同比减少 13%，中国是俄罗斯第三大农产品进口国。俄罗斯向中国出口量最多的是鱼类（11.01 亿美元），其次是油脂产品（9.44 亿美元），然后是肉类和奶制品

---

① 郭鸿鹏、吴頔：《"一带一盟"视阈下中俄农业合作发展研究》，《东北亚论坛》2018 年第 5 期。

（4.08 亿美元）、食品工业产品（2.06 亿美元）和谷物（1.16 亿美元）。

2000 年以来，中国向俄罗斯出口农产品呈现不断增长的趋势。2000 年为 1.78 亿美元，2001 年为 2.46 亿美元，2002 年为 4.41 亿美元，2003 年为 5.66 亿美元，2004 年为 5.76 亿美元，2005 年为 7.29 亿美元，2006 年为 8.38 亿美元，2007 年为 11.66 亿美元，2008 年为 13.21 亿美元，2009 年为 11.07 亿美元，2010 年为 14.46 亿美元，2011 年为 48.53 亿美元，2012 年为 18.40 亿美元，2013 年为 19.85 亿美元，2014 年为 21.92 亿美元，2015 年为 17.07 亿美元，2016 年为 18.59 亿美元，2017 年为 18.89 亿美元，[①] 2018 年为 25 亿美元，2019 年为 19.4 亿美元，2020 年为 14.6 亿美元。

2018 年中俄农产品贸易额首次突破 50 亿美元，其中中国从俄罗斯进口农产品大幅增长，达 51.3%。2019 年中国从俄罗斯进口农产品增长了 27%，达到 32 亿美元。向中国出口农产品量占俄罗斯农产品出口总额的 12.5%，主要为粮食（36%）、油脂（61%）、鱼类（13%）、肉类和奶制品（31.59%）。向中国出口的肉类和奶制品总额为 1.44 亿美元，肉类和奶制品大幅增长的原因是中国对俄罗斯禽肉品开放市场以及鲜牛奶、奶油和巧克力的出口份额增长。2019 年中俄农产品贸易额为 54.7 亿美元，2020 年达 55.5 亿美元，2021 年为 59.9 亿美元，2022 年为 70.3 亿美元，2023 年高达 113 亿美元。

最近几年，俄罗斯农业发展顺利，中国农产品市场不断放开，俄罗斯向中国出口农产品数量有了显著增长。2017 年以来，中俄农业合作稳步发展，成为双边贸易最大的新增长点。两国农产品相互准入清单不断扩大，中国全年从俄罗斯进口的农产品已超过 30 亿美元，成为俄罗斯第一大食品进口国。此外，中国企业还积极参与俄罗斯远东地区农业开发，开展种养加一体化农业合作项目，取得了良好的社会经济效益。2017 年 7 月 1 日至 2018 年 5 月 15 日，俄罗斯向中国出口农产品达 123.1 万吨，创俄罗斯历史新纪录，而上一年度只有 50.3 万吨。目前中国在俄罗斯粮食出口国中排在第 13 位，按照两国农业合作日益加强的态势，今后一两年中国跻身前 10 名应在预期之中。

---

① 郭鸿鹏、吴頔：《"一带一盟"视阈下中俄农业合作发展研究》，《东北亚论坛》2018 年第 5 期。

对俄罗斯对外农业投资合作是中国的一个重要对外投资方向，投资速度和所占比例整体呈现稳步增长的态势。2015 年，中国对俄罗斯直接投资额为 29.61 亿美元，比上年增长了 367%，其中 11.7% 为农林牧渔方面的投资。中国对俄罗斯的农业投资已发生很大变化，从以前单纯的农业种植业、养殖业向农产品加工、销售、仓储、物流等农业生产的全部产业链合作转变。2016 年，中国对俄罗斯直接投资为 12.93 亿美元，比上年减少了 56.3%，其中对俄罗斯农、林、牧、渔业的直接投资额达为 4.3 亿美元，所占比例为 33.5%。[①]

中国在俄罗斯对农业产业项目的投资涉及农产品生产、收储、加工、物流、销售等全产业链的各环节，中国投资主要集中在租种俄罗斯耕地和农业资源开发方面。通过在俄罗斯远东地区建立农业合作示范区，中俄加强了双方的资源集聚整合，有效推动了中国农业科学技术、农机制造、劳动力资源等优势生产要素禀赋与俄罗斯丰富的自然资源禀赋优势的有机融合，促进了双方粮食生产、果蔬种植、畜牧养殖以及农产品加工等合作的良性发展。

中国政府增加了对农业生产组织和单位的补贴，引导农业机械制造业迅速发展。目前，中国机械制造企业生产的产品已在农业、林业、畜牧业、渔业等各个领域得到应用。俄罗斯被认为是中国农业机械和电子工业产品出口的主要消费国之一。中俄在改进农业机械制造和农业机械贸易方面的合作将不断加深。[②]

中国在俄罗斯的农业合作投资主要集中在俄罗斯远东地区的滨海边疆区、哈巴罗夫斯克边疆区、阿穆尔州和犹太自治州。随着中俄两国各领域合作的日益深入，中国对俄罗斯的投资目的地亦不断向俄罗斯中西部腹地扩展，在俄罗斯的伏尔加格勒、奔萨等地先后启动了中俄农业合作项目。

中俄地区政府已经开始积极执行两国农业合作协定。黑龙江省、吉林省以及其他地区地方政府积极鼓励和支持企业"走向"俄罗斯开展农业合作。

①　郭鸿鹏、吴頔:《"一带一盟"视阈下中俄农业合作发展研究》,《东北亚论坛》2018 年第 5 期。

②　Глеб Объедков. Как Китай оценивал сельское хозяйство России и китайско-российское сельскохозяйственное сотрудничество. https: //www. agroxxi. ru/stati/kak - kitai - ocenival - selskoe-hozjaistvo-rossii-i-kitaisko-rossiiskoe-selskohozjaistvennoe-sotrudnichestvo. html.

这些企业在俄罗斯建立并扩大了农业合作区，采用中国农业技术，雇用俄罗斯当地居民，并享有政府给予的某些优惠政策。中俄农业产业化合作主要集中在俄罗斯的阿穆尔州、哈巴罗夫斯克边疆区和滨海边疆区 3 个联邦主体，通过两国政府有关部门的协调，以区域化原则为指导，以形成区域积聚效应为目标，科学安排农业生产布局，形成中俄农业产业化合作的区域生产规模，达到产业化的标准，增强辐射力、带动力和竞争力，以期释放出更大的区域集聚效应。

中俄东部毗邻地区的农业种植有着较为坚实的合作基础。仅以黑龙江省为例，该省对俄罗斯农业合作 90% 以上的项目集中在俄罗斯远东地区，其中阿穆尔州、滨海边疆区、犹太自治州、哈巴罗夫斯克边疆区农业合作项目分别占黑龙江省对俄罗斯农业项目的 35.9%、32.8%、19.8%、7.6%，建成境外农产品生产基地总面积约 48 万公顷。

黑龙江省对俄罗斯农业合作企业主要来自黑河、牡丹江、鹤岗、鸡西等边境市县。其中，黑河 48 家，占 36.6%；牡丹江 29 家，占 22.1%；鹤岗 12 家，占 9.2%；鸡西 12 家，占 9.2%。黑龙江省对俄境外农产品生产基地面积累计达 640 万亩，境内对俄果蔬出口基地面积 120 万亩。截至目前，对俄劳务输出累计超过 15 万人次，劳务总收入超过 20 亿元。

黑龙江省对俄罗斯农产品贸易额占该省农产品贸易总额的 30% 左右，排在贸易对象国首位。从俄罗斯进口农产品的主要品种有大豆、小麦和玉米，其中大豆占其农产品进口总额的 80% 左右；对俄罗斯出口农产品品种主要有蔬菜和水果，占其农产品出口总额的 90% 左右。

2018 年，黑龙江省从俄罗斯进口粮食 90.3 万吨（合计 2.71 亿美元），同比增长 75.6%（占俄罗斯粮食出口总量的 1%，占全国进口俄粮的 60%）；对俄罗斯出口粮食 3.9 万吨，同比下降 1.7%。回运粮食 52.8 万吨，同比增长 1.1 倍。其中进口大豆 81 万吨，计 2.58 亿美元，同比增长 61.3%。

与俄罗斯开展农业合作的效益较为显著，双方的农业产业化合作格局初步形成，构建起农业种植、养殖、加工和销售产业合作链条，走出了一条农村剩余劳动力跨国转移的新路子，对我国商品粮基地建设具有重要的战略意义。

黑龙江省对俄罗斯农业合作呈现如下态势：第一，双方合作规模不断扩大。截至 2019 年 4 月，黑龙江省在俄罗斯农业备案投资企业达 159 家，占该省对俄罗斯投资合作企业的 40.8%。该省农业对俄罗斯备案中方总投资额 12.64 亿美元，占该省对俄罗斯总投资额的 18.0%。累计获得境外农业耕地面积 1461 万亩，其中种植面积 990 万亩，比 2005 年增长 5 倍，境外农业合作企业年生产粮食 170 万吨。第二，双方合作领域不断拓展。对俄罗斯境外农业开发合作由过去主要种植大豆和蔬菜发展到目前的玉米、水稻、青储饲料种植，棚室蔬菜生产，生猪、肉牛和禽类养殖，粮食加工、饲料加工及仓储物流运输等诸多领域，大豆种植占俄罗斯种植总面积的 90% 以上。养殖主要种类为鸡、猪、牛。2018 年种植黄芪、赤芍、桔梗等中草药，种植面积达 4000 公顷。在粮食加工方面，对俄罗斯境外农业合作以大豆、玉米和水稻加工为主，也包括粮食加工的下游产品，如豆粕以及加工膨化颗粒饲料等。截至目前，黑龙江省企业在俄罗斯畜牧养殖生猪存栏量达 5 万头、牛 7300 头、禽 39 万只。第三，双方合作组织形式多样。在多年的与俄罗斯农业合作实践中，逐步形成了以重点企业为龙头、境外农业园区为支撑、与其他农业开发企业共同发展的格局。目前，在俄罗斯建设农业型园区 8 家，占该省境外经济贸易合作区 50%；累计投资 7.02 亿美元，上缴东道国税费 5970 万美元。在组织形式上，形成了企业自主开发合作模式、中俄企业合作联合开发模式、农户联合开发模式、国企与民营企业合作开发模式等 4 种合作模式。其中，企业自主开发合作模式占 50%，中俄企业合作联合开发模式占 30% 左右，农户联合开发模式占 10%，国企与民营企业合作开发模式占 10%。

（四）影响因素

除受到世界气候变化、国际粮食安全格局复杂多变、国家间粮食安全关系不正常、国际粮食产业竞争残酷以及粮食定价权的激烈争夺等诸多外部因素的影响之外，中俄共同保障粮食安全主要受到两国农业合作规模不够大、双方受到棘手的种子问题和两国施肥标准不一的困扰以及中国赴俄罗斯农业工作者必须过俄语关、中国农民赴俄罗斯工作签证办理时间较长和费用较高、中国对在俄从事农业合作的农民没有对等补贴、我国对俄农业合作投资风险保障不尽完善、自俄回运粮食进口关税没有优惠等内部因素的影响。

1. 中俄农业合作规模不够大

俄罗斯农业部部长帕特鲁舍夫指出，农业合作是中俄两国经济合作的一个重要领域，其坚实基础是中国的劳动力资源、资本和技术优势与俄罗斯丰富的耕地资源优势等要素禀赋互补。

在开展农业合作方面，中国东北地区与俄罗斯远东地区和西伯利亚地区拥有地缘区位优势，便于开展农业产品贸易、农业合作生产及其劳务合作。未来双方应大力推进农业基础设施建设和农业高新技术等方面的合作，以促进两国区域间的农业产业化合作，以期在更大规模和更高水平上保障两国粮食安全。目前，黑龙江省对俄农业境外种植面积为 907 万亩，农业劳务人员 1700 人左右，粮食回运重量保持在几十万吨。

2017 年以来，农业合作成为两国经贸合作中一个新的增长点，中国成为俄罗斯的第一大食品进口国，但进口规模尚未达到百亿美元。因大豆生产规模有限，俄罗斯向中国出口大豆多年维持在百万吨以下，俄罗斯方面有信心，在未来 5 年增长到 1000 万吨。

最近几年，中俄农业合作取得了较为显著的成绩，但是整体规模不大。黑龙江省企业和农民目前参与的农业合作项目遍及俄罗斯远东地区的 10 个州区，建成总面积约 48 万公顷的境外农产品生产基地。2016 年，黑龙江省对俄农业境外种植面积扩大至 870 多万亩，粮食回运重量增长，从 2015 年的 35.8 万吨增长到 2016 年的 40 多万吨，对俄企业数量约 130 家。2017 年以来，中俄农业合作成为双边经贸合作中一个新的增长点，两国农产品相互市场准入清单逐步扩大，中方从俄方进口农产品价值在 30 亿美元以上，成为俄罗斯的第一大食品进口国。此外，中国企业还在俄罗斯远东地区积极推进种养加一体化农业合作项目，经济社会效益较好。2017~2018 销售年度，俄罗斯向中国出口大豆为 84.6 万吨。2019 年 9 月，4431.677 吨俄罗斯大豆经南京海关下属南通海关进口，标志着中俄在大豆合作方面取得了最新成绩。

2019 年 9 月 5 日，俄联邦农业部发布消息称，2019 年俄罗斯对中国的大豆出口量增加到 100 万吨；2025 年起，将达到每年 370 万吨。俄罗斯大豆联合会估计，未来 5 年，俄罗斯对中国的大豆出口量有可能升至 1000 万吨。

中国市场出现一定程度的大豆短缺，俄罗斯远东地区在填补这一短缺方面有较大优势。大豆及大豆深加工产品列远东地区农产品出口的第二位。俄罗斯远东和北极发展部部长亚历山大·科兹洛夫表示，为了扩大对中国大豆的出口量，俄罗斯将开辟大豆种植区，高效种植该作物。

2019 年 6 月 5 日中俄签署的《关于深化中俄大豆合作的发展规划》为全面拓展和深化两国大豆贸易与全产业链合作指明了方向。两国有关部门还签署了关于俄罗斯大麦等 5 项农产品准入的协议，为双方不断加快农产品贸易创造了条件。

中国海关总署发布公告，将出口中国大豆产区扩展到俄罗斯全境，增加水路（包括海运）的运输方式。双方不断推进全产业链合作，从而构建起长期稳定的合作格局。双方应强化农业产业化合作的风险意识，最大限度地降低合作的风险。

双方应发挥独特的地缘区位和生产要素禀赋等方面的优势，充分利用当下有利于双方开展农业合作的难得机遇，构建起有效的中俄农业产业化合作渠道和机制，不断扩大双边农业产业化合作规模，以保障各自国家粮食安全。

2. 双方受到棘手的种子问题和两国施肥标准不一的困扰

世界各国都有《种子法》，对本国种子的优良品种的筛选、培育、保护、销售、种植推广以及出口等都做出了严格的规定。通常情况下，严禁外来种子入境，只有签署合作协议，才能通过正常渠道输入，并允许在一定范围内种植推广。

中俄之间目前没有签署相关协议，对两国农业合作产生了很大影响。俄罗斯各种蔬菜、水果以及玉米、黄豆等农作物的种子品种单一，我国则相反，品种较为丰富，可选择的余地较大，但是因为两国没有签署相关协议，对双方在蔬菜、水果和农作物种子合作方面产生了很大消极影响，不利于两国农业产业化合作的规模化、市场化、系统化格局的形成。

中俄两国老百姓对肥料的认识存在很大差异。我们认为，"庄稼一枝花，全靠粪当家"，给耕地施加农家肥能够增强土地肥力，一方面有利于养地，提高耕地的产出能力，降低种地成本；另一方面能提高庄稼收成。而俄罗斯老百姓认为农家肥肮脏，不用农家肥。这个矛盾，无法调和，俗话说"入乡随俗"，我方需尊重俄方的习惯。

3. 俄方对我国赴俄罗斯的农业工作者要求高

俄罗斯联邦教育和科技部将外国人或无国籍人士的俄语水平分为 5 个等级：初级、一级、二级、三级和四级。俄语初级是指具备初级俄语交流技能，可以满足在一定情景下的日常生活和社会文化领域的基本交流要求。

我国赴俄罗斯工作的农业工作者必须过俄语关，在国内先参加俄语培训班，交一笔培训费。到考试的时候，俄罗斯派专门人员前来出题考试，还需要交考试费。

我国农业工作者赴俄罗斯从事农业经营活动，需要办理赴俄罗斯的工作签证，官方说法为"工作签证"。其办理时间太长，一般需要两三个月时间，而且费用过高，通常为 3000~4500 美元。俄罗斯各地区不同城市之间费用有很大的差异，一般莫斯科、圣彼得堡的费用最高。如果包签的话，2 万~3 万元都是很常见的。圣彼得堡的工作签证包签需要花费 168800 卢布，折合人民币 3 万多元。

4. 我国对在俄从事农业合作的相关政策措施有待完善

在调研中，我国一个在俄罗斯种地的农民说："国家也应该给我们这些在国外从事农业合作的农民相应的补贴。"的确，目前国家还没有对在境外从事国际农业合作的农民与国内农民相应的补贴。为了减轻我国农民在境外从事农业活动的负担，增加其收入，建议国家给予他们一定的补贴，以鼓励他们并确保境外农业合作的可持续发展，为国家粮食安全做贡献。

我国在俄罗斯境内开展农业投资合作活动，因俄罗斯自然环境、天气状况不稳定，加上其他一些不确定性因素，可能导致我国农民在俄罗斯的农业投资受到较大的影响。为此，需要中俄两国政府或地方政府有关部门建立中俄农业投资合作风险基金，一旦出现异常天气或其他自然灾害导致农业减产，我国在俄罗斯开展农业投资合作的农民可以获得一定的补偿，不至于"血本"无归，使他们能够继续开展双边农业合作。

我国农民在俄罗斯或其他国家境内开展农业合作获得的粮食，在回运通过海关的时候，按照通常的粮食进口关税征收，使境外粮食回运的利润空间缩小，在一定程度上影响了从事国际农业合作农民的积极性。因而，建议国家能够对从俄罗斯或其他境外回运的粮食给予一定的关税优惠政策，以增强其开展国际农业合作的信心。

5. 中俄农业合作信息服务体系不健全

中俄开展农业合作过程中，双方信息交流不够充分，沟通渠道不畅，这表明两国间的农业合作信息服务体系不完善，会给中俄双边开展农业贸易与产业化合作带来不利影响。完善的信息服务保障体系可以大大加快两国农业贸易与产业化合作的发展，充分调动两国相关企业的积极性。完善的农业贸易与产业化合作信息服务体系是双方开展农业全产业链合作过程中一个重要的推动因素和基础条件。

在经济全球化背景下，随着中俄两国农业贸易与产业化合作的不断发展和规模的不断扩大、层次的日益提高，中俄两国建立完善的农业贸易与产业化合作信息服务体系十分必要，其迫切性和重要性不言而喻。完善的农业贸易与产业化合作信息服务体系将极大地推动中俄农业贸易与产业化合作的发展，有利于中俄共同保障粮食安全目标的实现。

（五）合作路径

党的十九大报告提出，"确保国家粮食安全，把中国人的饭碗牢牢端在自己手中"。2018年9月，习近平总书记在东北三省考察时指出："中国粮食！中国饭碗！" 2019年9月，习近平总书记强调，要扎实实施乡村振兴战略，积极推进农业供给侧结构性改革，牢牢抓住粮食这个核心竞争力。为此，我们必须采取一切行之有效的有力措施来保障国家粮食安全，牢固树立科学的粮食安全观，不断提高国家粮食安全的保障能力。

为共同确保国家粮食安全，中俄需要加强农业产业化的合作路径，如市场化与一体化、区域化与规模化、专业化与集约化、企业化与社会化等。

1. 市场化与一体化

以市场为导向，优化要素配置；实行产加销一条龙、贸工农一体化经营，形成产业链和风险共担的利益共同体。

我国开展对俄农业产业化合作的企业，一是必须对两国及其毗邻地区的农产品市场行情开展前期调研，了解农产品市场的供求行情。二是根据调研的农产品市场行情，确定双方农业生产合作种植和养殖的品种和规模。

俄罗斯对中国发展农业领域互利合作的兴趣日益浓厚。俄罗斯不仅可以向中国增加原材料和食品供应量，而且可以加强在运用中国先进农业技术和创新领域的合作，开展联合投资项目。俄罗斯市场对中国具有较大吸引力，可以提高中国向俄罗斯供应的某些农产品、农业机械并实施联合投资项目。①

根据中国相关法律法规和《中华人民共和国海关总署与俄罗斯联邦兽医和植物检疫监督局关于〈俄罗斯玉米、水稻、大豆和油菜籽输华植物检疫要求议定书〉补充条款》以及中国海关总署公告 2019 年第 124 号（关于允许俄罗斯全境大豆进口的公告）规定，允许从俄罗斯全境进口大豆，并对俄罗斯大豆产地、用途、检验检疫标准、运输方式及其检疫和防疫要求等做出详细规定。

俄罗斯大豆主要产地在与中国毗邻的远东地区。俄罗斯谷物协会主席阿卡迪·兹洛切夫斯基表示，中国大豆消费市场巨大，俄罗斯应扩大大豆种植面积，并希望与中方合作生产，增加对中国的大豆出口，积极参与中国大豆市场的竞争。此外，由于地理位置、土壤肥力和气候等原因，俄罗斯远东地区的大豆质量较好，且为非转基因产品，价格也可以接受。中国允许从俄罗斯全境进口大豆，一方面使中方有选择更多不同产地产品的机会，逐渐改变中国大豆进口过度依赖单一进口源的窘境；另一方面给俄方各地区提供了参与中国大豆市场的条件。

2. 区域化与规模化

通常，在一定区域范围内，农业产业化的农副产品生产相对集中连片，形成较为稳定的区域化生产基地，便于经营管理。中俄两国东部毗邻地区就是比较稳定的区域化生产基地。我国对俄农业产业化合作主要集中在俄罗斯远东地区的 3 个联邦主体（阿穆尔州、哈巴罗夫斯克边疆区和滨海边疆区），通过两国政府有关部门的积极沟通与协调，以区域化原则为引领，以形成区

① Российско-китайское сотрудничество в области сельского хозяйства: состояние и перспективы. https：//russiancouncil.ru/activity/policybriefs/rossiysko－kitayskoe－sotrudnichestvo－v－oblasti－selskogo-khozyaystva-sostoyanie-i-perspektivy/.

域集聚效应为目标，科学实施农业生产布局，逐步形成两国农业产业化合作的区域生产规模，从而达到产业化的标准，增强辐射力、带动力和竞争力。

俄方认为，农业合作已经成为中国和俄罗斯之间交流和务实合作的一个新亮点。中俄两国在农产品生产、贸易以及投资合作等方面具有较强的互补性，且合作潜力巨大。特别是两国在俄罗斯远东地区的农业合作是互利共赢的，如双方开展农业种植、农产品深加工、农业科学技术研究和投资等领域的双赢合作。①

经俄罗斯远东地区联通中国东北地区以及亚太的"滨海 1 号""滨海 2 号"国际运输走廊项目，不仅促进本地区自身的发展，还将促进中俄东部地区的紧密合作。② 黑龙江省发挥与俄罗斯地理毗邻的地缘优势，利用以上便利跨境运输条件，与俄罗斯开展农业合作。该省利用这一地缘优势，与俄罗斯远东地区开展区域农业合作，形成了较大的规模。该省对俄罗斯农业合作项目 80% 集中在俄罗斯远东地区的滨海边疆区、哈巴罗夫斯克边疆区、阿穆尔州和犹太自治州，其余项目分布在俄罗斯中部的西西伯利亚鄂木斯克州。黑龙江省进入俄罗斯市场的中国公司中，大部分是私营公司、从事土壤栽培的国有农场、从事农作物种植的农村农业企业，还有由几个农户组成的合作社。

据统计，目前黑龙江省在俄罗斯从事农业合作的企业有 160 多家，占对俄投资企业的 45%，累计投资额为 15 亿美元左右。在俄罗斯境内经营 960 万亩耕地，种植的农作物包括大豆、玉米和水稻，其中大豆种植份额超过 90%；养殖业主要饲养猪、牛、鸡。黑龙江省从俄罗斯进口粮食占我国自俄罗斯进口粮食量的 90% 以上。

随着俄罗斯"向东看"战略的实施，远东地区投资环境不断优化，投资吸引力日益提高。黑龙江省在俄罗斯建立了 8 家农业型园区，主要从事种植、养殖、农产品加工、跨境贸易和物流运输等业务，形成了以种植蔬菜和

---

① Китай и Россия неуклонно продвигают взаимовыгодное сотрудничество в области сельского хозяйства. http: //russian. china. org. cn/exclusive/txt/2016-11/08/content_ 39677796. htm.

② 于小琴：《乌克兰危机以来俄罗斯远东对华合作舆情分析》，《俄罗斯东欧中亚研究》2019 年第 6 期。

大豆、玉米、小麦等农作物为主，向粮食精深加工、畜牧养殖、粮食返销、物流运输、中药材种植等多个领域延伸，对俄农业合作产品的附加值和经济效益明显增加，逐步形成了双方农业合作的区域化和规模化格局。[①]

3. 专业化与集约化

基于农副产品生产、加工、销售、服务的专业化与附加值高、资源综合利用率高、效益高的集约化，实现对俄农业产业化合作的专业化和集约化生产、一体化经营。只有在实现农业专业化生产的基础上，才能实现农业产业化经营所要求的提高劳动生产率、土地生产率、资源利用率和农产品商品率等相关目标。

需要对对俄农业产业化合作进行科学合理的区域化布局，积极开展包括附加值高、资源综合利用率高和效益高在内的集约化生产。在农副产品的生产、加工、销售和服务等方面实现专业化和经营一体化，形成农业产业链，也使农业产业链各环节的参与主体形成风险共担、利益均沾的共同体。

4. 企业化与社会化

农业产业化合作应实行企业化管理、社会化服务。生产经营管理实行规范的企业化运作，加强企业化经营与管理。建立社会化的服务体系，促进各生产经营要素紧密结合与有效运行。

我国对俄农业产业化合作实行生产经营企业化管理、服务体系社会化运营。中俄两国农业产业化合作企业采取规范的企业化运作，使生产出的农副产品达到同类产品标准化的要求。与此同时，双方农业合作产业化经营应构建起社会化的服务体系，以强化各生产经营要素的紧密结合与有效运行。

（六）对策建议

中俄互为毗邻大国，山水相连，无论从客观条件还是主观意愿出发，两国建立保障粮食安全的命运共同体是双方必然的选择。在美国等西方国家对中国和俄罗斯实施各种遏制和制裁的背景下，中俄在共同保障粮食安全等方面开展紧密合作，携手同行，更是双方必然的选择。为此，我们就中俄共同

---

① 任继红：《推进黑龙江省对俄农业合作高质量发展对策研究》，《商业经济》2019 年第 5 期。

保障粮食安全提出以下几点建议。

1. 增强中俄战略互信，树立合作共赢的理念

中俄应将两国共同保障粮食安全问题提升到各自国家安全战略的高度，达成合作安全共识。两国不断加强农业产业化合作，提高粮食产量，丰富农产品品种，供应两国粮食消费市场，实现共同保障粮食安全的目标。

中俄两国共同保障粮食安全，对东北亚地区和世界粮食安全都具有极为重要的现实意义和战略意义。因此，中俄应着力增强双边战略互信，消除疑虑，秉持合作共赢的理念，践行共同安全观与合作安全观，通过加强双边农业产业化合作来确保各自国家粮食安全。

2. 稳步实施国家粮食安全战略

稳步实施国家粮食安全战略，不断改革粮食收储制度，进一步完善粮食等农产品价格的形成机制。对粮食市场进行宏观调控，使粮食流通更加有序、市场运行更加平稳。深入实施"五优联动"，即优粮优产、优粮优购、优粮优储、优粮优加、优粮优销，最终发展成为粮食产业强国。认真落实粮食安全省长责任制，中央和地方共同负责的粮食安全保障机制日趋完善。

3. 制定国家间和区域间长期农业合作战略

中俄要素禀赋优势互补仅是双方合作的客观条件，为使双方农业合作具有可持续性，中俄两国政府间和地区间应制定长期合作战略，这既是双方合作意愿的体现，也是双方保持长期合作的一种约定。

中俄双方应充分发挥要素禀赋互补优势，联合制定国家间和区域间长期农业合作战略，形成双边农业产业化合作机制和产业链，以确保双边农业产业化合作的可持续发展，使两国共同保障粮食安全具有延续性和可靠性。

4. 不断完善两国相关政策法规

中俄两国同为世界贸易组织成员，双方能够通过"绿箱"等倾斜政策和有关法律法规支持与保护两国农业产业化合作，为中俄共同保障粮食安全合作提供切实保障。在种子、农药、化肥、生产、管理、收储、加工和销售（包括粮食回运）等各个环节都给予相应配套政策法规扶持，使之顺利开展，从而实现共同保障各自国家粮食安全的目标。

5. 努力扩大区域间农业合作规模，提高农业合作水平

习近平主席指出，"在新的时代背景下，中俄地方合作面临着新形势、新任务、新要求，同时也迎来了新的历史性机遇"，"要发挥地方政府作用，加强统筹协调，切实优化政策环境"，"创新合作思路，拓展合作地域"，"深挖互补优势，突出地方特色"。①

我国东北地区与俄罗斯远东地区和西伯利亚地区拥有独特的地缘区位优势，有助于推动双方农业产业化合作。一方面，双方应不断加强农业产品贸易、合作生产和劳务合作；另一方面，双方应着力加强农业基础设施建设和农业高新技术等方面的合作，使双方区域间的农业产业化合作在更大规模和更高水平上保障国家粮食安全。

6. 不断增强共同抵御风险的能力

自然因素、政策因素、社会文化因素等对我方与俄开展农业产业化合作影响较大，为此双方应提高农业产业化合作的风险意识，积极投保相关险种，力求将双方合作的风险降至最低，从而不断增强共同抵御风险的能力。

中俄应建立主要用于双边农业合作的共同保险基金。为了降低双边农业合作风险，两国依靠地方政府和大企业联合出资共同建立农业风险基金，这是确保两国农业合作顺利开展的重要工具。②

7. 建立国家多级粮食储备主体体系

在世界粮食安全比较严峻的背景下，一方面需要满足我国居民对粮食及其食品的正常需求，另一方面还必须在国家粮食战略储备、粮食市场调控等重点方向上不断提高国家粮食安全的保障能力。借鉴我国粮食储备体系，中俄需要建立并完善"藏粮于地""藏粮于民""藏粮于技"的国家多级粮食储备主体体系，以保障农业耕地的可持续生产能力，不断增强国家粮食仓储的整体技术和储备能力。

---

① 《习近平：共同开启中俄地方合作新时代》，海外网，2018 年 9 月 11 日。

② Глеб Объедков. Как Китай оценивал сельское хозяйство России и китайско-российское сельскохозяй-ственное сотрудничество. https://www.agroxxi.ru/stati/kak-kitai-ocenival-selskoe-hozjaistvo-rossii-i-kitaisko-rossiiskoe-selskohozjaistvennoe-sotrudnichestvo.html.

第一，"藏粮于地"。目前，中俄农业可耕地总体质量在持续下降，导致其粮食生产能力弱化，只能依靠不断增加粮食播种面积来弥补，但是从长远来看，这对两国粮食产业的可持续发展是不利的。通过轮作休耕的方式"藏粮于地"在很大程度上能够缓解这一问题的严重程度，即在国家粮食市场供过于求的情况下将一部分耕地休耕，使其能够修复生态、恢复地力，从而有效保护土地的粮食生产能力；在国家粮食市场求大于供时再启动休耕的耕地生产粮食。这样通过减少或增加农业耕地的方式来维持国家粮食市场供求的基本平衡。仅从我国来看，目前我国农业耕地的轮作休耕试点面积已从2016年的616万亩扩大到2018年的2400万亩。

第二，"藏粮于民"。政府主导型和市场主导型是目前世界各国主要的粮食储备体系。我国的粮食储备体系以政府主导型为主。从近几年的情况来看，中俄两国农民的存粮备荒意识日益淡化，在粮价上涨的时候，农民积极出售粮食，不再储存粮食，而且农民也不具备先进的储粮设施和科学的技术手段，这就使农户的粮食存储量不断减少。为了保障国家粮食安全，需要提高农民的粮食储备意识，不断扩大"藏粮于民"的粮食储备规模。不过，这需要各级政府给予农民一定的补贴，以改善和提高农民的存粮质量。逐步建立起以政府主导、农民积极参与和粮食贸易、加工企业"三位一体"的国家多级粮食储备主体体系，进而实现政府储备与民间储备并存的粮食储备格局。

第三，"藏粮于技"。从整体来看，中俄两国存在粮食仓储设施的闲置与不足并存的局面，普遍存在粮食仓储硬件设施不够完善、智能化与节能化水平较低的现状。为此，需要采用信息化、自动化、智能化管理等较为先进的科技手段对粮仓进行升级改造，进行有针对性的差异化改造、升级各地的粮食仓储设施功能，增加粮食储存环节的绿色储粮技术的应用份额，提高粮食仓储效率，以延长粮食储备的储存期和提高粮食储备的品质。

8. 构建共同保障粮食安全的长效合作机制

为了确保国家粮食安全，在以往合作经验的基础上，中俄两国通过协商，采取较为行之有效的措施开展广泛的农业产业化合作，逐步构建起中俄共同保障粮食安全的长效合作机制。该机制包括中俄共同保障粮食安全的合作机制和多层次定期磋商机制以及中俄农业产业化合作扶持机制。

（1）中俄共同保障粮食安全的合作机制

粮食安全观是国家安全观之一。国家安全观是人们对国家安全的威胁来源、国家安全的内涵和维护国家安全手段的一种基本认识。随着全球化进程的不断演进，国际体系的日益变化，各国的国家安全观也在不断变动和调整，出现了全球化背景下国家安全观的演变与重构问题。

冷战结束后，中国的传统安全观发生转型，逐步形成了新安全观。邓小平针对以和平与发展为主题的国际关系形势，提出了中国的国家安全是以重视经济发展为主的综合安全观。江泽民面对世界多极化、经济全球化的浪潮，提出了建立适应时代要求的互信、互利、平等、合作的新安全观。党的十八大以来，党中央提出总体国家安全观，走中国特色国家安全之道。

俄罗斯国家安全构想改变了其军事安全为首要安全的传统安全观，强调安全主体的多元化、安全内容的综合化和安全手段的多样化。俄罗斯的传统安全观转向新安全观，其内涵包括安全主体多元化（从个人、社会、国家扩展到整个国际社会）、安全内涵的综合化（从军事领域扩展到经济、内政、社会、信息、边界、生态和国际等诸多领域）、保证国家安全手段的多样化（包括军事、政治、经济、法律、组织及其他性质的措施）。

中俄具有相同或相近的国家安全观，在此基础上构建起中俄共同保障粮食安全的合作机制，对于两国共同保障粮食安全将发挥重要作用。

（2）中俄共同保障粮食安全的多层次定期磋商机制

中俄总理定期会晤机制及其下设各领域分委会为中俄全面合作进行顶层设计，对于不断深化双边全方位合作发挥着重要指导作用。

在区域合作层面，在中俄两国发展理念高度契合的基础上，双方建立了"东北-远东"和"长江-伏尔加河"两大地方区域性合作机制，缔结了130多对友好城市及友好省州。作为双方务实合作的载体和关键领域，中俄地方合作，一方面有助于深化中俄新时代全面战略协作伙伴关系，另一方面在构建新型大国关系的过程中形成了合作模式。2015年中国东北地区和俄罗斯远东地区地方合作理事会成立，2016年将其改组为政府间委员会，并纳入中俄总理定期会晤机制。

在经济贸易合作方面，随着俄罗斯经济逐步走出低迷状态以及中俄两国经贸合作的进一步深化，我国东北地区对俄罗斯经济贸易合作稳步增强。黑龙江省对俄罗斯经济贸易合作迅速增长，对俄罗斯进出口额达 700 多亿元，增长 19.5%，占该省进出口总额的 58.0%，占中国对俄罗斯贸易额的 13.1%。石油、木材、煤炭、粮食和食品是黑龙江省进口俄罗斯商品的主要类别，出口则以机电产品、服装、食品、轻工产品为主。

2013 年 5 月，中俄"两河流域"合作地方领导人圆桌会议在湖北武汉举行，中俄"两河流域"合作机制正式建立。2016 年 7 月 19 日，"两河流域"地方合作理事会首次会议在乌里扬诺夫斯克召开，中俄签署了《中国长江中上游地区和俄罗斯伏尔加河沿岸联邦区地方合作理事会条例》，标志着双方合作机制的进一步完善，它将促进中俄两国地方合作从边境毗邻地区向纵深发展。2017 年 6 月 16 日，"两河流域"地方合作理事会第二次会议在安徽省合肥市召开，两国与会领导启动了"长江-伏尔加河"地方合作理事会网站，签署了《会议纪要》和《关于对〈长江-伏尔加河地方合作理事会条例〉进行修订的议定书》，同时两地区地方政府签署了多项合作文件。

长江中上游地区包括安徽、江西、湖北、湖南、四川和重庆 6 省市，占我国经济总量的 22%，是我国重要的农业、制造业基地。伏尔加河沿岸联邦区包括 14 个联邦主体，占俄总面积的 6.1%，占俄国内生产总值的 15%，是俄重要的农业、工业区。长江中上游地区与伏尔加河地区均属中俄两国重要经济区，地区经济产业结构类似、工业基础完善、交通便利、创新产业发达等优势条件为两地区的合作开辟了广阔前景。

中俄之间业已形成多层次定期磋商机制，再加上 2018～2019 年中俄地方合作交流年，为中俄共同保障粮食安全创造了良好条件。

（3）中俄农业产业化合作扶持机制

一是各级财政扶持资金给予对俄农业合作专项支持。从中央财政农业综合开发资金中划拨一部分专门支持对俄农业合作，给予在中小外贸企业融资担保专项资金申请和农产品精深加工等项目申报方面的倾斜。出台省级对俄农业合作专项扶持政策并设立专项扶持资金，主要对大项目、土地租赁、自用农机具出口及维修、农机购置补贴、农产品回运等方面给予政策和资金扶持。

二是出台金融扶持及补贴政策。支持各类商业银行开发扶持有关对外农业合作方面的金融产品，为其发展提供资金支持。对省内境外农业企业实行国民待遇。适当调低赴俄农业企业申请贷款的门槛和抵押要求。对回运粮食的落地加工给予国内粮食加工相同的补贴政策。扩大农业对外投资险种和保险范围，使赴俄农业开发企业规避投资风险，对全产业链实施投资与管理，探索解决对俄农业合作企业融资难问题。

三是设立境外大豆种植扶持专项基金。作为农业产业化国家级重点龙头企业的黑龙江九三油脂有限责任公司每年都需要大量进口大豆以弥补国产大豆的缺口。俄罗斯大豆为非转基因品种，受到我国消费者的欢迎。应设立黑龙江省境外大豆种植扶持专项基金，并制定相关的扶持项目和实施细则，确保对俄大豆投资合作的每个环节都资金充足，推动合作向良种化、集约化、现代化、产运销一体化的转变，把黑龙江省打造成为我国俄豆境外种植、进口及加工的重要基地。[①]

9. 建立双边长期开展农业产业化合作的模式

（1）对俄农业贸易产业模式

对俄农业贸易产业模式是中俄在农业领域的传统合作模式。在此模式下，中俄两国相互进出口的农产品品种较为丰富多样，供给量较大。但是，由于中俄两国农业产业链存在一定的不足，两国农产品生产机械化程度不高、农户生产力较低、农业生产技术较落后，加上农业生产工序缺乏固定的规范标准，最终导致两国农产品质量较低，农产品附加值难以提高。

（2）中俄跨境农场合作模式

中俄跨境农场合作模式能最大限度地发挥中俄农业生产要素互补性优势。中国企业在俄罗斯境内建立了跨境农场，以寻求中俄在农业领域的互利双赢合作。该模式是中国在开展对外国际农业合作方面的成功实践，其对中国降低对农产品进口贸易依赖度将发挥较为重要的作用。中俄跨境农场充分激发双方农业生产要素的集聚优势，联合种植大豆有助于保障中国自俄罗斯进口大豆的有机高品质，从而满足中国老百姓对高质量农产品的需求，扭转俄罗斯大豆价格的负面效应，推动俄罗斯不断提高优质大豆产量。

---

① 任继红：《推进黑龙江省对俄农业合作高质量发展对策研究》，《商业经济》2019 年第 5 期。

（3）中俄农业全产业链合作模式

中俄农业全产业链合作模式是指建立俄罗斯粮食生产、采购、加工、储运、销售等全产业链合作体系。2018 年 11 月 7 日，上海国丰酒店隆重举行了中俄粮食走廊——加工及转口贸易项目签约仪式。"中俄粮食走廊"项目是最近几年来中俄双边农业合作中一个最重要的项目，借助辽宁自贸试验区营口片区与俄罗斯在粮食等领域开展全方位合作，实现互利互惠。如某公司每年从俄罗斯进口 30 万吨非转基因玉米，5 年内将增长到 300 万吨，用于加工和转口贸易。该项目旨在构建俄罗斯粮食生产、采购、储运、加工、销售中心。按计划，其每年在俄罗斯合作生产粮食 2000 万吨，出口到中国或转口至其他国家销售。[①]

10. 不断完善粮食安全应急预警系统

中俄双方不断完善粮食安全应急预警工作，及时准确地预判世界市场粮食供需平衡状况，及时向政府决策部门反馈，以便政府采取相应的政策措施。建立完善的全国性粮食安全应急预警系统，应解决建立权责明确的粮食安全预警组织机构、确立有效的粮食安全预警信息采集方法和标准、构建规范的运作程序等三个核心问题，传递粮食安全预警信息。[②]

目前，我国已经初步建立起农产品市场监测和预警组织系统（原农业部负责农产品市场监测预警工作，海关总署负责进出口监测预警工作，原国家粮食局和国家统计局负责粮油市场信息和农业综合信息的收集、整理和发布等工作），但仍然缺乏相关的信息资源有效共享机制、信息及时发布机制，欠缺信息整理、收集、处理、分析等方面的能力。[③] 因此，"构建一套适合于国际国内新形势需要的农产品市场监测和预警系统，这既是维护国内市场稳定、保障国家粮食安全、保护国内小农户利益的需要，也是承担大国责任、维护国际农产品市场稳定的需要"[④]。

---

① 李可：《中俄粮食走廊项目将迈入一体化发展》，《国际商报》2018 年 11 月 20 日。

② 肖顺武：《刍议完善我国粮食安全预警机制的三个核心问题》，《改革与战略》2010 年第 4 期。

③ 曾志华：《我国粮食安全政府监管水平的提升对策》，《广西警察学院学报》2018 年第 6 期。

④ 翟虎渠等：《中国粮食安全国家战略研究》，中国农业科学技术出版社，2011，第 338 页。

中俄应加强粮食安全应急预警系统的建设和完善，强化监督和管理，增强应对粮食领域突发事件的能力，以保障国家粮食安全。

11. 积极开展粮食国际贸易与合作

积极开展粮食国际合作与贸易是保障国家粮食安全的一个重要途径，可以使国内粮食来源渠道多元化，成为粮食供给的一个重要补充。

中国应积极开展粮食国际合作与贸易。着力开展粮食国际合作，培育国际大粮商，扶持拥有雄厚实力的中国粮食企业"走出去"。在"一带一路"共建国家或地区选点建立"境外粮仓"，即粮油生产基地，不断完善加工、仓储和物流等相关配套设施，双方优势互补，合作共赢。扩大粮食国际贸易规模，使我国粮食进口来源、渠道和结构日益多元化。

在进口粮食的同时，中国也与世界其他国家互通有无，向国际市场出口粮食。从最近 5 年来看，中国粮食出口的年平均复合增长率为 3.6%。2013 年中国出口粮食量为 243 万吨，同比下降 10.1%。2014 年为 211 万吨，同比下降 13.1%。2015 年为 164 万吨，同比下降 25.0%。2016 年为 190 万吨，同比增长 13.6%。2017 年为 280 万吨，同比增长 32.1%。2018 年为 366 万吨，同比增长 31.4%。2019 年为 434 万吨，同比增长 18.7%。2020 年为 354 万吨，同比下降 18.4%。2021 年为 354 万吨，同比增长 18.1%。2022 年为 222 万吨，同比下降 9.7%。2023 年为 165 万吨，同比下降 25.7%。2024 年为 226 万吨，同比增长 37.0%。

五　园区建设合作

2007 年 7 月 18 日，中国第一个中俄边境工业园区——珲春俄罗斯工业园区在吉林省珲春市奠基。此俄罗斯工业园的建立，其跨境经济合作模式在内地尚属首次。珲春俄罗斯工业园主要面向因俄罗斯高额税收而在域外加工俄罗斯原料并将其成品返内销的企业。这意味着将会有大量俄罗斯独资或中俄合资企业进驻工业园。①

珲春俄罗斯工业园位于珲春边境贸易区内，规划占地 2 平方公里，其中

---

① 《中国第一个中俄边境工业园区在吉林省珲春市奠基》，《文汇报》2007 年 7 月 19 日。

1 平方公里在出口加工区内建设。园区内实行"境内关外"的管理模式，包括检验、检疫、报关、核销等一系列手续皆在园区内办理。经备案的内、外资企业均可自主进行料件的进口、出口，从境外进入园区的建材、机械设备、零部件及合理的办公用品免税，园区内企业的产品出口或销售给区内企业不收增值税。此外，还有面向区内企业的一系列优惠政策。

牡丹江市落实国家"走出去"战略，在俄罗斯辟建境外园区，是牡丹江市企业开拓国际市场、增强国际竞争力、积极应对俄罗斯政策变化、降低投资贸易风险的有效途径，也是更好发挥中俄两国间产业互补优势、扩大国际经贸合作的必然选择，对牡丹江市进一步提高沿边开放层次和水平、打造全省沿边开放先导区、辟建东北亚自由贸易区、促进区域经济一体化具有重要的战略意义。

黑龙江省牡丹江市从 2003 年开始探索辟建境外园区，相继在俄罗斯远东地区的乌苏里斯克市、十月区、米哈伊洛夫卡区辟建了乌苏里斯克经济贸易合作区、华宇经济贸易合作区、绥芬河远东工业园区 3 个境外园区。目前园区按照全面规划、合理布局、分期建设、滚动发展的原则稳步推进。[①]

俄罗斯乌苏里斯克经济贸易合作区是 2006 年经中国商务部批准建设的首批 8 家境外经贸合作区之一，由东宁吉信工贸集团、浙江康奈集团、温州华润公司共同组建的康吉国际投资有限公司负责组织实施，总部设立在东宁，注册资金 1 亿元。合作区规划占地面积 228 万平方米，建筑面积 116 万平方米，总投资 20 亿元。区内划分有生产加工区、商务区、物流仓储区和生产服务区。重点发展轻工、机电（家电、电子）、木业等产业，建设工期为 5 年，计划引进 60 家国内企业。自 2006 年下半年以来，合作区一期启动面积 54 公顷，已入驻企业 9 户，其中有 7 户制鞋企业和 2 户木业企业，目前各企业生产经营情况良好，共完成投资 6.7 亿元，其中合作区自筹资金 21500 万元，入区各企业投资已达 4.5 亿元。2008 年实现销售收入 8140 万

---

① 《牡丹江加快境外园区建设　为企业"走出去"打下坚实基础》，http://www.stats.gov. cn/tjfx/20090522_.htm。

美元、税金 1520 万美元。制鞋厂主要是来自温州和福建的鞋类生产型企业。生产方式是将国内运来的鞋类半成品，在合作区进行组装加工，再将成品鞋销往俄罗斯远东及莫斯科等地市场。家具厂和木材加工厂是利用俄罗斯丰富的森林资源进行加工后，将产品就地销售或出口到日本、韩国、欧美等国家市场。目前中国胶鞋之王荣光集团和温州的康福鞋业、巨豪鞋业、天宏鞋业等四户企业已签订了入区投资协议，这 4 个项目投资总额达 1.8 亿元。另外，广东尤伟集团、福建拓福集团等国内知名企业也与合作区签署了入区意向书。近期合作区已经通过商务部、财政部确认，排在境外合作区的前 2 位。

俄罗斯华宇经济贸易合作区规划占地 120 公顷，计划总投资 16 亿元。2003~2008 年已建成种植养殖后勤基地 1 个，十月区工业园一区、十月区工业园二区、戈连金木业加工厂区等 3 个厂区，总占地面积 30 公顷，建筑面积达 7 万多平方米，已有 14 户企业入园。目前在俄投资额已达 6894 万美元（合 4.7 亿元）。年产旅游鞋等 1500 万双、家具 200 套、彩钢 5 万平方米。种植面积 2600 公顷，以玉米、黄豆、蔬菜种植为主。生猪出栏 10000 头，现存栏 9000 头。2008 年实现生产总值 1 亿元、税金 600 万元人民币。2009年种植面积扩大到 5030 公顷，并计划投资 1.7 亿元用于园区建设。在华宇经济贸易合作园区，制鞋企业均采用跨境连锁加工生产模式，即在国内生产半成品，以相应关税出口，然后在该合作区内组装成品，以"俄罗斯制造"进入国际市场。此种运作模式成本较低，效益较高，不仅能够有效规避俄罗斯"灰色清关"、"禁商令"和欧美贸易壁垒，而且为国内企业实现"走出去"提供了载体和平台。

绥芬河市远东工业园区位于俄罗斯远东地区滨海边疆区米哈依洛夫卡区，2004 年 6 月由国家发改委与俄罗斯经济贸易部共同组织中俄投资促进合作项目批准建立，园区占地面积 145 公顷，总投资 7 亿元，2007 年开工，到 2012 年全部完成。目前已投资 8000 万元，由广东水电二局承担建设。该园区由轻工产品加工区、机电电子产品加工区、木材加工区组成。地理位置优越，是滨海边疆区符拉迪沃斯托克通往哈巴罗夫斯克和莫斯科等地的公路、铁路必经之地，距滨海边疆区最大商品集散地和交通枢纽的乌苏里斯克市15公里。市场定位为出口轻工产品、家电和农副产品,以进口俄罗斯木材为主。市场的营销方式为以产权发售与租赁为主。该区设有办公场所并配备办公设备,合资企业注册、土地规划、土地租赁等项工作已完成。园区由绥芬河市组建园区管委会协助广东水电二局在俄方管理园区工作。

截至2018年6月底,牡丹江市在俄罗斯远东地区投资创办的境外园区总数增加到13个,约占黑龙江省境外园区总数的2/3,成为黑龙江省乃至全国对俄罗斯经贸合作交流的重要平台。在13个境外园区中,绥芬河市企业创办了7个,东宁市企业创办了4个,海林市企业创办了1个,牡丹江市直企业投资创办了1个。到2018年6月底,牡丹江市境外园区入驻企业总数达到115户,累计完成项目投资54.4亿元,并与广东、浙江等省民营企业建立了广泛的合作关系。

在俄罗斯的"境外园区"展示了一种惊人的发展速度。黑龙江省15个境外园区,总规划面积3526万平方米,规划总投资41.8亿美元,入区企业达到68家,累计完成投资11.4亿美元。

俄罗斯在远东地区设立超前经济社会发展区后,黑龙江省在俄罗斯远东地区的境外合作园区被批准列入超前经济社会发展区,享受俄罗斯的相应优惠政策。

目前在俄园区建设面临的主要问题:第一,园区建设企业在基础设施建设上资金投入较大,而国内资金扶持和配套资金不能到位,导致资金紧张,加之受国际金融危机和各种不利因素的影响,资金链愈加不畅,资金短缺问题成为制约境外园区发展的瓶颈。第二,俄罗斯在法律法规、投资环境等方面还存在不足。俄罗斯现有的法律法规对合作区和园区没有明确的优惠政策。俄罗斯联邦政府除对规划和建设中的经济特区有明确的优惠政策外,对合作区和园区还没有明确的优惠政策,地方政府也只能在规定的用地范围内,给予低标准执行;另外,对入区企业的税收政策也与俄国内企业相同,没有特殊的税收政策。当地政府对合作区和园区提供的服务措施,没有以文件的形式给予明确。第三,存在国内劳务人员出境办理合法务工手续难的问题。俄罗斯新移民政策施行后,国内劳务输出难度增大,持旅游和商务护照不允许在俄打工,并且俄联邦政府分配给远东地区的劳务打工卡数额减少,办事时间长，影响了企业正常生产计划和合作区建设计划的落实。争取劳务指标的工作也成为合作区入区企业和招商企业落户的瓶颈。第四，存在通关难、项目批建手续烦琐复杂且效率低下、卢布大幅度贬值以及黑社会及某些相关人员的敲诈勒索问题，在一定程度上影响了境外园区的建设和发展。[①]

今后应加大招商引企力度，做大境外园区规模。加大对境外园区的支持力度，加快形成发展合力。提高境外园区管理水平，营造良好的投资发展环境。加大金融支持力度，发挥境外园区的载体、平台作用，加快"走出去"步伐。提升境外承包工程和劳务合作层次，形成规模化发展。

2009年4月21日，国务院正式批准设立黑龙江绥芬河综合保税区，这是我国第六个综合保税区，是东北唯一的综合保税区。时任国务院总理温家宝在2009年8月17日国家振兴东北战略会议上指出，"抓紧建设好绥芬河综合保税区"。国家发改委振兴东北司指出："绥芬河综合保税区是东北地区唯一的沿边陆地综合保税区，这使东北形成了南有大连保税港区、北有绥芬河综合保税区的格局，将进一步扩大绥芬河口岸在东北亚经济圈中的区位优势，从而实现对俄经贸战略升级，对活跃东北亚各地区的经贸往来意义重大。"由此可见，绥芬河综合保税区是国家开放战略中的一个重要支撑点，在对外开放中具有举足轻重的地位。绥芬河综合保税区将为国家对外开放、促进中俄两大战略对接、开辟俄罗斯市场、搞活东北和黑龙江经济做出应有的贡献。

绥芬河综合保税区规划控制面积1.8平方公里，估算总投资7.3亿元。根据《国务院关于设立绥芬河综合保税区的批复》、《黑龙江绥芬河综合保税区管理办法》和《关于促进黑龙江绥芬河综合保税区发展的若干意见》，进一步制定黑龙江绥芬河综合保税区发展的优惠政策，确定入区企业的条件和标准，完善相关的优惠政策，扩大国内外知名企业入驻规模，为振兴东北和推进对俄经贸战略升级发挥更大的作用。企业在区内可享受境外货物入区免税、区内加工企业之间交易不征税、境内商品入区退税、免许可证配额管

---

① 《牡丹江加快境外园区建设　为企业"走出去"打下坚实基础》，http：//www.stats.gov.cn/tjfx/20090522_.htm。

理和外汇核销等优惠政策。

作为全国目前政策最优惠、功能最齐全、开放程度最高的海关特殊监管区，绥芬河综合保税区已经发展成为配套设施完备，集装箱增值服务和口岸物流产业发达，国际中转、采购配送和转口贸易功能突出，服务东北地区经济发展贡献显著，中俄边境最大的外向型产业集聚区。

六　物流通道建设合作

中俄物流通道，除航空运输线路外，中欧班列是中国途经俄罗斯到达欧洲的集装箱铁路国际联运列车。中欧班列有多条运行线路，截至 2023 年 11 月末，中欧班列已累计开行 8.1 万列，连通欧洲 25 个国家的 217 个城市，形成了亚欧国际运输新格局，对于保障国际产业链和供应链的稳定发挥着重要作用。

2008 年 11 月，时任国家主席胡锦涛与俄罗斯时任总统梅德韦杰夫在秘鲁会晤时达成共识："我们可以在促进地区经济合作中做些事情，如共同推动建立中俄东北亚铁路运输网，首先是打通经符拉迪沃斯托克等港口的跨国陆海联运大通道。"

中俄地区合作规划纲要规划了开辟中俄国际铁路联运通道、借江出海、开设跨境公路线路、加快边境区域航空运输网络建设等 14 个中俄地区运输合作项目。

中俄同江-下列宁斯阔耶铁路大桥 2008 年 3 月正式立项，同年 10 月中俄两国签署建桥协定。2014 年 2 月 26 日开工建设。这是中俄两国之间第一座跨界河铁路桥，设计年过货能力 2100 万吨，其中出口 335 万吨，进口 1765 万吨。该桥位于黑龙江省同江市与俄罗斯犹太自治州下列宁斯阔耶之间，连通向阳川-哈鱼岛铁路与俄罗斯西伯利亚铁路列宁斯阔耶支线，最终将中国东北铁路网与俄罗斯西伯利亚铁路网连通，形成一条新的国际铁路通道。中国境内线路全长 31.62 公里，主桥全长 2215 米（中国境内长 1900 米），中方主桥（主桥共 20 跨，中方境内 17 跨，俄方境内 3 跨）、引线及站场相关工程投资估算 26.42 亿元，建设工期预计为两年半。2018 年 10 月 13 日，该桥最后一吊钢梁安装到位，标志着中俄同江-下列宁斯阔耶铁路大桥中方段工程全部完成。2019 年 3 月 20 日，中俄同江-下列宁斯阔耶铁路大桥俄方段工程施工人员将 132 米跨的最后一块下平联成功吊装到位，实现了与中方段架设的钢梁合龙，标志着同江中俄铁路大桥全线贯通。2022 年 4 月 27 日该桥通车，使俄罗斯的西伯利亚大铁路与中国铁路接轨，开辟了一条交通运输通道，不仅有助于加快中俄两国经济一体化，而且是有利于加快亚太地区各国经济一体化进程的实际举措。

黑河-布拉戈维申斯克界河公路大桥由中俄两国 1988 年共同提议建设。该桥全长 19.9 公里，桥梁长 1284 米，为双车道矮塔斜拉桥，标准为二级公路。中方境内长 6.5 公里，俄方境内长 13.4 公里，总投资为 24.7 亿元。中俄双方成立合资公司，以"贷款建桥、同步建设、共同运营、收费还贷"的跨境基础设施建设新模式修建，2016 年 12 月 24 日开工建设，计划工期为 3 年。2019 年 5 月 31 日大桥合龙。2022 年 6 月 10 日该座大桥开通货运，进一步促进了黑龙江省与俄罗斯远东地区基础设施互联互通，促进双方大运量、立体化的公路、铁路、航空运输体系更加完善，对黑龙江省深化与俄罗斯远东地区合作产生重要影响。中俄双方施工企业密切合作，高标准、高质量、按工期完成大桥建设任务，使这座谋划多年的大桥成为友谊之桥、合作之桥、共同发展之桥。

中韩俄合资租建纳霍德卡港物流码头。我国牡丹江与韩国釜山港湾会社、俄罗斯远东运输公司共同出资 1 亿元注册公司租建纳霍德卡港物流码头，正在形成面向东北亚、连接欧美、通达世界的跨国物流体系。①

东宁-波尔塔夫卡跨瑚布图河界河桥规划项目。按照 2017 年 11 月双方会谈纪要中"建设界河桥以中俄国境线划分，双方各自融资、建设己方境内工程"的约定，由中方黑龙江大桥开发建设有限责任公司和俄方波尔塔夫卡公司共同研究确定项目建设实施的合作方式。2018 年 5 月末，黑龙江省交通运输厅与俄罗斯滨海边疆区在符拉迪沃斯托克市就建设东宁-波尔塔夫卡跨瑚布图河界河桥事宜举行会谈，并签署了会谈纪要。拟建的东宁-波尔塔夫卡口岸界河公路大桥位于旧桥上游 36 米处，距俄联邦波尔塔夫卡村

---

① 朱乃振：《全力打造中俄沿边开放先导区》，《西伯利亚研究》2009 年第 4 期。

5.6 公里，距中国东宁市 11 公里，桥长 144.84 米，宽 12 米。

漠河（中国）-贾林达（俄罗斯）国际铁路桥规划项目。该桥建成后比海路缩短 2000 公里，将有效解决萨哈（雅库特）共和国南部对中国的煤炭出口问题，该共和国每年向中国出口煤炭在 2000 万吨以上。

吉林省图们江地区开发领导小组办公室副主任崔军表示，当前制约中俄珲春-哈桑区域投资、贸易、旅游及过境运输便利化的主要因素是外贸运输通而不畅，物流量小，过境综合成本高。

2009 年 3 月，吉林省与俄罗斯滨海边疆区签署了《关于推进图们江运输走廊建设的会议纪要》，双方企业通过股权合作，就开发利用扎鲁比诺港达成协议。吉林省正在与中俄有关方面和企业通力合作，就恢复珲春-马哈林诺铁路国际联运进行运作。吉林省希望俄罗斯滨海边疆区政府和国铁公司尽快完善卡梅绍娃亚站的联检设施，争取尽快恢复铁路运营。同时，在政府层面推动中俄企业合作开发利用扎鲁比诺港，共同培育陆海联运人流、物流。[①]

吉林省积极推进经过俄罗斯远东地区港口的"内贸货物跨境运输"。"内贸货物跨境运输"是指国内贸易货物由我国关境内一口岸启运，通过境外运至我国关境内另一口岸的运输方式。2014 年 5 月 22 日，吉林省与俄罗斯苏玛集团签署了合作框架协议，双方将合作建设俄罗斯扎鲁比诺万能海港。这是中国地方政府与俄罗斯大企业合作港口商贸物流建设的战略性大项目，将进一步畅通中俄国际通道，对图们江区域合作开发具有重要意义。吉林省开通的中俄韩、中俄韩日等陆海联运航线，都是经过扎鲁比诺港进行中转，这些航线现在已经成为连接日本海沿岸各国的"黄金航线"，也是中国东北出海的第二条通道。吉林省与俄罗斯扎鲁比诺港合作，货物由吉林省珲春市出发经由铁路至俄罗斯扎鲁比诺港，再由扎鲁比诺港至韩国釜山港并转运到世界各国，不论时间还是费用都会有很大的缩减，东北亚地区海运物流将呈现新格局。2018 年 7 月，珲春-扎鲁比诺港-宁

---

① 竺延风：《立足图们江区域开发开放，扎实推进中俄地区合作——在中俄地区合作座谈会上的发言》，http://dbzxs.ndrc.gov.cn/zehzdt/ghzc/zywj/t20100220_ 331067.htm。

波的内贸货物跨境运输航线获批，同年9月实现首航试运行。这标志着吉林省和浙江省携手开创了中俄跨境运输合作的新模式，也是落实"一带一路"倡议的实际举措。该航线不仅是中俄两国共建"滨海2号线"国际跨境运输走廊的重要载体，破解吉林省大宗物资"北货南运"瓶颈问题和没有出海口的短板问题，而且在全面推进中国东北地区对俄地方合作，促进吉浙两省与俄罗斯滨海边疆区在经贸、交通运输等领域合作具有重要的现实意义。2020年5月15日，吉林省珲春市政府与山东省青岛港"网签"战略合作框架协议，双方合作开通珲春港 - 扎鲁比诺港 - 青岛的内贸货物跨境运输航线。此次"海丝路1号"轮载有50个集装箱玉米，从珲春发出，经珲春铁路口岸出境后，在俄罗斯扎鲁比诺港装船发往青岛港，比传统运输路线节约运输时间3~4天。返航时，"海丝路1号"轮将把220个集装箱铜精矿运回珲春。

2023年3月21日，中俄双方签署的《中华人民共和国主席和俄罗斯联邦总统关于2030年前中俄经济合作重点方向发展规划的联合声明》规定："大力发展互联互通物流体系。保障两国货物和人员通过铁路、公路、航空、河运和海运等交通方式双向便捷往来。本着互利精神释放两国过境运输潜能，优先解决瓶颈，分步骤分阶段完善中俄边境基础设施特别是重点口岸建设，提升通关和查验效率。"

第四节　合作方式

中俄双边贸易方式因时而异，不断调整的态势是"不变"的。中俄区域经济合作方式与双边贸易合作方式一样，其"变"体现在由易货贸易、边境小额贸易、补偿贸易向一般贸易、技术贸易、服务贸易等多种方式转变，而且技术贸易、服务贸易方式有不断增多之势。

中俄双边经贸合作方式日益丰富多样，包括一般商品贸易、劳务合作、独资合资、设立境外产业园区、跨境电商合作等多种形式。

这里我们着重介绍一下"一带一路"建设背景下中俄跨境电商合作问题。电子商务超越时空的交易方式完全颠覆了传统的商业营销模式，不仅极大地拉动了国内商品零售贸易的发展，而且跨越国界推动了不同国家间的跨境贸易活动的飞速发展。跨境电商是中俄经贸合作发展的一个重要新领域、新途径及新引擎，在"一带一路"建设背景下中俄跨境电商合作发展迅猛，其通关、支付、物流、监管、结汇等问题有待逐步完善。中俄跨境电商贸易在近几年其交易规模在突飞猛进增长，且两国贸易额以每年50%的速度增长，跨境电商交易规模不断增大。

俄罗斯拥有8000万网民，其中4000万人为网购用户。跨境电商交易额占俄罗斯电商总额的28%，其中一半的业务量是与中国进行的，阿里巴巴旗下的外贸平台全球速卖通（AliExpress）是俄罗斯最大的中国电商平台。

2013年从中国发往俄罗斯的跨境网购包裹约3000万个，2014年高达7000万个，同年阿里巴巴"双十一"国际大促销活动中俄罗斯占据了全球交易量第一的位置。由此可见，俄罗斯已经成为中国跨境电商最具吸引力、最具价值和最具发展潜力的海外市场。2015年跨境网购包裹1亿多个，"双十一"购物狂欢节，黑龙江俄速通国际物流有限公司承担哈尔滨至俄罗斯叶卡捷琳堡航空通道的运营，完成了100多万件航空小件包裹订单，占俄语国家境外买家30%的市场份额。黑龙江省商务厅公布的数据显示，2015年黑龙江省对俄跨境电子商务零售出口货值突破了4亿美元。2016年3月9日，俄罗斯电子商务企业协会主席阿列克谢·费奥多罗夫在联邦委员会上表示，2015年俄罗斯电商市场总额达7600亿卢布，其中跨境电子商务市场总额同比增长5%，达到2200亿卢布。中国电商平台成为俄罗斯人最爱逛的网店，阿里巴巴旗下的全球速卖通成为俄罗斯2015年最受欢迎的网络商店，每月独立访问者数量达到2380万人次。2016年，中国的网络商店占俄罗斯跨境在线贸易总额的52%。俄罗斯公民在中国网店花费约26亿美元，同期俄罗斯跨境贸易总额为51亿美元。俄罗斯90%的国际邮包来自中国。2017年，俄罗斯居民在国外电子商城的网购支出3740亿卢布，53%花在了中国网店。2018年，俄罗斯人在海外网店消费约4700亿卢布，同比增长25%以上。中国发货包裹数量（3.2亿个）在抵达俄罗斯跨境包裹（3.45亿个）的比例从91.9%增至92.6%。2018年，中国海关验放的跨境电商进出口总额为1347亿元，增长率为49.3%，且强调中国与俄罗斯通过电子商务合作促进优质特色产品的跨境贸易。2019 年"双十一"期间，全球速卖通俄罗斯站点销售额达到了 2.67 亿美元，创下历史新纪录。

由此可见，我国对俄电子商务合作迎来了"黄金机遇期"、"黄金发展期"和"黄金跨越期"。中俄政府出台相关优惠政策支持并扶持电商开展合作，两国生产要素禀赋互补效应持续释放，产业结构存在差异，俄罗斯与西方国家相互制裁且延长制裁期限，为中俄加大合作力度创造了条件。两国网购用户众多，市场潜力巨大。这些因素使中俄电商合作迎来了"黄金机遇期"。

俄罗斯市场已成为中国跨境电商出口的第一大目的国，中俄电商合作潜力巨大。俄罗斯 8000 多万名网民之中有很多乐于网购，尤其热衷于购买中国制造的服装、鞋、帽、电子产品和箱包等商品。俄罗斯每天接收的邮包中有 10 万件来自中国。俄罗斯人在中国最大的电子商务交易平台淘宝网的购物量正在迅速增长，该购物网站每天发往俄罗斯的网购商品价值达 400 万美元。俄罗斯每年互联网实物商品销售额达 4400 亿卢布，每个网购者年支出大约 1.5 万卢布。2012 年俄罗斯网购用户在国外网站网购商品约 20 亿欧元，平均每单约合 67 欧元。邮政入境数量快递邮件、包裹和小包数量达 3000 万件，占俄罗斯邮政邮件投递总量的 20%，其中来自中国的入境邮件量占俄罗斯邮政国际邮件的比例达 17%。2008～2012 年，俄罗斯电子商务市场营业额增长 30%～40%。俄罗斯电商营业总额如下：2010 年为 80 亿美元，2011 年为 105 亿美元，2012 年为 120 亿美元，2013 年为 170 亿美元，2014 年为 150 亿美元，2016 年为 178 亿美元，2017 年为 180 亿美元，2018 年为 255 亿美元，2019 年为 233 亿美元，2020 年为 362 亿美元，2021 年为 250 亿美元，2022 年为 675 亿美元，2023 年为 878 亿美元。2024 年为 928 亿美元。

据预测，俄罗斯电子商务市场将以每年 25%～35% 的速度持续增长。中俄电商物流日益快捷。俄速通、顺丰、申通、邮政快递等多家物流公司开展国际物流服务，而邮政快递占我国跨境电商物流份额的 70%。顺丰开通从我国至俄罗斯的航空专线，成为一条经济实惠高效的国际快件线路。2015 年，我国第一个中俄跨境电商监管中心绥芬河"中俄云仓"开启，从原来物流通关需要几天时间到目前只需要几分钟即结关，实现了快速高效的目标。①

中俄电商合作结算方式多样且安全高效快捷。全球速卖通开通了面向俄罗斯消费者的电子支付平台，如 WebMoney，俄罗斯网购用户可以先对自己的 WebMoney 账户进行充值，再到全球速卖通平台购买商品，确认支付成功后，电商启动发货程序。另外，我国有的电商帮助俄罗斯一些地区发展电子支付业务，对当地的网购用户消费进行网络支付安全方面的宣讲，使其对网络支付充满信心。

黑龙江省不断加快第三方平台支付体系的建设步伐。例如，哈尔滨银行建成"中俄跨境电商在线支付平台"，为对俄跨境电商企业提供境外国际卡线上支付收单和俄罗斯境内电子钱包、支付终端机、移动支付业务。2015年9月，绥芬河市引进第三方跨境支付企业建设的对俄跨境电商平台"绥易通"上线运行。

中国对俄跨境电商主体不断壮大。俄优选、达俄通、绥芬河购物网、中机网、Come365 商城等黑龙江本省对俄跨境电商平台主营商品品类、客户群体和网络零售额不断丰富、增加和扩大，企业竞争力稳步增强。国内知名跨境电商企业纷纷入驻黑龙江省，敦煌网"哈尔滨对俄电子商务运营中心"稳定运营，与阿里巴巴、京东、腾讯等电商加强合作，推动传统外贸企业转型升级。

对俄跨境电商产业园区建设大力推进。黑龙江省加快对俄跨境电商产业园区的建设。绥芬河中俄跨境电商产业园电商大厦已经建成并投入使用，航天丝路供应链管理有限公司等6家企业入驻；黑河对俄跨境电商产业园区设立电商创业综合功能区、电商应用和物流仓储功能区；哈尔滨临空经济区专项规划建设30万平方米的跨境电商物流基地。

在诸多有利因素叠加集聚的背景下，中国对俄电子商务合作进入"黄金发展期"进而实现"黄金跨越期"的美好愿景值得期待。今后需要扩大

---

① 周敬威：《当前中俄跨境电商贸易存在的风险分析及防范措施研究》，中俄资讯网官方账号，2020年9月8日。

两国海关互认监管结果口岸和商品范围，加快跨境网购商品通关速度。开设对俄电子商务外贸平台，或独立赴俄建立"海外仓"，或取长补短，合力拓展对俄电子商务合作。2015 年 5 月 15 日，中国京东商城与俄 SPSR Express 快递公司签署了合作协议。京东计划成为俄罗斯最大电商平台之一，使在俄罗斯的本地业务所占份额达 90%。未来 5 年，京东商城准备将营业额做到几千万美元，将对促进中俄跨境电子商务合作发挥重要的引领和示范作用。2015 年 7 月 15 日，俄速通与莫斯科格林伍德国际贸易中心在莫斯科签署合作共建"俄速通-格林伍德"海外仓协议，通过海外仓提前在俄罗斯本土备货，产生交易后将交易信息传递给海外仓，由海外仓迅速完成订单接收、订单分拣、本土物流派送等一系列的业务，从而使俄罗斯网购用户体验到最快速的购物乐趣。该海外仓的建立可以将中俄跨境电商物流时间从原来的 20~30 天缩短到 2~7 天，同时也能实现其他以前俄罗斯网购用户享受不到的服务。

在我国与俄罗斯毗邻地区建立现代化的物流仓储中心，对发往俄罗斯的商品进行库存、分拣、包装、配送、结关及其信息处理等，例如在哈尔滨市、牡丹江市、绥芬河市、黑河等对俄口岸建立现代化的大型物流仓储中心，可以发挥地缘优势，优化组合各种相关优质资源，大大降低对俄电商的物流成本，缩短商品送达俄罗斯网购用户的时间。

建立对俄电商合作联盟，制定行业规范，整合集聚业内优质资源，互通市场及相关信息，避免恶性竞争，共同促进对俄电商合作的稳步快速发展。同时，加大对俄电商所需相关人才的培养力度。我国对俄电商合作快速发展，急需大量既熟悉业务又精通俄语的专门人才。目前，有些高等院校（如黑龙江大学）已经与对俄电商企业（如俄速通）联合培养这方面的人才，实行订单式人才培养。但无论是规模还是涵盖的业务范围均相对有限，难以满足实际需求。

中国东北地区与俄罗斯远东地区的经济合作形式日益多样化，由最初单一的易货贸易，逐步发展到目前的边民互市贸易、边境小额贸易、一般贸易和投资合作等，形成了以边境小额贸易为主、一般贸易快速发展、其他贸易为补充和加工贸易正在兴起的格局。边境贸易是毗邻国家之间特有的一种贸易方式，是我国全方位开放的重要内容。1982 年经中俄两国政府换文批准，恢复了同苏联的边境贸易，边境贸易往来逐步走上了稳步快速发展之路。边境贸易发展历程大体上可分为起步、恢复、快速发展、稳步提高四个历史阶段。贸易结算方式由最初的记账贸易逐渐向易货贸易，易货和现钞贸易、现汇贸易，边境小额贸易方向转变。

与此同时，中国东北地区与俄罗斯远东地区的经济合作领域不断拓宽，包括木材贸易、能源领域合作、矿产资源开采、科技合作、承包工程与劳务合作、旅游合作、园区建设合作和边境物流通道建设合作等。

从实际运行过程中可以看出，中俄跨境电商合作存在物流配送周期不稳定、跨境电商贸易结算支付存在风险、跨境电商人才紧缺等制约因素。由于俄罗斯当地目前仍以货到付款支付方式为主，对线上支付方式了解不够，对线上支付方式信任度不足，且俄罗斯国人信用卡持有比重小，开通线上支付变得更复杂，因而使用线上支付方式的消费者占比过小。根据雨果网报道的数据，目前使用货到付款的消费者中 65% 使用现金交易，且资金从物流公司手中再回流到中国电商企业手中，时长高达 90 天，资金回流效率过低，给中国跨境电商企业造成了一定困难。《2017 年度中国电子商务人才状况调查报告》显示，到 2020 年中国跨境电商相关领域专业人才缺口达 450 万人。2023 年上半年，Ozon 平台的中国商铺的整体收入增长了 6 倍，目前 Ozon 平台 90% 的进口商品来自中国。

2023 年 3 月 21 日，《中华人民共和国主席和俄罗斯联邦总统关于 2030 年前中俄经济合作重点方向发展规划的联合声明》中规定：扩大贸易规模，优化贸易结构，发展电子商务及其他创新合作模式；稳步推动双边投资合作高质量发展，深化数字经济、绿色可持续发展领域合作，营造良好的营商环境，相互提升贸易投资便利化水平。这为中俄两国未来开展电商合作指明了方向。

第五节　结算方式

中俄经贸合作的结算方式由最初的易货方式转向开立信用证、汇付、托收、银行保证函、本币结算等多种结算方式。《中华人民共和国和俄罗斯联邦关于发展新时代全面战略协作伙伴关系的联合声明》指出，中俄金融监管部门将采取措施，提高外贸合同中使用本币结算的份额，开展支付系统、银行卡和保险领域合作，促进相互投资。

2011 年 6 月 23 日，中国人民银行与俄罗斯联邦中央银行签订双边本币结算协定，将双边本币结算从边境贸易扩大到一般贸易，扩大了地域范围。中俄加深金融合作有利于两国贸易投资便利化以及双边经贸合作，有利于促进双边贸易和投资的增长。这一措施为中俄双边和区域间经济合作创造了便利条件，并且规避了使用美元结算的汇率波动带来的风险。2014 年 10 月 13 日，中国人民银行与俄罗斯联邦中央银行签署了规模为 1500 亿元/8150 亿卢布的双边本币互换协议，旨在便利双边贸易及直接投资，促进两国经济发展。最近几年，中国与俄罗斯的贸易往来中已经有超过 50% 的贸易往来采用人民币结算。在最近的欧亚经济联盟会议中，已经明确了俄罗斯、哈萨克斯坦、白俄罗斯、吉尔吉斯斯坦和亚美尼亚在加速去美元化进程，扩大本币结算的规模。这表明，美元已不再是世界各国单一的结算方式，会以欧元、俄罗斯卢布和人民币等作为结算方式，越来越朝着多元化的方向发展。目前，中国与俄罗斯 70% 的贸易往来使用人民币结算。

哈尔滨银行是我国境内首家卢布兑人民币直接汇率挂牌银行，开办了卢布账户存款业务，成立了卢布现钞兑换中心，建立了黑龙江卢布现钞交易中心。在中俄跨境金融结算平台，俄罗斯用户可在网上用卢布支付，并直接兑换成人民币支付给国内网商企业，节约资金手续成本至少 2%。

据央视新闻客户端 2020 年 9 月 18 日报道，2020 年 9 月 17 日，哈尔滨银行黑龙江自贸试验区绥芬河片区支行将 3000 万卢布现钞调运至俄罗斯符拉迪沃斯托克市，这标志着黑龙江自贸片区首条对俄罗斯卢布现钞陆路跨境调运通道成功打通。绥芬河口岸也成为黑龙江省首个实现对俄卢布现钞陆路调运的口岸。此条路线的打通对促进境内卢布现钞合法回流、促进卢布现钞跨境调运工作的常态化进行以及该地区对俄罗斯经贸往来具有重要的现实意义，有助于黑龙江自贸试验区的高质量发展。

绥芬河口岸是黑龙江省最大的对俄民贸商品集散地，对人民币和卢布现钞双向调运需求十分强烈。作为国务院批复设立的中国首个卢布使用试点市，绥芬河在对俄本币结算、现钞调运、跨境融资等方面取得了诸多务实合作成果。先后办理了黑龙江首笔俄籍自然人互市贸易跨境人民币支付、黑龙江省首笔"单一窗口"渠道线上跨境汇出汇款等金融创新业务。启动跨境现钞调运交接，标志着本外币现钞流通更加高效便捷，将加快推进中俄银行间合作，拓展跨境人民币服务领域。构建黑龙江现钞陆路跨境调运通道体系，有利于促进实现人民币国际化。

乌克兰危机以来，西方加大了对中国和俄罗斯的"双遏制"力度，大搞"脱钩断链"，再从"脱钩断链"到"去风险"。在这种情况下，中俄不断扩大本币相互结算的规模，逐步摆脱使用第三国货币结算。2022 年以来，中俄启动人民币结算支付系统（CIPS），目前人民币在双边贸易结算中占比达到 80%。

到 2023 年 11 月，中俄双边贸易的本币结算率已高达 95%。据 2024 年 1 月 16 日俄罗斯《生意人报》报道，2023 年人民币在莫斯科交易所的交易份额约 42%，达到 34.2 万亿卢布，比 2022 年增长了 2 倍，取代美元位列第一。美元交易份额低于 40%（32.5 万亿卢布），列第二位；欧元的交易份额低于 18%（14.6 万亿卢布），排在第三。

| 第四章 |
中俄经贸合作共同体的构建

中俄两国拥有地缘优势、要素互补性强、产业对接等方面的有利因素，中俄经济循环度较高，因而，为应对美国等西方国家对中俄实施的"双遏制"，双边经贸合作应逐步构建起命运共同体、责任共同体和利益共同体，有利于维护两国和地区的经济社会繁荣发展和长期稳定。

第一节　中俄经济命运共同体

中俄互为毗邻大国，互为重要的商品市场，在新冠疫情和局部动荡及西方制裁的冲击下世界经济萎缩，两国经济合作因之而更加日益紧密。在中俄经济融合发展的大格局中，中俄经济命运共同体逐步形成的基础愈加坚实。

一　命运共同体的内涵

2011 年《中国的和平发展》白皮书提出，要以"命运共同体"的新视角，寻求人类共同利益和共同价值的新内涵。2012 年中共十八大报告中首次提出"人类命运共同体"的概念，即主要是指一个国家在追求本国利益时兼顾他国合理关切，在谋求本国发展中促进各国共同发展，国际社会日益成为一个你中有我、我中有你的"命运共同体"。

随着经济一体化和全球化的迅猛发展，各国在相互依存中形成了一种利益关系，要实现自身利益，就必须维护这种关系，即现有国际秩序。一般来说，国家之间经济上的相互依存度越高，就越有助于缓和国际形势并保障其稳定。各国可以通过国际体系和机制来维持、规范相互依存关系，从而共同维护国家利益。

中国政府视自己为国际社会的"利益攸关方"，以更加积极的姿态参与国际事务，发挥负责任大国的作用，与各国一道共同应对全球性的挑战。

二　构建中俄经济命运共同体

中俄两国在资本、劳动力、技术等生产要素禀赋方面存在很强的互补性，产业结构差异较大，互为补充。从第一产业来看，中国农业主要出产谷物产品，俄罗斯多为麦类产品。从第二产业来看，中国轻重工业比重较为合理，制造业特别是劳动密集型的制造业发达。相比之下，俄罗斯产业结构畸形，即"轻工业过轻，重工业过重"，军工综合体处于世界领先水平，但是民用产业落后，需要进口大量日用消费品。从第三产业来看，中国旅游、金融、保险、房地产业、物流、卫生等行业较为先进，而文化教育则是俄罗斯的优势产业。

生产要素禀赋和产业结构互补成为中俄两国构建经济融合发展大格局的重要前提条件，为两国开展全方位、多领域合作奠定了良好基础。从1992年至今，中俄两国经济合作整体呈现稳步快速的上升趋势，双边贸易额从1992年的59亿美元增加到2023年的2300亿美元，增长了38倍。

尽管受国际金融危机、西方制裁和新冠疫情等因素的影响，全球需求低迷不振，对中俄经济合作产生了一定的影响。但美国对中俄实行"双制裁"，两国又保持了互为重要贸易伙伴的大格局，双边贸易额维持在较高水平的势头会延续下去。今后中俄经济合作的发展将逐步从注重"量"向重"质"保"量"的方向转变。中国将更关注与俄罗斯经济合作的质量，推动两国经济合作实现可持续发展。通过在投资和经济技术领域大项目的落实，尤其是石油、天然气等能源合作大项目的落实，中俄经济合作将展现巨大的潜力和更广阔的发展前景。

目前，中国是俄罗斯最大的贸易伙伴，俄罗斯是中国主要贸易伙伴之一。2014 年双边贸易额突破 900 亿美元。2018 年中俄双边贸易额突破 1000 亿美元，达到 1070.6 亿美元。2019 年延续了上一年的强劲发展态势，两国贸易额达到 1107.6 亿美元，同比增长 3.5%。在新冠疫情冲击下，2020 年中俄双边贸易额仍然保持在 1000 亿美元以上，为 1077.7 亿美元，同比缩减 2.7%。2021 年中俄双边贸易额强势增长，达到 1468.9 亿美元，同比增长 36.3%。中俄双边贸易额实现 2000 亿美元的愿景指日可待。2023 年 1~11 月，双边贸易额达到 2181.8 亿美元，突破 2000 亿美元，提前实现了两国领导人设定的目标。

中俄两国致力于扩大本币结算，以规避双边贸易中的外汇汇率波动带来的风险。双边经济合作为两国经济与社会的稳步发展和安全稳定做出了应有的贡献。中俄两国经济融合发展的大格局基本框定，相互依存度逐渐提高，将逐步形成命运共同体。

第二节　中俄经济责任共同体

新的国际关系格局要求我们要从根本上破除追求霸权主义、强权政治和武力至上的旧安全观，培育以互信、互利、平等、协作为特征的新安全观，积极倡导综合安全、共同安全、整体安全、合作安全及可持续安全。在处理国际和地区事务方面，各国应承担自己肩负的责任，形成责任共同体，以保障国家和地区的安全与稳定发展。

一　责任共同体的内涵

面对国家和地区重大事务，各国积极应对面临的各种挑战，合力化解现实威胁，共同承担应负的责任。由于各国参与的深度和方式不尽相同，因而所应承担的责任亦不完全一致，但是只要各国团结一心，各自承担起应尽的责任，形成责任共同体，就能够为保障国家和地区的安全与稳定发展做出应有的贡献。

二 中俄构建经济责任共同体

中俄两国开展经济合作的动力来源于双方的共识，来源于共同的行动方向。共识和共同的行动方向就是推动两国经济的共同发展，为此需要营造和平稳定的周边环境和国际大环境。中俄经济合作，不仅有利于两国经济的稳步发展，而且有利于周边地区、亚太地区乃至世界经济的稳定发展。

在应对历次金融危机中，中俄均表现出负责任大国的担当，承担起应负的重任，为维护地区和世界经济稳定做出应有的贡献。中俄经济共同发展需要和平稳定、和谐合作的国际发展环境。与此同时，中俄愿为营造这样的环境贡献自己应有的力量。两国将一如既往地携手合作，同舟共济，共同应对美国等西方国家的制裁和新冠疫情给各自经济发展造成的影响和冲击，努力寻求包容性、可持续性、平稳的经济发展。中俄始终奉行互利共赢的合作发展，为推进建设持久和平、共同繁荣的和谐世界做出不懈努力，最终形成责任共同体。

中俄国家利益深度融合，在应对非传统安全威胁和全球性挑战方面有着密切的合作。只要双方真正尊重和照顾彼此的国家利益和现实关切，不断扩大共同利益契合点，努力求同存异，就能保持两国关系的稳定健康发展。

中俄两国秉持新安全观，坚持互利合作共同发展的原则，就能肩负起维护地区和国家安全的重要责任。

第三节 中俄经济利益共同体

在经济全球化大背景下，世界各国经济联系日益紧密，没有哪一个国家能够脱离世界共同市场而独自发展。世界各国只有秉持合作共赢、共同发展的理念，结成利益共同体，才能携手前行，稳步发展。

一 利益共同体的内涵

经济全球化是指以市场经济为基础，以先进科技和生产力为手段，以发达国家为主导,以最大利润和经济效益为目标,通过分工、贸易、投资、跨国公司和要素流动等,实现各国市场分工与协作,相互融合的过程。在经济全球化浪潮之下,世界经济活动通过对外贸易、资本流动、技术转移、提供服务、相互依存、相互联系而形成了全球范围的有机经济整体。世界经济日益紧密联系,商品、技术、信息、服务、货币、人员、资金、管理经验等生产要素进行着跨国跨地区的流动。尽管出现了逆全球化潮流,但世界经济全球化的浪潮浩浩荡荡,势不可当。世界各国经济联系越来越密切,每个国家都是世界经济链条上的重要一环,相互依存度越来越高,将逐步结成利益共同体。

二 中俄结成经济利益共同体

2008 年国际金融危机以来,俄罗斯经济一直处于低位徘徊,甚至出现了负增长。2009 年下降 7.9%,2010 年增长 3.8%,2011 年增长 4.3%,2012 年增长 3.4%,2013 年增长 1.4%,2014 年增长 0.6%,2015 年下降 3.7%,2016 年下降 0.5%,2017 年增长 1.5%,2018 年增长 2.3%,2019 年增长 1.3%,2020 年增长 3.1%,2021 年增长约 4.5%,2022 年下降 2.1%,2023 年增长 3.5%。

西方制裁对卢布汇率冲击很大。2014 年 12 月 16 日,卢布兑美元和欧元的汇率日内跌幅超过 11%。卢布兑美元的汇率跌破 80,较 2014 年初下跌超过 50%。2016 年 1 月 18 日卢布兑欧元汇率为 85.62 卢布兑 1 欧元。自此,卢布兑美元、欧元汇率陷入下跌通道。西方制裁对俄罗斯经济发展产生了较为严重的影响,不仅国外资本不断抽逃,俄罗斯国内资本也在外流。俄罗斯财政部前部长阿列克谢·库德林在莫斯科举行的一个投资者会议上曾说,西方制裁有可能导致数千亿美元的国民经济损失。

任何事情都是一分为二的,"祸兮福所倚"。在西方制裁步步紧逼的情况下,俄罗斯寻求"向东看"。据俄罗斯有关方面透露,普京计划为中国资本提供便利,取消对中国投资的非正式限制。俄政府希望从世界第二大经济体吸引资金,投向俄罗斯的房地产、基础设施建设和自然资源等行业。同时,时任俄罗斯联邦政府总理梅德韦杰夫指出,在与一些国家关系持续恶化的情况下，俄罗斯需要不断加大在亚太地区市场的存在。

2014 年乌克兰危机以来，为摆脱困局，俄罗斯实施"向东看"战略，积极加强与东北亚乃至亚太地区国家的政治与经济关系，着力开展经贸合作，以弥补西方制裁造成的国内市场空间。中国自 2010 年以来一直是俄罗斯最大的贸易伙伴国，同时也是俄罗斯第四大投资来源国，中国现在和未来都毫无疑问是俄罗斯的关键合作伙伴。俄罗斯将发挥优势，更坚定地扩大出口、吸引投资，加强与亚太地区在石油、天然气、煤炭、核能和航天领域的合作。俄罗斯石油公司计划在未来 25 年内向中方出口 7 亿吨石油。2014 年 5 月 21 日，中俄两国政府在上海签署《中俄东线天然气合作项目备忘录》，中国石油天然气集团公司和俄罗斯天然气工业股份公司签署《中俄东线供气购销合同》。合同规定，从 2018 年起，俄罗斯开始通过中俄天然气管道东线"西伯利亚力量"向中国供气，输气量逐年增长，最终达到每年 380 亿立方米，累计 30 年，总价值达 4560 亿美元。这是中俄经贸合作取得的又一重大突破性成果。俄罗斯总统普京指出，该合同的落实将成为全球最大的工程，两国对基础设施的投资将达 7000 多亿美元。普京还透露，俄罗斯和中国正在着手研究经西线向中国提供天然气问题，以使供气多元化。中俄天然气合作将推动两国经贸合作向更深层次、更广领域发展，对保障两国的能源安全具有不容忽视的战略意义。同时，将对地区乃至整个世界产生重大影响，将改变当下的地缘政治关系和世界能源版图。俄罗斯总统普京对中俄能源合作的定位："俄罗斯和中国在能源领域的对话具有战略意义。我们的合作项目切实改变了全球能源市场的整个格局。"在 2014 年 11 月第 22 次 APEC 领导人非正式会议上，中俄两国元首一致认为，双方要如期推进东线天然气管道建设，同时尽快启动西线天然气合作项目，积极商谈油田大项目的勘探合作，探讨核电、水电合作新项目，加强高速铁路、高新技术、航空航天、金融等多领域的合作。

中俄区域经贸合作是两国双边经贸合作的一个重要组成部分。自两国恢复边境贸易以来，这一领域的合作一直以较快的速度发展，发挥着"富民、兴边、强国、睦邻"的重要作用，在促进两国民间往来沟通、加深了解和增进友谊等方面都有着重要的现实意义。2000 年以来，中俄东部毗邻地区区域间经贸合作呈现整体快速发展的趋势，规模不断扩大。

为了大力推进中俄双边和地方经贸合作的跨越式发展，双方努力规避合作风险，国家和地方密切沟通协调，建立起国家和地方政府间常态化的沟通协调与合作机制，建立投资合作风险基金，周密规划合作项目，为两国企业和公司合作搭建对接平台、引导相互投资合作方向创造良好的合作条件。

为进一步加快两国东部毗邻地区的发展，两国政府先后多次出台推动地区经济社会发展的倾斜政策。俄罗斯方面，先后有关于远东及外贝加尔地区经济社会联邦专项纲要、远东及贝加尔地区经济社会发展长期战略，以及"关于超前经济社会发展区及国家支持远东地区的其他措施"。这些政策的部分或全面实施为远东地区的经济社会发展创造了良好条件，尤其是关于超前经济社会发展区的联邦法律规定，在发展区内实行特殊的法律制度，可以有效地建设和完善超前经济社会发展区的基础设施，为开展企业经营和其他活动提供优惠条件。中国方面，先后有关于东北老工业基地振兴的相关优惠政策、黑龙江和内蒙古东北地区沿边开发开放规划上升为国家战略、关于支持东北振兴若干重大政策举措、东部陆海丝绸之路经济带纳入国家规划等，这些政策有力地推动了东北地区经济社会的快速发展和对外开放步伐。

从俄罗斯对中国的出口贸易结构来看，在未来 10 年左右的时间里估计不会出现实质性的改变，俄罗斯国内要素禀赋和产业结构性因素导致其在国际分工格局中定位选择的困境，从而其内生性限制了对外贸易结构的优化，能源、资源类初级产品依然会是其主要出口商品，并且可替代性较小。地缘政治和地缘经济使中俄两国原料类贸易更具稳定性，其他能源类国家出于战略考虑，不会对此市场进行过度竞争，因而，中国是俄罗斯较为稳定的理想市场。而中国正处于产业结构调整的实现阶段，业已形成的贸易结构高级化趋势将进一步深化。

中俄两国坚持经济共同发展的大方向，双边和区域经贸合作的稳步快速发展需要"激发内因活力，借助外因推力"，尤其是应抓住外因带来的难得机遇，多谋划并实施长线大型战略性合作项目，扩大相互投资规模，使中俄经贸合作的领域得以拓展、层次得以提升、规模得以扩大，由此中俄经贸合作将真正步入全方位"提质增量"合作的"非常态"新阶段，为巩固和深化中俄新时代全面战略协作伙伴关系奠定坚实的物质基础。

| 第五章 |

中俄经贸合作的成熟经验

中俄经贸合作近30年，积累了相当丰富的合作成功经验，双边经贸合作呈现稳步快速增长的总体大趋势，主要得益于双方之间形成了越来越成熟的经贸合作机制与合作模式，以及行之有效的合作路径。

2023年3月，习近平主席在与俄罗斯总统普京会晤时指出，"中俄合作潜力和空间很大，具有战略性、可靠性、稳定性"，"希望双方继续发挥中俄合作空间大、前景广、动力足的优势，把各领域合作推向更高水平，不断丰富新时代全面战略协作伙伴关系的内涵"。

第一节 合作机制

中俄经贸合作机制包括中俄总理定期会晤机制、中俄地方政府间沟通交流机制、中俄信息交流与共享服务机制、中俄法律咨询服务机制等双边合作机制，引领作用显著，运行高效。

一 中俄总理定期会晤机制

1996年4月俄罗斯总统叶利钦对中国进行访问时，两国领导人就定期会晤达成原则一致，即中俄国家元首会晤机制。双方认为保持两国各个级别、各种渠道的经常对话，特别是两国领导人之间的最高级接触和协商具有重要的现实意义。中俄两国元首每年举行正式会晤和在国际活动场合的非正式会晤，就双边、国际和地区问题进行密切磋商，对两国经贸合作中期、近期和长期规划进行顶层设计，指明了双边经贸合作的重点领域、合作方式以及未来发展方向。

1996 年，中俄政府首脑（总理）定期会晤机制启动。1996 年 12 月 26～28 日，中国国务院总理李鹏对俄罗斯进行工作访问，双方决定建立中俄总理定期会晤机制。为协调这一机制的工作，设立了政府首脑定期会晤委员会。在该委员会框架内常设经贸和科技合作分委会、能源合作分委会和运输合作分委会等。这次会晤标志着中俄总理定期会晤机制正式启动。

在中俄总理第一次定期会晤期间（1996 年 12 月 26～28 日），双方签署了《建设连云港核电站框架合同原则协议》《中国人民银行与俄罗斯联邦中央银行合作协议》。双方确认了中俄经贸和科技合作委员会会议达成的协议，指出进一步加强两国在能源、机械制造业、航空和航天工业、运输业、农业和高科技等领域重大项目的合作具有重要意义。

在中俄总理第二次定期会晤期间（1997 年 6 月 26～28 日），双方签订了关于经贸合作、文化合作以及能源合作等文件：1997～2000 年贸易协定、1997 年经贸合作议定书、1997～1998 年文化合作协定、关于组织实施石油天然气领域合作项目的协议。

在中俄总理第三次定期会晤期间（1998 年 2 月 17～18 日），双方签署了关于造船、经贸等领域合作的 5 个文件：关于在高速船建造领域进行合作的协议、关于解决政府贷款债务的协定、一九九八年经贸合作议定书、关于简化俄罗斯公民进入中俄边境互市贸易区中方一侧手续的换文、关于开设中俄边界珲春（中国）-马哈林诺（俄罗斯）的国际铁路客货运输口岸的换文。

在中俄总理第四次定期会晤期间（1999 年 2 月 24～27 日），双方签署了有关经贸、能源、核能、科技运输等领域合作的 11 份协议。

在中俄总理第五次定期会晤期间（2000 年 11 月 3～4 日），双方就在中俄总理定期会晤机制下设立两国副总理级教育、文化、卫生、体育合作委员会达成原则一致。双方在落实中俄总理第四次定期会晤就林业合作、在莫斯科开设中国超市、中俄地区间建立和发展直接经贸往来，以及核能、油气大项目立项和实施等领域达成的协议取得了一定进展。强调签署和切实执行互免团体旅游签证和公民往来协定对规范两国间大量的公民往来创造了条件。

在中俄总理第六次正式会晤期间（2001 年 9 月 7 日），双方就扩大两国政治、经贸、科技和人文等领域的互利合作和紧迫的国际问题深入交换了意见。

在中俄总理第七次定期会晤期间（2002 年 8 月 21～23 日），双方就积极落实《中俄睦邻友好合作条约》，扩大两国在政治、经贸、科技和人文等各领域的全面互利合作深入交换了意见，并达成一系列重要共识。双方签署《中国人民银行与俄罗斯联邦中央银行关于边境地区贸易的银行结算协定》和《中国工商银行向俄罗斯对外贸易银行提供 2 亿美元出口买方信贷框架协议及对此的保险协议》等文件。

在中俄总理第八次定期会晤期间（2003 年 9 月 22～25 日），双方指出，双边贸易继续保持快速增长的态势。双方一致认为，中华人民共和国主席胡锦涛和俄罗斯联邦总统普京确定的"使整个双边经贸关系的发展取得突破并使经贸额大幅增长"的目标应成为主要工作方向。

在中俄总理第九次定期会晤期间（2004 年 9 月 24 日），双方签署了《中华人民共和国商务部和俄罗斯联邦经济发展和贸易部关于规范中俄贸易秩序的谅解备忘录》《中华人民共和国商务部和俄罗斯联邦经济发展和贸易部关于支持开展机电产品贸易的换函》《2002 年 8 月 22 日签署的中国人民银行和俄罗斯联邦中央银行关于边境地区贸易的银行结算协定的纪要》《中国出口信用保险公司与苏联对外经济银行和俄罗斯进出口银行合作协定》等文件。

在中俄总理第十次定期会晤期间（2005 年 11 月 2~4 日），双方表示，将采取切实措施改善双边贸易结构，鼓励和支持扩大相互投资合作，提升两国经贸合作水平。

在中俄总理第十一次定期会晤期间（2006 年 11 月 9~10 日），双方签署了《中华人民共和国政府与俄罗斯联邦政府关于鼓励和相互保护投资的协定》《中华人民共和国商务部和俄罗斯联邦经济发展与贸易部关于 2006—2010 年中俄经贸合作发展规划的谅解备忘录》《中华人民共和国商务部与俄罗斯联邦经济发展和贸易部关于促进中俄机电产品贸易 2007~2008 年行动计划》《中华人民共和国国防科学技术工业委员会和俄罗斯联邦原子能署和平利用核能中期合作的谅解备忘录》《中国国家开发银行向俄罗斯外经银行授信协议》《中国国家开发银行和俄罗斯外经银行和俄罗斯萨哈林州政府关于投资发展领域合作的协议》《中国人民银行和俄罗斯联邦中央银行关于扩大中国境内提供中俄边贸本币结算服务的银行所在地的地域范围的纪要》《中国国家电网公司与俄罗斯统一电力系统股份公司关于从俄罗斯向中国供电项目第一阶段购售电合同》《中国石油化工集团公司和俄罗斯石油公司战略合作框架协议》《中国出口信用保险公司、上海海外联合投资股份有限公司、俄罗斯外贸银行关于圣彼得堡"波罗的海明珠项目"金融保险合作协议》《中国石油天然气股份有限公司与"俄石油"国际有限公司设立合资公司合同》等多份文件。

在中俄总理第十二次定期会晤期间（2007 年 11 月 5~6 日），双方签署了《中俄总理第十二次定期会晤联合公报》以及核能开发、科技、金融、中小企业合作等一系列文件，并在提高机电和高科技产品贸易比重、加大相互投资、地方和边境地区合作交流、环保等各领域的合作达成共识。

在中俄总理第十三次定期会晤期间（2008 年 10 月 27~29 日），双方认为，有必要采取积极措施，扩大机电和高科技产品在双边贸易中所占比重，首先是俄罗斯对华出口。充分发挥中俄机电商会的作用，推动双方在能源机械、民用航材、家电电子、运输工具、矿山机械等领域开展合作，进一步改善双边贸易结构。双方一致认为，中俄相互投资规模持续增长，投资领域多元化，是切实提高双边经贸合作水平的重要条件。双方将本着平等互利的原则，发挥中俄投资促进会议作用，采取措施尽快商签中俄投资合作规划纲要，创造良好的投资环境，切实保护投资者合法权益，实施双方共同感兴趣的投资项目，扩大工业项目、基础设施建设和改造合作，吸引中方投资者进入俄经济特区，并在俄境内开展木材深加工等合作。双方将继续加强和深化边境地区合作和地方合作，共同努力，进一步规范边境贸易秩序，改善商品结构，提高便利化水平，加大力度建设口岸基础设施，推动建立边境经济合作区，加快中国东北老工业基地与俄罗斯远东和后贝加尔地区合作规划纲要的磋商。双方重申，能源合作是中俄战略协作伙伴关系的重要组成部分，要按照互惠互利原则，深入开展能源领域的合作。双方支持开展油气领域的合作，包括解决通过管道运输方式向中国长期供油、石油上下游合作、天然气供应、建立天然气加工和化工企业并向中俄两国及第三国市场销售相应产品等问题。

在中俄总理第十四次定期会晤期间（2009 年 10 月 12~14 日），双方对两国经贸合作现状给予客观评价，认为在国际金融和经济危机带来的前所未有的困难条件下，通过双方共同努力，中俄经贸合作整体保持不断扩大和深化的势头，重点领域合作有所突破。双方将采取有力措施，深化经贸、科技等领域务实合作，携手应对国际金融危机，促进本国经济发展，实现共同繁荣。

在中俄总理第十五次定期会晤期间（2010 年 11 月 22~24 日），双方指出，尽管全球金融危机引发的世界经济和国际市场震荡仍在持续，但在中俄双方的共同努力下，两国经贸合作已呈现良好发展态势。双边贸易额实现恢复性增长并接近危机前水平。贸易结构有所改善，机电和高科技产品贸易额增多。双方在自然资源开发、基础设施建设、木材深加工、机械制造业等各领域投资快速增长。《中俄投资合作规划纲要》《中国东北地区同俄罗斯远东及东西伯利亚地区合作规划纲要（2009—2018）》涵盖的一批合作项目进入实际落实阶段。双方愿继续努力，共同确保两国经贸合作持续、快速增长，以实现各自社会经济发展和国家经济现代化的目标。

在中俄总理第十六次定期会晤期间（2011年10月11~12日），双方签署了《中华人民共和国政府和俄罗斯联邦政府关于经济现代化领域合作备忘录》《关于修改一九九三年十一月三日签订的〈中华人民共和国政府与俄罗斯联邦政府旅游合作协定〉的议定书》《中华人民共和国农业部和俄罗斯联邦农业部关于加强农业领域合作的谅解备忘录》《中华人民共和国国家质量监督检验检疫总局与俄罗斯联邦农业部关于兽医卫生监督领域合作备忘录》《中国国家开发银行与俄罗斯开发与对外经济银行融资合作框架协议》等多份文件。

在中俄总理第十七次定期会晤期间（2012年12月5~6日），两国总理指出，在世界经济和国际贸易形势波动的情况下，中俄经贸往来持续稳定发展。双方将不断优化贸易结构，加强投资合作，增进地方和边境地区间交流，扩大高科技和创新领域合作，推动两国企业界联系，以长期保持这一积极势头。

为充分挖掘务实合作潜力，双方商定重点加强以下领域合作：以俄罗斯加入世界贸易组织为契机，进一步推进双边经贸合作，加强在世界贸易组织框架内的协调配合；增加双边贸易商品种类，相互扩大先进机电产品和高科技产品出口，推动两国企业间建立合作关系，积极发挥支持出口的专门机构的作用；以大型合作项目为重点，将双边投资合作提升到全新的水平，细化落实《中俄投资合作规划纲要》的形式和方法，完善中俄投资促进会议机制，改善投资环境，加强相关信息交流；加紧制定和实施中俄森林资源开发利用合作规划，为在俄罗斯境内开展木材深加工合作投资项目提供有力支持；建立中俄政府间经济现代化领域合作备忘录执行机制；继续协作落实民用飞机制造领域合作项目；支持双方企业按照商业原则在生产和加工铝方面开展合作；促进两国制药工业交流；推进农业合作，包括农产品市场准入和农产品贸易，开展兽医和植物检疫领域合作；继续在直接投资和贷款等方面扩大使用本币；支持在新能源、节能、信息及通信技术、纳米产业、新材料、合理利用自然资源与生态、农业技术、现代机器制造、生物技术等优先领域扩大科技合作；根据《2013—2017年中俄航天合作大纲》开展航天合作，拓展和深化两国在该领域的长期双边合作，结合本国和平研究利用宇宙空间规划，特别关注研究及实施大项目合作的必要性。

两国总理高度评价双方能源合作成果，愿在天然气、石油、电力、煤炭、和平利用核能、能效和可再生能源等领域进一步开展全方位合作。双方支持两国授权公司在天然气领域开展对话，以尽早启动俄罗斯向中国输送天然气，确保中俄原油管道长期、安全、稳定运营。双方愿扩大油气开采和加工领域的合作。双方对签署修订后的煤炭领域合作路线图并尽快实施煤炭综合一体化开发等合作项目表示欢迎。双方满意地指出，俄罗斯对中国出口电量不断增长，支持研究进一步扩大电力合作，包括在俄境内修建电厂。双方支持在统筹考虑的基础上，本着互利和照顾彼此利益的原则，在确保核安全的前提下，继续全面发展和平利用核能领域的合作。双方宣布启动中俄地方领导人定期会晤机制，进一步扩大两国地方合作。双方表示要加大《中国东北地区同俄罗斯远东及东西伯利亚地区合作规划纲要（2009—2018）》的实施力度，从重点和新增项目中确定地区合作首批优先投资项目。双方重申将继续采取协调措施完善跨境交通基础设施，共同推进发展欧洲-中国国际公路运输项目，开展东北亚陆海联运合作，努力增加中俄双边及经俄罗斯的过境运输量，积极探讨进一步发展双边民航关系。

双方强调应继续加强和扩大环保合作，进一步推进在跨界水体水质监测与保护、跨界自然保护区及生物多样性保护、污染防治和及时消除环境灾害后果等领域的合作。

在中俄总理第十八次定期会晤期间（2013 年 10 月 22~23 日），双方商定：为双边贸易创造稳定和可预见的条件，采取切实措施促进双边贸易额增长，在 2015 年达到 1000 亿美元、2020 年达到 2000 亿美元，提升贸易质量，促进贸易结构多元化，反对贸易保护主义；将扩大相互投资作为优先任务，在改善投资环境方面加强协作，优先实施现代化领域合作项目。启动《中俄投资合作规划纲要》落实机制，鼓励中国企业按照商业原则和国际惯例参与购买俄罗斯企业股份，对双方在俄罗斯西伯利亚和远东地区已商定的项目进行直接投资。保护投资者合法权益；在双边贸易、直接投资和信贷领域扩大使用本币，加强在相互提供出口信贷、保险、项目融资和使用银行卡等领域合作，促进双边贸易和投资便利化；继续推进民用航空制造领域的合作项目，加强在船舶工业领域的交流与合作；在实施《2013—2017 年中俄航天合作大纲》的基础上发展并深化两国在该领域的长期合作，并商定结合本国和平研究和利用外层空间的发展规划，继续开展联合工作，研究大型科学和应用项目合作的可能性、方式和条件；进一步扩大科技领域交流，开展科研和成果转化合作，推动在包括两国边境在内的地区建立联合科技园；推进在农业、渔业、农产品贸易和农业投资等领域的务实合作，在中俄总理定期会晤委员会框架内推动设立农业合作分委会；继续优化海关监管，推进信息交换、监管结果互认和风险管理务实合作，加大执法合作力度，加强边境海关合作，促进双边贸易发展。

在中俄总理第十九次定期会晤期间（2014 年 10 月 12~14 日），双方商定：在中俄投资合作委员会框架内开展有效协作，继续落实《中俄投资合作规划纲要》，重点推进大项目合作；支持中方企业利用俄罗斯远东和东西伯利亚地区建立的经济特区和跨越式发展区的潜力，系统参与实施该地区的战略发展规划及商定的合作项目；在财金领域紧密协作，加强宏观经济政策领域交流。加强两国金融机构在相互提供出口信贷、保险、项目融资和贸易融资、银行卡等领域的合作，提高双边贸易和投资便利化。在双边贸易、直接投资和信贷领域扩大使用本币；在中俄总理定期会晤委员会农业合作分委会框架内确定双方在农业领域最有前景的合作方向，积极致力于扩大农产品贸易，加强动植物检验检疫合作，密切在农工综合体投资领域的合作，合作生产绿色农产品并促进两国间贸易及向第三国出口，扩大两国在渔业领域的长期互利合作等等。

在中俄总理第二十次定期会晤期间（2015 年 12 月 16～17 日），双方商定：采取切实措施促进双边贸易增长，逐步优化贸易结构，提高非资源性、高技术、创新产品的比重；提升贸易便利化水平，保障商品市场相互开放，积极发展跨境电子商务；加强财经领域合作，在两国财政部签署的合作备忘录框架内，加强在多边国际论坛和组织中的政策协调，拓展预算、国库、债券发行等双边务实合作的范围。推动两国金融机构参与亚洲基础设施投资银行、金砖国家新开发银行、丝路基金和上海合作组织银行联合体的业务；加强金融领域合作，为扩大两国银行、支付系统、保险机构和其他金融机构合作创造有利条件；扩大进出口银行和出口保险机构的协作，支持和促进双边经贸合作发展，加强两国银行在贸易和项目融资方面的合作；扩大本币结算及其使用范围。双方将就在两国央行合作谅解备忘录框架下扩大央行间本币互换使用、合作开发人民币/卢布金融工具市场、中俄投资者相互参与两国货币和金融市场活动、支持俄罗斯发展人民币离岸市场、开展支付系统领域合作等保持积极对话；提升农业合作水平，扩大农产品贸易，在确保安全的前提下保障动植物产品相互进入对方市场。在动植物检验检疫、渔业和水产养殖方面开展合作。支持两国毗邻地区深化农业开发合作，推进实施在俄罗斯境内的农业投资合作项目；在落实《2013—2017 年中俄航天合作大纲》的基础上，扩大并深化长期互利合作，重点关注在火箭发动机、航天电子元器件、对地观测、月球与深空探测、卫星导航等领域合作。上述合作有利于促进两国工业、科技等高新技术领域的发展；继续推进和深化民用航空领域合作，推动落实大型项目，包括联合研制项目，扩大在航空发动机领域合作，加强材料、工艺等科技领域和适航领域合作；积极开展工业合作，并为此决定在中俄总理定期会晤委员会框架下设立工业合作分委会，同时撤销原有民用航空合作分委会；深化科技与创新领域合作，推动在优先领域实施科技合作项目，推动在核聚变和高能物理等领域发展全面科研基础设施，支持基础研究和应用研究；进一步深化林业交流与合作，继续加强在边境森林防火联防、森林资源可持续经营利用、野生动植物物种保护、打击木材非法采伐和相关贸易、建设木材深加工园区等领域的定期沟通与协作；在使用俄罗斯远东港口等交通运输基础设施发展中俄过境运输及陆海联运方面加强合作；落实两国元首 2015 年 9 月 3 日在北京会晤期间见证签署的《中华人民共和国政府与俄罗斯联邦政府关于在中俄边境黑河市（中国）与布拉戈维申斯克市（俄罗斯）之间共同建设、使用、管理和维护跨黑龙江（阿穆尔河）索道的协定》《中华人民共和国政府与俄罗斯联邦政府关于修订 1995 年 6 月 26 日签署的〈中华人民共和国政府与俄罗斯联邦政府关于共同建设黑河−布拉戈维申斯克黑龙江（阿穆尔河）大桥的协定〉的议定书》；继续开展滨海通道 1 号和滨海通道 2 号过境运输；加强北方海航道开发利用合作，开展北极航运研究；在丝绸之路经济带建设与欧亚经济联盟建设对接框架下研究交通基础设施和物流合作项目；继续加强两国海关合作，有效落实"绿色通道"、监管结果互认、集装箱供应链安全保障项目，在海关干部培训、知识产权保护、打击违反海关法行为、加强边境海关合作方面加强协作。

在中俄总理第二十一次定期会晤期间（2016 年 11 月 6～8 日），双方商定：采取有效措施促进贸易结构持续改善和多样化，逐步提升高科技和创新类产品比重，降低外部经济因素对贸易额的负面影响；推动实施经济合作项目，扩大双边投资合作，保护投资者合法权益，积极开展产能合作。充分发挥中俄投资合作委员会的统筹协调作用，不断完善工作机制，创新工作模式，丰富合作内涵，营造良好的外部环境，着力推动中俄投资合作委员会第三次会议确定的重点项目；共同努力推动中俄边境口岸基础设施建设，提升口岸通行能力；继续推进中俄黑瞎子岛−大乌苏里斯克边境口岸合作；为落实符拉迪沃斯托克自由港项目，提升两国位于黑龙江省、吉林省和符拉迪沃斯托克自由港的边境口岸货运量，并着眼其长远发展，双方将就逐步调整口岸工作时间继续开展工作；在"一带一路"建设与欧亚经济联盟建设对接合作框架下继续推动交通、跨境基础设施、物流及其他双方重点关注领域的项目合作；推动落实《建设中蒙俄经济走廊规划纲要》；在俄罗斯联邦政府实施的进口替代政策框架下加强贸易合作，研究编制优先商品和项目清单等指导性文件；加强银行间合作以及两国金融机构在贸易和项目融资、保险等领域的务实合作，采取措施扩大本币结算业务的宣传，鼓励双边贸易和投资参与者更多地使用本币进行结算，中方欢迎俄方在俄罗斯市场发行人民币债券；全力支持在华开设及运营俄罗斯贸易中心，推动中俄实业家委员会和中俄机电商会工作，鼓励其他实业界组织加强联系和深化务实合作；加强商业对话机制，推动企业积极参与在中俄境内举办重要交易会、展览会和国际性会议，全面推广共同举办中俄博览会的有益经验，鼓励两国企业更积极地参与博览会；积极评价中国商务部和俄罗斯经济发展部签署中小企业领域合作文件，支持两国有关部门和机构共同采取措施，协助两国中小企业加强交流对接，开展互利合作；推动中俄电子商务企业合作，促进双边跨境电子商务发展；推动两国在生物技术、信息技术、软件技术、航空航天技术、卫星导航以及"绿色技术"领域的务实合作；共同努力挖掘金融、租赁、咨询、工程建设、物流、外包、旅游等在内的服务贸易潜力；推动落实"绿色通道"项目，优化海关通关流程，实现海关特定商品监管结果互认，加强多边框架下的协作，促进丝绸之路经济带建设和欧亚经济联盟建设对接合作框架下的货物过境运输便利化；扩大国家标准、技术规范标准信息交流领域的合作，为提升双边贸易水平创造有利条件；密切关注双边贸易发展，加强在贸易政策、对外经济活动立法等领域信息交流合作，继续共同努力致力于减少贸易壁垒，深化双边贸易联系；共同推动《中华人民共和国与欧亚经济联盟经贸合作协议》谈判工作，提高贸易便利化水平，促进贸易投资发展；鼓励双方主管部门扩大和深化在知识产权保护领域的合作，包括在国际层面就知识产权保护问题协调立场；采取必要措施加强农产品贸易合作，推动动植物产品在确保安全条件下相互进入对方市场；对中俄航天领域合作现状表示满意，认为在航天领域的合作发展，对增强高技术领域的双边协作具有重要意义，符合两国现代化及社会经济发展的任务。双方商定基于《2013—2017 年中俄航天合作大纲》的实施，拓展并深化两国在航天领域的长期互利合作，包括运载火箭及发动机、航天电子元器件、对地观测、卫星导航、月球与深空探测等领域大型合作项目的实施，以符合中俄两国高技术产业及科技进一步发展的利益；在工业合作分委会框架内积极开展协作，推动高技术领域合作；加强相关部门和企业间协调，及时有效地落实两国关于联合实施远程宽体飞机研制、生产、营销和售后服务项目合作的政府间协议和研制民用先进重型直升机项目的政府间协议；继续在航空技术认证领域开展合作，包括 RRJ-95B、MA-60 和 MI-171 机型适航取证；扩大冶金工业领域互利合作和信息交流；搭建机械、汽车、船舶等装备工业领域交流平台，共同推动双方合作发展装备制造业；积极评价两国学术机构就构建欧亚伙伴关系概念取得的研究成果，包括可能吸纳欧亚经济联盟、上海合作组织和东盟成员国加入，责成两国专家共同就此开展可行性研究。

在中俄总理第二十二次定期会晤期间（2017 年 10 月 31 日~11 月 2 日），双方商定：促进贸易稳定增长，着力改善贸易结构，扩大机电、高技术产品和农产品贸易规模。支持跨境电商等新型贸易方式发展。扩大相互投资和经济技术合作，稳步推进战略性大项目实施；推动消除和解决双边贸易和投资合作中的障碍和问题，提高便利化水平；继续积极推进"一带一路"建设和欧亚经济联盟对接，保障欧亚大陆经济持续发展，推动签署《中国与欧亚经济联盟经贸合作协议》；支持在欧亚大陆建立经济伙伴关系，积极评价两国相关部门就中俄《欧亚经济伙伴关系协定》联合可行性研究所开展的工作；积极探讨推动数字经济合作，打造新的合作增长点；充分利用中国国际进口博览会、中俄博览会、俄罗斯圣彼得堡国际经济论坛、东方经济论坛等重点展会平台，促进两国地方和企业交流合作；在落实 1996 年 4 月 25 日签署的《中华人民共和国政府和俄罗斯联邦政府关于反不正当竞争与反垄断领域合作交流协定》框架内，继续发展两国在反垄断与竞争政策领域的有效合作；支持两国主管部门深化知识产权保护领域合作，加强在多边框架内的沟通协调；加强中俄海关务实合作，积极落实两国战略合作项目，支持中欧班列通关便利，促进国际物流大通道建设；总结评估重点合作项目实施情况，优化、升级合作项目，进一步提升通关便利化水平；稳步推进海关贸易统计和风险管理合作，防范违反海关法的风险。继续推动中俄边境口岸海关之间的合作，开展区域通关协作，促进区域经贸发展；共同加强海关与商界合作，以企业需求为导向，创新合作模式，为中俄企业发展创造更多便利条件；继续推动交通运输、跨境基础设施、物流及其他重点领域的项目合作；推动同江－下列宁斯阔耶铁路大桥、黑河－布拉戈维申斯克界河公路大桥和黑河－布拉戈维申斯克跨江索道按期完工，继续商谈并尽快签署建设和运营东宁－波尔塔夫卡公路桥政府间协定；进一步扩大在航空运输领域的互利合作，继续发展中俄地方间直达航空运输，为对方空运企业飞越提供便利；继续加强两国在航空器适航审定方面的合作，尽快完成两国政府间关于促进航空安全的协议及其适航实施程序的修订工作，为两国民用航空产品互认创造便利；继续就解决 SSJ-100 飞机所安装的 SAM146 发动机在华适航认证问题开展工作；完善两国创新合作机制，进一步挖掘在创新领域的合作潜力，推动务实项目合作；深化两国在科技优先领域的研发项目合作，积极探索共同参与实施大科学装置的可能性；高度重视航天领域双边合作。该领域的合作发展对增强双边互信关系具有重要意义，符合中俄两国创新、科技及社会经济的发展；双方对中俄航天领域的合作现状表示满意，强调应高效执行 2017 年确定的《2018—2022 年中俄航天合作大纲》，巩固与加强在运载火箭及发动机、月球与深空探测、对地观测、航天电子元器件、卫星导航、通信卫星系统、金砖国家航天合作等领域的长期互利合作；为在贸易和投资领域扩大本币的使用创造条件，继续发展银行间合作、支付系统和支付服务合作及保险领域合作；为满足中俄贸易投资增长的需求，双方同意在遵守现有监管框架和世界贸易组织义务的基础上，促进金融机构和金融服务网络化布局与金融市场整合，同时确保两国金融监管部门更好地交流与合作；继续发展两国对口部门、组织和企业在信息通信技术领域的合作，支持开展智慧交通应用示范，推广和使用国家管理自动化技术（电子政务），共同开展包括操作系统和专业的行业软件在内的软件开发。加强电信领域合作，降低国际漫游资费。加强公众移动通信和广播电视等无线电频率的协调工作；积极评价两国互联网企业开展跨境电商业务取得的成绩，将进一步加强互联网业务合作，拓展双向贸易；加强数字对象编码规范管理机构框架内合作，在国际场合加强立场协调；在工业合作分委会框架内加强民用航空、装备、机床、汽车、船舶制造和化工、制药、黑色及有色冶金、稀土、电子信息等领域的合作；在互利和商业原则基础上拓展和深化远程宽体客机和民用重型直升机项目合作；不断深化两国在农业科技创新、动植物疫病防控领域的交流与合作。扩大两国农产品贸易和农业投资合作。加强双边渔业合作。推动两国边境地区农业投资与开发合作。

双方强调，应进一步发挥中俄投资合作委员会重要平台作用，改善两国投资环境，积极拓展合作领域，重点推动中俄投资合作委员会第四次会议确认的重大投资项目，利用两国互补优势，促进产能合作，持续提升两国投资合作的规模和水平。为此，双方商定：加强两国在高铁技术、装备、投资、融资的全方位合作；在中俄投资合作委员会秘书处平台基础上，研究和解决在重大投资项目落实过程中出现的有关问题；深化节能和提高能效领域合作，在节能技术研发和推广、促进能效领域贸易投资、开发能效示范项目等领域深化合作。

双方高度评价中俄能源合作取得的成果，愿继续巩固和发展中俄能源战略伙伴关系。为此，双方商定：继续扩大石油天然气领域全面合作，稳步落实现有合作项目和政府间协议，推进上中下游一体化合作；加强电力领域全产业链合作，开展包括标准认证领域在内的电力政策协调；进一步加强在可再生能源、煤炭、水电等领域合作；本着利益均衡和互利互惠原则，根据2016年11月7日《中俄政府首脑关于深化和平利用核能领域战略合作的联合声明》，继续开展核能领域合作。

在中俄总理第二十三次定期会晤期间（2018年11月5~7日），双方商定：寻找经贸合作新"增长点"，吸引两国领先的科研中心参与；支持和发展跨境电子商务、服务贸易等新型贸易方式。发挥中俄电子商务合作机制作用，促进两国电子商务发展和交流合作；加强技术贸易促进合作，扩大技术贸易规模；改善贸易结构，鼓励两国企业在机电产品生产领域开展产业合作，扩大高技术产品在双边贸易中的比重；扩大相互投资和经济技术合作，推进战略性大项目实施；创造良好贸易和投资环境，发展贸易和投资融资；充分发挥中俄贸易投资障碍磋商机制作用，定期就消除双边贸易和投资合作中的障碍问题交流信息，视情就相关议题举办研讨会，推动提高便利化水平；推动中国各省、自治区、直辖市与俄罗斯各联邦主体间及两国城市之间建立和开展友好交往，以此深化地方间经贸合作；积极发展两国投资合作，重点推动中俄投资合作委员会第五次会议确认的重大投资项目，积极拓展在高新技术产业等领域的投资合作，加强项目实施情况信息共享，就双边投资统计口径和方法开展交流，持续提升两国投资合作的规模和水平；支持中方企业赴俄经济特区和各类园区投资；加强中俄创新合作协调委员会作用，促其成为推动两国创新中心合作的高效平台；加强监管机构合作交流，加快食品农产品准入进程，以进一步扩大两国农产品贸易规模，推动实施农工综合体领域投资和基础设施合作项目；继续就制定双方感兴趣的农产品清单和具有出口潜力的主要农产品和食品生产企业清单开展建设性合作；促进中小企业发展，就涉及该领域的法律法规、融资、信贷交流经验；切实落实生效后的《中国与欧亚经济联盟经贸合作协定》，加强经贸政策协调；支持构建欧亚经济伙伴关系，在履行国内必要程序后尽快启动"欧亚经济伙伴关系协定"谈判；加强中俄北极可持续发展合作，推动北极航道开发利用、北极地区资源、基础设施现代化、科研、环保等领域合作；优化完善现有的海关便利化合作项目，推动相互承认"经认证的经营者"，继续推动贸易便利化合作；加强跨境电子商务海关监管和数据核算领域的合作；推动完成同江-下列宁斯阔耶铁路大桥、黑河-布拉戈维申斯克界河公路大桥及索道建设，高度评价两国有关部门在推动商签《中华人民共和国政府与俄罗斯联邦政府关于建设东宁（中国）-波尔塔夫卡（俄罗斯）瑚布图河（格拉尼特纳亚河）界河桥协定》方面所开展的工作，将尽最大努力准备其签署；继续积极开展中俄边境口岸建设合作，提高口岸通行能力；就确定使用电子铅封开展跨境运输货物监督合作的机制和原则开展协作；继续加强中哈俄、中蒙俄过境运输，扩大集装箱货物通行量；继续发展"滨海1号"和"滨海2号"国际交通运输走廊过境运输合作，进一步采取措施以优化货运安排的法律法规基础及商务技术条件，建立全天候运行的国家监管机关，吸引更多集装箱货运使用"滨海1号"和"滨海2号"国际交通运输走廊，共同研究确定基础设施建设方案；继续采取相关措施，推动"双西公路"建设；

在实施"大科学"级别科研项目方面，加强双多边互利合作；推动完善中俄联合科研项目的选拔配套机制；支持两国举办包括"中俄科技创新日"在内的科技领域专题会展、圆桌会议、学术研讨会、论坛等活动；对中俄航天领域合作表示满意，认为该领域发展对增强双边互信关系起到重要作用，符合两国创新、科技及社会经济发展任务，支持基于《2018—2022年中俄航天合作大纲》的实施，拓展并深化两国在航天领域的长期互利合作，包括运载火箭及发动机、月球与深空探测、对地观测、卫星导航、航天电子元器件、空间碎片监测、低轨卫星通信等领域的大项目合作，以符合两国工业、科技及高技术产业进一步发展的利益；促进本币结算、扩展代理网络、畅通银行间业务运行，为中俄经贸合作保驾护航；

加强双方在亚洲基础设施投资银行等多边机构内的合作，加大吸引私人资本，促进基础设施建设；进一步发展中俄对口部门、机构和企业在通信与信息技术领域的合作。基于平等互利原则，加强电信领域合作，继续增强亚欧陆缆传输通道竞争力。加强中俄数字经济合作，积极推动签署主管部门间数字发展合作文件，打造合作增长点。继续加强移动通信和广播电视等无线电频率的协调工作；继续就5G技术推广及如何采取必要措施保障DNS系统顺畅运行交换意见；继续将工业合作分委会作为有效形式，开展民用航空、装备、机械、汽车、船舶及海洋工程装备、化工、有色金属等领域良好合作，研究落实有前景的新项目；在互利和商业原则基础上，继续CR929远程宽体客机和重型直升机项目合作，基于政府间协议和前期共识，推进CR929远程宽体客机项目研制工作，并尽快完成重型直升机项目合作合同签署准备工作；进一步扩大在油气、电力、煤炭、核能、可再生能源、能效等领域的全面合作；基于相互尊重、互利共赢和经济可行原则，实施能源协调政策；推动能源领域现有合作项目和政府间协议逐步落实；根据2018年6月8日中俄元首见证签署的七份核领域"一揽子"合作文件积极推动项目实施工作；本着利益均衡和互利互惠原则，按照2016年11月7日《中俄政府首脑关于深化和平利用核能领域战略合作的联合声明》中确定的合作方向，继续研究开展其他有可能的合作项目；利用超前发展区和符拉迪沃斯托克自由港优势，并借助俄罗斯远东发展部与远东吸引投资和出口促进署举办的"中国投资者日"投资者扶持平台，扩大中国对俄罗斯远东联邦区的项目投资规模；批准中国商务部和俄罗斯远东发展部编制的《中俄在俄罗斯远东地区合作发展规划（2018-2024年）》；继续开展《中俄关于在俄罗斯贝加尔地区合作发展规划》编制工作；支持成立中国东北地区和俄罗斯远东及贝加尔地区实业理事会，以发展上述地区间的经贸和投资合作；继续研究设立"绥芬河-波格拉尼奇内"跨境经济合作区的可能性；促进中俄黑瞎子岛发展对接，包括环保问题、推进黑瞎子岛防洪设施建设、发展旅游业、落实投资项目、综合基础设施及口岸建设等一系列安排；针对双向旅游人数增长，加强两国主管部门间协作，维护游客合法权益；以举办中俄地方合作交流年为契机，支持两国地方间沟通，促进旅游推广、旅游人才培养，主题游和跨境游等领域合作，拓展合作领域，丰富合作内涵。

在中俄总理第二十四次定期会晤期间（2019年9月16~18日），双方商定：落实《中华人民共和国商务部和俄罗斯联邦经济发展部关于促进双边贸易高质量发展的备忘录》，优化贸易结构，培育新的经贸增长点，促进电子商务、服务贸易等新型贸易方式发展。扩大投资和经济技术合作，实施中俄经贸合作战略大项目。为推动双方经贸和投资合作发展创造有利条件，努力向2000亿美元贸易发展目标迈进。充分发挥中俄贸易投资障碍磋商机制作用，定期就消除双边贸易和投资合作中的障碍问题交流信息，提高贸易便利化水平。继续加强中华人民共和国国家市场监督管理总局与俄罗斯联邦消费者权益保护和公益监督署在消费者权益保护领域的沟通协调和务实合作。支持2020年在俄共同举办第七届中俄博览会。用好中国国际进口博览会等重点展会平台，促进两国地方和企业交流合作，扩大双边贸易和投资。就支持和发展基于世界贸易组织规则的多边贸易体制继续开展协作，包括在中俄世界贸易组织改革问题和反对单边贸易保护措施协调机制内的配合。加快新签中华人民共和国政府与俄罗斯联邦政府反垄断执法和政策领域合作协议的准备工作。进一步深化两国主管部门在知识产权保护领域的合作，加强双多边机制下的沟通协调。深化双方在上海合作组织、金砖国家和亚太经合组织等多边框架下的区域发展合作，以推动两国社会经济的全面、平衡发展，提升偏远和农村地区的一体化程度。全面落实《中国东北地区和俄罗斯远东及贝加尔地区农业发展规划》和《中华人民共和国商务部、农业农村部与俄罗斯联邦经济发展部、农业部关于深化中俄大豆合作的发展规划》，深化农业全产业链合作，扩大农产品相互准入，促进农产品贸易发展。切实加强非洲猪瘟和马铃薯甲虫等重大动植物疫情防控合作，为农业和农产品贸易发展提供有力的安全保障。积极开展两国农产品食品相互市场准入合作，不断扩大对方优质农产品食品进口，继续促进两国农业合作。继续推动实施《中华人民共和国政府与俄罗斯联邦政府国际道路运输协定》。积极开展《中华人民共和国政府和俄罗斯联邦政府关于便利公民往来协议》（2013 年 3 月 22 日签署）第十三条的修订工作，推进中俄国际道路运输司乘人员签证便利化。推动完成同江－下列宁斯阔耶铁路大桥、黑河－布拉戈维申斯克界河公路大桥及索道建设。继续加强中哈俄、中蒙俄跨境运输合作。继续发展"滨海 1 号""滨海 2 号"国际交通运输走廊过境运输合作。推动双方交通部门开展建设"滨海 2 号"国际交通运输走廊无人驾驶通道的合作，吸收其他有关部门和机构参与，研究制定通道建设技术方案，评估潜在运输量，以确定项目经济效益方案，制定无人驾驶通道运行的法律法规基础和技术标准。加强中俄卫星导航合作，切实落实《中华人民共和国政府和俄罗斯联邦政府关于和平使用北斗和格洛纳斯全球卫星导航系统的合作协定》，支持中国卫星导航系统委员会和俄罗斯国家航天集团就商谈《关于北斗和格洛纳斯全球卫星导航系统时间互操作的合作协议》所做的工作，进一步加强北斗和格洛纳斯系统的兼容和互操作，推动在中俄互设测量站、精准农业等领域的合作项目，继续推进北斗和格洛纳斯卫星导航系统在中俄国际道路运输应用合作，促进两系统以更高质量服务两国经济社会发展。结合两国创新、科技及社会经济发展的需求，拓展两国在月球和深空探测、运载火箭、遥感技术和低轨卫星通信技术应用、电子元器件等领域大项目上的长期互利合作。继续深化中俄在民用航空、汽车制造、制药、有色金属、石化化工、铁矿业、能源装备、船舶制造、海洋工程、机床、机器人技术和无线电电子等工业领域的务实合作，积极推动中俄联合研制远程宽体客机和重型直升机等重大合作项目。进一步提升信息通信技术、数字发展领域的合作水平，积极落实《中华人民共和国工业和信息化部与俄罗斯联邦数字发展、通信和大众传媒部关于数字技术开发领域合作谅解备忘录》，同时加强无线电频率资源管理领域合作，深化两国在保障网络安全领域的互信。共同建立规避制裁风险的移动终端操作系统，推动双方企业就该系统在中俄制造设备上的应用开展紧密合作，探讨开展通信、物联网、人工智能等具有广阔前景的领域的高科技研发合作。

利用多边合作机制，加强电子政务和数字政府建设领域先进管理体系和技术实践方面的交流与协作。做好2020年、2021年"中俄科技创新年"活动的设计、筹备、组织与实施工作。资助两国科研机构、高校、企业及创新机构在双方商定的科技优先发展领域的合作项目，特别是加强前沿性、原创性联合研究，包括加强双方在"大科学"装置方面的协调与合作。继续开展"中俄创新对话"，加快推动"中俄联合科技创新基金"建设。加强海关行政管理和检验检疫、提高口岸运行效率，发展口岸客货运输。积极促进双边贸易便利，加快"经认证的经营者"互认合作，深入开展信息交换、监管结果互认、"绿色通道"、中俄和中欧班列货物通关便利化等方面的务实合作。继续加强打击走私犯罪、风险防控、知识产权保护、防范核材料和其他放射性材料非法跨境贩运、海关统计信息交换等方面的务实合作，提高海关监管效率，共同保障贸易安全。继续在"大图们倡议"（GTI）框架下开展合作，包括推动东北亚交通走廊、经济走廊建设，加强其与国际交通体系的对接。加强北极可持续发展合作，在兼顾域内国家权益的基础上，推动开发和利用北极航道，促进自然资源、基础设施现代化、科研、旅游、环保等领域合作。

双方高度评价两国投资、金融合作积极发展势头，强调应进一步发挥互补优势，挖掘合作潜力，提升合作质量和水平。为此，双方商定：扩大两国投资合作，充分发挥中俄投资合作委员会潜力，完善沟通协调机制，推动双方投资项目落地。加强两国经济发展各领域的战略、规划和政策协调，拓展投资合作的广度和深度。积极拓展在高新技术、数字经济等领域的投资合作。保护两国企业合法权益，营造良好的外部环境，按照"企业主体、市场主导、商业运作、国际惯例"的原则推动更多重点项目落地。加强政府间合作机制，进一步明确区域间、产业间、产业链上下游间的协同开发方案，推进战略性大项目落地实施。创新合作方式，推动企业间合资合作，推广海外合作园区、项目联合体、合资公司等多种合作模式，共同开拓国际市场，实现互利共赢。加强对双边合作基金的统筹引导。继续发挥中俄总理定期会晤委员会金融合作分委会作用，促进两国金融领域合作。推动扩大本币在双边贸易和投资中的使用，鼓励签署以本币计价的外贸合同，并采取措施推广本币的使用。支持两国金融机构在促进双边贸易、产能和投资等方面开展合作。继续深化在打击洗钱和恐怖主义融资领域的双边合作，特别是加强在反洗钱金融行动特别工作组（FATF）和欧亚反洗钱和反恐怖融资组织（EAG）框架内的沟通和合作。依据两国法律致力于保障两国商业银行间结算正常开展和履行关于打击洗钱和恐怖主义融资的程序。支持根据两国经济实体对融资期限的实际需求，通过中俄两国金融机构开展本币贸易融资。继续开展支付系统和银行卡合作，加强在移动支付创新和网络支付领域的合作。支持符合条件的俄罗斯发行人在中俄两国债券市场发行本币计价的债券，以及中方机构投资者投资俄方发行的金融工具，俄罗斯投资者参与中国期货市场交易，推动两国黄金市场参与者间的合作，支持进一步发展两国金融市场基础设施跨境结算以及两国托管结算机构合作。

双方指出，中俄能源合作具有战略性和长期性，愿继续巩固和发展两国能源战略伙伴关系。为此，双方商定：深化在油气、电力、煤炭、核电、可再生能源等领域的上中下游全方位一体化合作。推动双方在能源技术、标准、人才、信息等方面加强合作。支持中俄东线天然气管道项目于年内举行投产及供气启动仪式。落实好2018年6月8日达成的核领域一揽子合作项目。本着互利原则，按照2016年11月7日《中俄政府首脑关于深化和平利用核能领域战略合作的联合声明》中确定的合作方向，积极开展项目实施工作并继续深化和拓展和平利用核能领域合作，探讨可行的合作项目，推动中俄两国在中、俄及第三国核电市场的合作。

在中俄总理第二十五次定期会晤期间（2020年12月2日），双方商定：进一步加强经贸和投资合作，推动签署《至2024年中俄货物贸易和服务贸易高质量发展的路线图》，努力优化结构，培育新的贸易增长点，进一步优化贸易和投资营商环境，实现扩大贸易规模的发展目标。支持两国省州开展地方间大豆合作，促进两国包括行业联盟和协会在内的大豆贸易、投资等全产业链合作。在中俄贸易畅通工作组框架下加强合作，进一步推动解决双边贸易投资合作中存在的问题。支持2021年在俄罗斯举办第七届中俄博览会。促进经济特区运行经验交流，组织投资者考察，鼓励中国企业在俄罗斯经济特区、跨越式经济社会发展区和符拉迪沃斯托克自由港等区域内开展项目合作。继续加强多边贸易体制和捍卫世界贸易组织作为国际贸易主要协调者的关键作用，利用二十国集团、亚太经合组织、上海合作组织和金砖国家等机制协调行动，确保该组织有效顺畅运行。加强世贸组织改革等问题的对话，就双方共同感兴趣的问题协调立场。共同反对保护主义抬头，如在国际贸易中采取单边限制措施，为抵补疫情造成的后果而过度设置贸易壁垒等。鉴于数字经济对各国经济社会发展和全球治理体系的全面影响，及数据安全对各国国家安全、公共利益和个人权利的重要性，共同呼吁各国在普遍参与的基础上，达成反映各国意愿、尊重各方利益的全球数据安全规则。为此，俄方欢迎中方提出的《全球数据安全倡议》，支持中方为加强全球数据安全做出努力。通过在金砖国家、上海合作组织、二十国集团、亚太经合组织、东亚峰会、亚欧会议等多边组织框架下发起联合倡议和实施共同项目，协调立场，深化中俄两国经济合作，提升贸易和投资规模。双方欢迎尽快签署《中华人民共和国商务部和俄罗斯联邦经济发展部关于多边和区域经济合作的谅解备忘录》。加强在大图们倡议框架下的务实合作，推动东北亚多式联运通道建设和经济走廊发展，促进东北亚经贸投资合作。继续推动落实《中华人民共和国商务部和俄罗斯联邦经济发展部关于电子商务合作的谅解备忘录》，在电子商务法律调整和保护消费者权益领域加强对话，支持有意愿的企业建设运输、物流和仓储设施。尽快签署并落实《中华人民共和国政府与俄罗斯联邦政府反垄断执法和竞争政策领域的合作协定》，在1996年4月25日签署的《中华人民共和国政府和俄罗斯联邦政府关于反不正当竞争与反垄断领域合作交流协定》框架下继续加强长期合作。加强双方在知识产权保护领域的合作，就数字化等问题交流先进经验和做法，形成双边规则，在国际上就保护知识产权问题协调立场，就与抗疫有关的最新发明成果及时保持信息沟通。2019 年 7 月 24 日签署的《中俄民航部门关于航空运输的谅解备忘录》对进一步拓展两国航空领域互利合作具有重要意义，两国民航部门可在 2021 年或解除新冠疫情限制措施后进行充分磋商。共同推动黑河-布拉戈维申斯克界河公路大桥尽快通车，实施跨黑龙江（阿穆尔河）索道建设项目。双方将强化对中俄边境口岸出入境人员疫情防控，包括货车司机、列车员工是否具有检测证明，并继续落实边境口岸临时客停货通的共识，在共同做好防疫工作的基础上，努力提升边境陆路口岸货运通关量。推动完成同江-下列宁斯阔耶铁路大桥及相关口岸建设。继续发展"滨海 1 号"和"滨海 2 号"国际运输通道过境运输合作，开展建设"滨海 2 号"国际运输通道无人驾驶通道的可行性研究。推动落实《中华人民共和国政府与俄罗斯联邦政府国际道路运输协定》。积极商签《中华人民共和国交通运输部与俄罗斯联邦运输部关于危险货物国际道路运输协议》，修订《中华人民共和国政府和俄罗斯联邦政府关于便利公民往来协议》第 13 条，推进中俄国际道路运输司乘人员签证便利化。以举办 2020 年、2021 年"中俄科技创新年"为契机，深化在科技创新领域的务实合作，加强双方联合科研攻关，推动共建科研机构，促进人才双向流动，拓展科技产业合作。结合两国创新、科技及经济社会发展的需求，以落实《2018—2022 年中俄航天合作大纲》为基础，拓展两国在月球和深空探测、国际月球科研站、运载火箭及发动机、对地观测、低轨卫星通信技术应用、航天电子元器件、空间碎片检测和"Millimetron（Spektr-M）天体物理空间天文台"等领域大项目上的长期互利合作。为全面有效运用两国在空间装备、空间科技领域的经验，就建立国际月球科研站推动开展互利合作，商签《中华人民共和国政府和俄罗斯联邦政府关于合作建设国际月球科研站的谅解备忘录》。拓展卫星导航领域的长期合作，包括在《中华人民共和国政府和俄罗斯联邦政府关于和平使用北斗和格洛纳斯全球卫星导航系统的合作协定》框架内的合作，提升北斗和格洛纳斯系统兼容共用服务性能，促进在中国和俄罗斯境内互相建设北斗和格洛纳斯监测站，推动落实中俄跨境运输、精准农业应用示范等合作项目及该领域的其他倡议。继续完善和平研究与利用外层空间的相关法律法规基础，其中包括《中国卫星导航系统委员会（中华人民共和国）与俄罗斯国家航天集团（俄罗斯联邦）关于北斗和格洛纳斯全球卫星导航系统时间互操作的合作协议》，以及《2021 至 2025 年中俄卫星导航领域合作线路图》。在《中华人民共和国工业和信息化部与俄罗斯联邦数字发展、通信和大众传媒部关于数字技术开发领域合作谅解备忘录》框架下进一步深化信息通信技术和数字发展领域的合作，扩大无线电频率资源管理领域合作，加强两国在保护网络安全领域的互信。在终端操作系统（包括极光移动操作系统）方面开展合作，促进深化两国移动设备、半导体生产商和软件厂商之间的联系。探讨在物联网、人工智能、数字教育、5G 网络、"智慧城市"、网络安全等具有广阔前景的领域扩大合作，加强先进管理体系和技术实践方面的交流。鼓励两国通信运营商开展互利合作，推动降低国际漫游通信资费，提升网络互联互通能力，提高两国跨境通信业务质量。继续开展无线电频率资源管理领域互利合作，包括研究在中俄边境地区发展 5G 移动通信网络（5G/IMT-2020）等问题上的合作。围绕 2023 年世界无线电通信大会筹备工作继续加强协作。继续合作打击在信息通信网络发布和传播违法信息的行为。加强在重离子超导同步加速器（NICA）装置框架下基础和应用研究领域的双边合作，拓展中国相关单位同杜布纳联合核子研究所的合作形式，完善举办由两国科研机构和高校参与的前沿联合科研项目的竞赛机制。加强中俄创新对话，发挥好中俄联合科技创新基金作用，支持两国科技型中小企业发展，推动科技成果转化应用。提高两国海关协作的针对性和实效性，提高海关工作在中俄边境地区和国际电商领域的联动性，在不降低海关监管质量前提下，为诚信企业从事外贸活动创造良好通关条件，推动改善营商环境。通过发展中国与欧亚经济联盟之间的经贸合作等方式加强海关信息系统对接，加强商品及商品价值、跨境运输工具等信息交换，重视实施"绿色通道"、"经认证的经营者"互认、"海关监督结果互认"等，就商品原产地信息电子认证系统的运行进行协作。在相互行政协助、对外经济活动参与者务实协作、完善报关手续和海关监管、海关统计数据交换、执法行动、知识产权保护、风险防控和海关价格监管、人员培训进修、防范核材料和其他放射性材料非法跨境贩运等领域继续加强合作。深化在林业资源保护培育和再生、林业科学、为林业联合投资项目创造条件等领域的相互协作。继续深化在民用航空、汽车、冶金、化工、铁矿工业、能源装备、船舶与海洋工程、机床、机器人技术和无线电电子学等工业领域务实合作，积极推进中俄联合研制远程宽体客机和重型直升机大项目合作。加强制药和医疗产业合作，包括在新冠疫情防控框架内的合作。在国际上加强协调，促进工业稳定发展。加强全面协作，落实农业领域双边项目，扩大两国农产品和食品相互市场准入，提高俄农产品对华供应量，开展农业投资合作、共同防控非洲猪瘟等动植物疫病。中方将依法推进俄罗斯鱼粉、鱼油、水产品和活海鲜企业注册登记工作。推动跨界水体保护、环境灾害应急联络、生物多样性保护领域的合作，加强在上海合作组织、金砖国家的环保合作。中方欢迎俄方积极参加2021年在华举办的《生物多样性公约》第十五次缔约方大会，并对该活动给予大力支持。加强北极可持续发展合作，基于法律并兼顾沿海国家利益推动开发利用北方海航道，促进北极航行合作、应急救援保障、基础设施、资源开发、科研、旅游、生态环保等领域合作，探讨推动互利的具体合作项目。

双方高度评价两国投资合作积极发展势头，强调应进一步发挥互补优势，挖掘合作潜力，提升合作质量、规模和水平。为此，双方商定：扩大两国投资合作，充分发挥中俄投资合作委员会潜力，推动双方投资项目落地。通过加强地方间协作等方式丰富投资合作内涵，进一步活跃中小企业投资合作。支持两国企业按照可持续发展原则在俄罗斯北极和远东地区开展投资合作，包括开发非能源矿产，实施大型基础设施项目。推动两国投资合作不断向更多领域和产业链的更多环节拓展，创新合作模式，助力两国产业结构优化升级。拓展在高新技术、数字经济、农业、基础设施和加工制造等领域的投资合作。保护两国企业合法权益，营造良好的投资环境，按照"企业主体、市场导向、商业运作、国际惯例"的原则推动更多中俄投资合作重点项目落地。加强对双边合作基金的统筹。

双方高度评价两国金融合作呈现的积极发展态势，强调应进一步挖掘金融合作潜力。为此，双方商定：支持双方在中俄总理定期会晤委员会金融合作分委会和中俄金融对话框架下，促进双方金融监管部门和金融机构合作，以及保障两国经济实体间不间断结算方面做出的努力。支持在双边贸易、投资和借贷等经贸往来中扩大本币计价结算，便利双方经济主体的经贸往来。支持中俄金融机构包括根据 2019 年 6 月 5 日签署的《中华人民共和国政府和俄罗斯联邦政府关于结算和支付的协定》，相互开立账户，包括本币账户。欢迎两国符合条件的发行主体在两国金融市场发行债券，支持两国交易所就吸引对方投资者按照市场化原则依法合规进入本国资本市场和发行以两国本币计价的新金融工具等方面开展合作。重视满足经济实体需求的本币流动性来源，强调包括俄罗斯人民币清算行在内的两国基础设施组织和金融机构在上述方面发挥的作用。支持中国银行保险监督管理委员会与俄罗斯联邦中央银行签署涵盖银行和保险领域的最新监管合作谅解备忘录。继续支持上海黄金交易所与莫斯科交易所在谅解备忘录框架下开展合作，以及欢迎俄罗斯全国金融协会与上海黄金交易所签署谅解备忘录并在其框架下共同推进合作。支持两国评级机构在现有监管框架下开展商业合作，为两国发行人跨国投融资活动提供评级服务。加强支付系统和银行卡领域合作。深化在打击洗钱和恐怖主义融资领域的双边合作，特别是加强在反洗钱金融行动特别工作组以及欧亚反洗钱和反恐怖融资组织框架内的沟通与合作。推动保险和再保险领域合作，包括支持中俄免签游客保险发展。支持两国保险和再保险公司、保险经纪人之间的合作，推动扩大本币结算，就保险业数字化、灾害风险管控开展经验交流。认为审计合作对加强两国金融市场合作具有重要意义，积极推动两国审计准则等效。俄罗斯作为 2021 年金伯利进程闭会期间和全会的主席国，中方支持俄方关于保障全球钻石行业可持续发展的主要倡议。

双方指出，中俄能源合作具有互利性、战略性和长期性，愿继续巩固和发展两国能源伙伴关系。为此，双方商定：深化能源领域全方位合作，包括油气勘探、开采和加工，液化天然气合作项目实施，稳妥做好中俄东线天然气管道运营，持续推进俄其他天然气管道输华项目商谈，推动能源领域现有政府间协议逐步落实，并研究该领域合作新模式。支持执行好现有电力合同，支持中俄企业联合参与包括第三国境内的电力项目，共同发挥科技潜力，交流先进经验和技术。推动两国企业在煤炭工业、可再生能源、能源装备等领域开展合作。支持双方企业按照市场化原则开展煤炭贸易合作。在中俄能源商务论坛等成熟的专业平台框架内开展能源领域对话。落实好 2018 年 6 月 8 日达成的核领域一揽子合作项目，按照互利和利益平衡原则，进一步巩固深化核领域合作，支持有关部门积极磋商《中国国家原子能机构和俄罗斯国家原子能集团公司关于和平利用核能领域一揽子长期合作纲要》。继续在油气、电力、煤炭等能源领域的标准化工作。

在中俄总理第二十六次定期会晤期间（2021 年 11 月 30 日），双方商定：进一步加强经贸合作，改善贸易结构，培育新的贸易增长点。推动在两国境内设立产业园区，以进一步巩固双方机电领域合作。双方欢迎中国商务部与俄罗斯经济发展部签署关于加强数字经济领域投资合作的谅解备忘录，鼓励两国企业积极拓展数字经济领域投资合作。责成中国商务部与俄罗斯经济发展部研究升级《中华人民共和国政府与俄罗斯联邦政府间关于促进和相互保护投资协定》的可行性。支持 2022 年举办第七届中俄博览会，欢迎俄方莫斯科市申办 2030 年世博会。促进开展包括绿色、低碳在内的可持续发展合作，推动两国业界开展深入对接。加强服务贸易合作。持续深化电子商务领域合作，积极打造两国经贸合作新增长点，推动合作迈向更高水平。就两国知识产权保护问题保持沟通和信息交流，在保护地理标志和原产地名称领域开展合作。加强打击侵权假冒执法合作，继续保护两国知识产权权利人的利益。落实《中华人民共和国政府与俄罗斯联邦政府反垄断执法和竞争政策领域的合作协定》，为中俄经贸合作创造良好条件。加强在反不正当竞争、消费者权益保护、广告监管等领域的信息沟通及合作，促进市场公平竞争。继续深化在计量、标准、合格评定和检验监管等领域的合作，促进中俄贸易便利化，在双方共同关切领域开展科技交流，推进标准协调对接，交流经验与实践成果，定期就法律法规及其调整交换信息。深化农业合作关系，进一步克服新冠疫情对农业经贸合作的不利影响，推动中俄农业合作再上新台阶。继续推动发展食品农产品贸易，提升两国农产品进出口政策的稳定性和透明度，在扩大两国农产品相互准入问题上开展紧密合作，为农产品贸易和投资合作创造稳定的、可预期的环境。共同营造良好农业投资环境，为两国企业开展农业投资合作提供便利。继续落实《关于深化中俄大豆合作的发展规划》，提升双方大豆及油料油脂贸易量。深化中俄农业科技合作，继续开展作物种质资源交换、高产和适应性品种选育、作物、动植物病虫害防控等领域合作。双方积极评价中俄黑河-布拉戈维申斯克界河公路大桥建设成果，将继续加强合作，推动公路桥尽快实现货物通车。双方注意到中俄同江-下列宁斯阔耶界河铁路大桥实现铺轨贯通，为大桥全面开通运营奠定了坚实基础，双方将继续推动完成配套铁路口岸建设。在北斗和格洛纳斯卫星导航系统的基础上积极研究推进实现中俄之间国际道路运输数据信息交换。尽快修订《中华人民共和国政府和俄罗斯联邦政府关于便利公民往来协议》第 13 条，推进中俄国际道路运输司乘人员签证便利化。推动落实两国交通运输部门签署的危险货物国际道路运输协议。双方支持研究两国国境河流航行船舶相关法规及规范性文件。继续促进在"滨海 2 号"国际运输通道建设自动驾驶通道的可行性研究。支持使用冷藏集装箱组织至中国和过境中国的禽类、肉类、肉制品等产品运输。推动在满洲里-后贝加尔铁路口岸开展集装箱内液袋装运植物油的常态化运输。推动进一步提升中俄间铁路集装箱运量及跨境运输量。为提高中俄间铁路口岸工作效率、提升货运量，将继续在提升电子数据交换的完整性和质量方面开展工作，推动使用对承运人、查验部门具备法律意义的电子运输单据。继续落实 2019 年 7 月 24 日签署的《中俄民航部门关于航空运输的谅解备忘录》，该备忘录对进一步拓展两国航空领域互利合作具有重要意义，在新冠疫情持续扩散背景下，在确保疫情防控的基础上保持并研究增开航班，有序恢复双方人员交往。积极克服新冠疫情对两国交通往来造成的不利影响，有效防范新冠疫情传播，多措并举保障跨境货物贸易和服务贸易畅通。采取协商一致的共同措施保障中俄边境口岸运行。双方将加快协商关于修订 1994 年 1 月 27 日《中华人民共和国政府和俄罗斯联邦政府关于中俄边境口岸协定》的草案文本，以便组织双方公民自驾 8 座及以下小型私人车辆经满洲里-后贝加尔斯克、黑山头-旧粗鲁海图、珲春-克拉斯基诺及绥芬河-波格拉尼奇内公路口岸穿越中俄国界。探讨开展制定新的中俄政府间边境口岸协定，继续在完善口岸基础设施建设、优化口岸工作时间、创新口岸运输方式和改善口岸通关环境等方面开展合作，共同为后疫情时期发展双边经贸合作创造良好条件。积极探讨开展"智慧海关、智能边境、智享联通"合作，全面促进双边贸易便利，稳步推进"经认证的经营者"互认、商品信息自动化交换等重点项目，继续巩固包括互予行政协助、打击走私、知识产权保护、海关风险管理、统计数据比对分析、保障海关费用全额缴纳在内的贸易合法性安全保障合作。进一步扩大和深化中俄卫星导航长期合作。双方积极评价《2021 至 2025 年中俄卫星导航领域合作路线图》和在中俄境内互相建设北斗和格洛纳斯监测站项目合同，以及《中国卫星导航系统委员会（中华人民共和国）与俄罗斯国家航天集团（俄罗斯联邦）关于北斗和格洛纳斯全球卫星导航系统时间互操作的合作协议》的签署筹备工作，责成中俄重大战略合作项目委员会落实《2021 至 2025 年中俄卫星导航领域合作路线图》，培育新的合作项目，扩大合作领域，推动成果转化应用。根据两国对创新、科技和社会经济发展的需求，基于《2018—2022 年中俄航天合作大纲》的实施，持续拓展包括建设国际月球科研站在内的月球与深空探测、运载火箭及发动机、对地观测和低轨卫星通信系统、航天电子元器件、空间碎片、Millimetron（频谱–M）天体物理空间天文台等重大项目上的长期互利合作。为最有效利用两国在发展空间科学技术领域的经验，双方将推动在建设和使用国际月球科研站领域的互利合作，包括商签《中华人民共和国政府和俄罗斯联邦政府关于合作建设国际月球科研站的谅解备忘录》。继续深化冶金、原材料、化工、铁矿工业等领域务实合作，扩大铁矿石贸易，加强钾肥产业合作，扩大钾肥贸易，推进钾资源开发项目建设。为优化和扩大双边森工领域合作，积极推进中俄森林资源开发和利用常设工作小组工作，继续共同推动在俄境内实施木材加工制造等投资合作项目。继续深化在民用航空、汽车、能源装备、船舶与海洋工程、电子信息等领域务实合作，推进中俄联合研制远程宽体客机项目合作。高度评价研制先进民用重型直升机项目合同和政府间协议的签署与生效，加快推进这一中俄航空领域的标志性合作项目。在《中华人民共和国工业和信息化部与俄罗斯联邦数字发展、通信和大众传媒部关于数字技术开发领域合作谅解备忘录》框架下，进一步深化数字经济领域合作，联合开展信息技术研发，共同拓展市场，释放两国信息技术产品出口潜力，支持两国高校围绕数字领域开展交流合作。在终端操作系统（包括极光、鸿蒙、欧拉操作系统）方面继续开展深入合作，并推动两国企业对接交流。鼓励两国通信运营商开展互利合作，推动降低国际漫游通信资费，提升网络互联互通能力，提高两国跨境通信业务质量。加强在网络安全领域的互信合作，探讨在关键信息基础设施保护、网络安全技术产业等具有广阔前景的领域扩大合作，深化先进管理体系和技术实践等方面的交流。扩大无线电频率资源管理领域互利合作，包括推进在中俄边境地区发展 5G 移动通信网络（5G/IMT-2020）、广播业务等事宜上的合作，并围绕 2023 年世界无线电通信大会筹备工作继续加强协作。深化两国邮政部门合作，促进邮政业务发展，借助中国邮政和俄罗斯邮政航空运力开通中俄运邮航线，推动在跨境电商新产品开发、处理能力提升和质量改进、中欧班列（新西伯利亚、叶卡捷琳堡、喀山口岸）项目等方面开展合作，为电商客户和制造企业提供更多便利。基于举办"中俄科技创新年"的成功经验，继续深化两国在科技创新领域互利合作，加强两国在落实国家科技创新政策方面的沟通，密切科技交流，扩大关键和优先科学任务联合攻关，首先是大科学项目领域合作。加强两国北极可持续发展合作，基于法律并兼顾沿线国家权益促进北方海航道利用，以及应急救援保障、基础设施、资源开发、科研、旅游、生态环境等领域合作。支持编制中俄在俄罗斯北极地区合作发展路线图。加强在固体废物处理、跨境水体水质保护、生物多样性保护、突发环境事件应急联络等环保领域合作，继续发展在上海合作组织、金砖国家框架下的环保合作。推动中俄两国建设领域有关科研单位和行业团体建立交流合作关系，开展中俄城建夏令营项目、两国建设领域职业资格管理体系和资格互认方面的研究。

双方指出，在新冠疫情对全球经济复苏和发展、资本流通及落实两国投资合作项目持续造成影响的条件下，应继续发挥两国互补优势，挖掘合作潜力，提升合作质量、水平和规模。为此，双方商定：采取措施加强中俄投资合作委员会对深化两国投资合作的引领，共同修编新版《中俄投资合作规划纲要》。依据《中俄鼓励和相互保护投资协定》和两国法律规定，在中俄投资合作委员会框架下，统筹协调相关主管部门，积极推动解决中俄投资合作重点项目和前景项目推进中遇到的问题，引导鼓励金融机构按照商业原则为项目提供融资支持，定期、及时就上述问题交换意见，推动营造公平、透明、可预期的营商环境。推动在北极和远东等地区实施符合可持续发展原则的清洁、低碳投资项目。促进产业链供应链融合，推动在可持续发展、加工业、矿产资源开采和深加工、农产品、木材、石油天然气化工、交通基础设施建设、医疗、金融、保险、高新技术、数字经济等领域的投资合作。支持积极承担必要社会责任、改善民生的企业实施的投资项目。加强对双边合作基金的统筹协调。推动中俄投资合作重点项目落地，支持两国企业开展符合环保、低碳要求的投资合作项目。加强两国在政府和社会资本合作（PPP）领域的政策交流。

双方高度评价两国财金合作呈现的积极发展态势，强调应进一步加强协作以拓展两国经贸合作。为此，双方商定：继续发挥中俄财长对话机制作用，加强财政政策沟通与交流，推进多双边财金合作。继续发挥两国总理定期会晤委员会金融合作分委会潜力，推动两国金融领域合作发展。加强两国在二十国集团财金渠道、金砖国家财长和央行行长会议等多边机制下的政策协调和务实合作，以及在亚洲基础设施投资银行、新开发银行等方面的合作。继续推进中俄审计准则等效与审计监管交流合作。加强两国财经智库合作，为推动在上合财长会等多边机制下开展交流提供助力。积极评价两国央行为发展两国金融机构间合作及确保经济实体间畅通结算所做的努力，支持进一步加强双方金融监管部门和金融机构间联系。支持在双边贸易、投资和借贷中进一步扩大本币计价结算，发挥好包括俄罗斯人民币清算行在内的两国基础设施组织和金融机构的作用。注意到 2020 年 11 月中国人民银行与俄罗斯联邦中央银行续签本币互换协议。支持两国评级机构和金融协会间加强交流。俄方欢迎中国金融监管部门就中国金融市场开放采取的举措，双方欢迎两国符合条件的金融机构在两国金融市场开展合作。支持加强支付系统和支付服务领域合作。积极评价中国银行保险监督管理委员会和俄罗斯联邦中央银行在银行和保险领域监管合作谅解备忘录框架下的合作，继续扩大两个机构间合作。支持进一步发展保险和再保险领域的合作，在应对包括流行病在内的紧急情况领域加强合作，以及进一步落实中俄旅游保险项目。深化双方在反洗钱和打击恐怖主义融资领域的合作，特别是加强在反洗钱金融行动特别工作组以及欧亚反洗钱和反恐怖融资组织框架内的沟通与合作。

双方指出，中俄能源合作具有互利性、战略性和长期性，愿继续巩固和发展两国能源伙伴关系。为此，双方商定：深化油气领域全方位合作，包括油气勘探、开采和加工，稳妥实施中俄东线天然气管道和北极地区液化天然气项目，持续推进中俄其他天然气管道项目商谈，推动相关现有政府间协议逐步落实，并研究油气领域合作新模式。为应对气候变化，推动能源可持续低碳转型，双方将进一步支持两国企业在可再生能源、氢能、储能等领域开展合作。支持执行好现有电力合同，支持中俄企业联合参与包括第三国境内的清洁电力项目，共同发挥科技潜力，交流先进经验和技术。推动两国企业在能源装备等领域开展合作。继续扩大在油气、电力、煤炭等能源领域的标准化工作。支持两国企业按照市场化原则开展煤炭领域合作。继续依托中俄能源商务论坛等平台开展能源领域沟通对话，服务企业间务实合作。确保高质量、高标准落实好 2018 年签署的核领域一揽子重大合作项目，树立全球核能合作新典范。积极落实 2021 年 5 月 19 日两国元首出席田湾核电站 7、8 号机组和徐大堡核电站 3、4 号机组项目开工仪式时达成的重要共识，发挥互补优势，拓展核领域合作的广度和深度，加强核领域创新合作。

在中俄总理第二十七次定期会晤期间（2022 年 12 月 5 日），双方商定：推动双边务实合作，发现并消除经贸投资领域壁垒和限制；支持举办第七届中俄博览会；加强服务贸易合作，积极发展依托现代信息网络交付的数字服务，在执业资格互认、人才联合培养等方面开展务实合作；扩大电子商务领域合作，完善合作机制，促进两国企业在仓储物流等方面的合作，推动新模式和新成果分享，引入创新理念，积极利用线上推广活动为本国优质特色产品打开对方国家市场，拓展交流方式相互推广国产品牌和联合品牌，通过各种渠道分享潜在合作伙伴联系信息，邀请企业界参与研究双方电子商务领域具体合作问题的解决方案等；推动就电子商务监管和规则制定形成统一国际立场；加强网购商品安全和质量等消费者权益保护领域的信息交换和合作，打击售卖假冒伪劣产品行为，研究商签《中华人民共和国国家市场监督管理总局和俄罗斯联邦消费者权益保护和公益监督署合作谅解备忘录》；通过信息经验交流开展知识产权保护领域合作，在保护地理标志和原产地名称方面开展协作；加强数字经济领域合作，应对数字化转型为行业监管等领域带来的挑战，在金砖国家、上海合作组织框架内就数字经济问题协调立场；深化应对气候变化、绿色低碳等在内的可持续发展领域合作，在双边及二十国集团、上海合作组织、金砖国家等多边机制框架内推动实现应对和适应气候变化全球目标。

在国家和地方层面，就碳排放配额分配、自愿减排项目落实和碳排放权交易等问题开展沟通和经验交流，推动开展温室气体减排和吸收技术交流，包括可再生能源、氢能、储能、碳捕集、利用与封存技术，以及适应气候变化的技术和实践成果等。在中俄反不正当竞争和反垄断政策领域政府间协定框架下，加强反垄断执法和竞争政策领域交流合作，为中俄经贸合作创造良好条件。在标准化、合格评定和检验监管等领域加强合作，促进中俄贸易便利化，实施《中华人民共和国国家市场监督管理总局与俄罗斯联邦技术规范和计量署关于协调煤炭及其加工产品、煤矿机械设备标准及合格评定要求的行动计划》，推进标准对接，定期就法律法规及相关调整修订交换信息，交流经验与实践成果；扩大农业合作规模，提升农业合作水平，进一步克服新冠疫情对农产品贸易带来的不利影响，为提高中俄农产品贸易量、扩大俄对华出口规模和品类创造有利条件。在对口会谈机制框架下深化合作，开展有效对话，扩大两国动植物产品相互准入；高度评价黑河-布拉戈维申斯克界河公路大桥、同江-下列宁斯阔耶铁路大桥于2022年开通，将积极提高通过两桥的国际货物运输量；愿就设立新冠疫情铁路防控信息交换中心（呼叫中心）积极开展工作，保障双方货物往来畅通；推动提升珲春-马哈林诺铁路口岸过货量，增加货物品类；鼓励双方港口为对方企业提供服务保障方面的便利条件；加快商签《中华人民共和国交通运输部和俄罗斯联邦运输部海上搜救合作谅解备忘录》；继续研究利用自动驾驶技术开展货物运输合作；在确保新冠疫情防控的前提下，适度增加中俄间航班数量和频次，扩大航空线路网。在口岸基础设施完善、保障口岸稳定运行等方面的合作，协调配合，努力降低新冠疫情对口岸运行和交通往来造成的不利影响；继续发展"滨海 1 号""滨海 2 号"国际交通运输走廊过境运输合作；推动修订 1994 年 1 月 27 日签署的《中华人民共和国政府和俄罗斯联邦政府关于中俄边境口岸协定》；加强海关合作，促进双边贸易安全化、便利化，依托中国"智慧海关、智能边境、智享联通"倡议和 2030 年前俄罗斯联邦海关发展战略展开对话，推动两国海关合作智能化发展；继续推动进出境商品和运输工具信息（包括价格信息）自动交换、"经认证的经营者"互认、"绿色通道"等项目实施；推动两国在航天领域开展长期互利合作，包括实施月球与深空探测、卫星导航等双方共同感兴趣的项目；基于《中华人民共和国政府和俄罗斯联邦政府关于合作建设国际月球科研站的谅解备忘录》，进一步推动项目实施；落实《中国国家航天局和俄罗斯国家航天集团公司 2023—2027 年航天合作大纲》（简称《2023—2027 年中俄航天合作大纲》），进一步巩固中俄航天领域长期互利合作伙伴关系；优化和扩大双边森工领域合作，继续推动落实在俄境内实施木材加工制造等投资合作项目；推动双方在共同感兴趣的工业领域继续深化合作。在《中华人民共和国工业和信息化部与俄罗斯联邦数字发展、通信和大众传媒部关于数字技术开发领域合作谅解备忘录》框架下，深化通信和数字领域合作，扩大无线电频率资源管理领域合作，巩固双方在保障网络安全领域的互信；共同推动操作系统领域合作，促进中俄软件供应商保持更为紧密的联系；探讨在物联网、人工智能、数字教育、5G 移动网络、"智慧城市"、网络安全等具有广阔前景的领域扩大合作，交流最佳解决方案和技术实践；推动两国通信运营商开展互利合作，提升网络融通能力，提高中俄两国间跨境通信服务质量；就 2023 年世界无线电通信大会共同关心的议题保持密切联系。深化两国在跨境水体水质保护、生物多样性保护、突发环境事件应急联络等生态环境保护领域合作，继续在上海合作组织、金砖国家框架下开展环保合作；扩大科技创新领域互利合作，深化大科学装置框架下的基础研究和应用研究合作，完善两国有关部门开展的针对科研机构和大学的联合科研项目遴选机制，增加资助项目数量，拓展合作领域，提升合作效果，继续共同举办高水平科技研讨会、展览等活动，鼓励和支持中俄青年创新人才之间的交流；深化两国在建设和城市发展领域的务实合作，推动就城市环境建设、隧道建设与改造和建筑领域职业资格管理等议题开展双边对话，加强专业技术人员互学互鉴，特别是为青年专业人员提供交流、经验分享和专业发展的平台。

在中俄总理第二十八次定期会晤期间（2023 年 12 月 19~20 日），双方商定：继续扩大双边贸易规模，优化贸易结构，培育数字贸易、低碳可持续、生物医药等新的增长点。进一步提高贸易便利化水平，共同保障产业链供应链安全稳定，推动双边贸易高质量发展；拓展服务贸易合作，加强数字经济基础设施建设、文化创意、教育、信息技术、商务服务、交通、物流、展览等服务领域合作。推动落实 2023 年 5 月中国商务部与俄罗斯经济发展部签署的《关于深化服务贸易领域合作的谅解备忘录》；促进电子商务领域合作，完善合作机制，促进两国企业在仓储物流等方面的合作，推动经验和技术成果分享。积极开展线上推广活动促进各自优质产品进入对方市场；支持 2024 年在中国举办第八届中俄博览会及在博览会框架内举办第四届中俄地方合作论坛；加强北极建设性合作，继续探讨互利合作项目；推进北极航道航运开发相关各领域合作，包括研究建立合作机制；扩大森工领域合作，共同推动在俄境内实施木材深加工等投资合作项目；通过信息经验交流开展知识产权保护领域合作，在保护地理标志和原产地名称等方面开展协作；巩固深化农业贸易和投资合作，为扩大两国农产品和食品品类和规模继续创造有利条件；高度评价各口岸管理相关部门和边境地方政府为保障口岸稳定顺畅运行、提高客货运输能力所做的工作，继续加强中俄边境口岸基础设施建设，共同提高中俄边境口岸通关能力和效率。不断完善满洲里-后贝加尔斯克公路、珲春-马哈林诺铁路等口岸基础设施建设，进一步发展同江-下列宁斯阔耶铁路大桥及黑河-卡尼库尔干公路口岸运输。加快在铁路领域采用对承运人、查验机构具有法律效力的电子运输单据，提升电子数据交换质量和完整性；继续对 1994 年 1 月 27 日签订的《中华人民共和国政府和俄罗斯联邦政府关于中俄边境口岸的协定》开展修订工作并研究制定新的政府间口岸协定的可能性。继续就共同接受的口岸工作时间方案开展合作；进一步落实《中华人民共和国政府与俄罗斯联邦政府国际道路运输协定》和《中华人民共和国交通运输部与俄罗斯联邦运输部关于危险货物国际道路运输协议》；继续研究利用自动驾驶技术开展货物跨境运输合作；尽快签署《关于修订〈中华人民共和国政府和俄罗斯联邦政府关于便利公民往来协议〉的议定书》，为国际道路运输汽车司机互办多次签证，进一步便利两国人员往来。继续就保障两国公民自驾 8 座及以下小型私人车辆经中俄边境有关公路口岸出入中俄国境问题开展工作；进一步深化沟通协调，提升边境口岸双边人员往来的便利化水平，保障在本国境内对方国家人员的安全与合法权益；共同推进中蒙俄经济走廊建设，加快中蒙俄中线铁路升级改造等走廊框架下重点项目合作；全方位加强海关领域务实合作。积极探讨开展国际贸易"单一窗口"等海关智能化合作试点项目。稳步推进"经认证的经营者"互认、"绿色通道"、监管结果互认、进出境商品信息（包括价格信息）自动交换等重点合作项目，继续巩固海关打击走私、知识产权保护、风险管理、海关贸易统计比对分析、海关税费合作和海关价格监管、打击跨境走私核材料和其他放射性物质、行政互助等贸易安全保障合作；积极推进联合研制远程宽体客机、重型直升机等飞机制造领域合作项目；深化冶金、原材料、化工等领域务实合作，加强钾肥产业合作，推进铁矿石、铜矿、钾资源开采加工合作项目落地及贸易；推动双方在共同感兴趣的工业领域继续深化合作；加强汽车领域合作，实施促进政策，支持汽车生产合作项目；支持两国企业加强光缆建设及维护领域合作，改善应急响应和告知机制，进一步提高光缆的可用性和可靠性；支持开展新兴信息通信技术科技研究、创新项目、标准化、电信设备测试等领域的互惠合作；推动落实金砖国家通信部长会议成果，依托金砖国家未来网络研究院平台，探讨共同开展技术创新、产业促进等方面合作；支持两国机构创新数字教育合作方式，举办职业竞赛；支持在软件和工业物联网领域合作，建立专业工作组、实验室和推广中心；支持建立定期磋商机制加强人工智能和开源技术合作；鼓励网络和数据安全、技术研究、产品研发和人才培训等信息通信技术领域合作发展和信息互换；共同打击威胁双方国家社会安全的违法信息在网络传播；持续加强无线电频率协调领域合作。在相关国际场合上就双方持有相似立场的议题相互支持；支持发展双边邮政产品和服务，提升跨境电商运营质量；开展电脑游戏有关技术领域合作；继续推动开展国际月球科研站建设。支持推进嫦娥七号与LUNA-26 协同合作，支持俄方科学类有效载荷搭载中国嫦娥七号着陆器项目合作；推动开展《2023—2027 年中俄航天合作大纲》项目落实工作；扩大中俄卫星导航领域合作，包括开展北斗和格洛纳斯系统合作；进一步深化在大科学装置、核物理等基础研究领域的互利合作，探索科技创新合作的新领域、新方向、新模式，推动科技创新合作助力两国经济社会发展与人民福祉，完善两国有关部门开展的针对科研机构和大学的联合科研项目遴选机制，增加机制框架下项目数量，拓宽合作领域，提质增效。持续推动举办科学技术高级别会议和展会，鼓励并支持两国青年才干创新交流；加强跨界水体保护、环境灾害应急相互联络、生物多样性保护及固体废物处理等环保领域合作。继续在上海合作组织、金砖国家等框架下开展气候和环保合作，推动在该合作框架内尽快建立合作机制；推动于 2024 年内签署《中华人民共和国政府和俄罗斯联邦政府关于建立大型猫科动物跨境自然保护地的协议》；推动建设和城市发展领域合作持续快速发展，继续为专业人员，特别是青年专业人员提供交流、经验分享和职业发展的平台，支持两国有关教育机构和学（协）会合作开展科学研究，鼓励有关机构建立伙伴关系、开展项目合作。

在《中华人民共和国政府与俄罗斯联邦政府反垄断执法和竞争政策领域的合作协定》框架下，加强反垄断和竞争政策领域务实交流合作，为双方经贸合作创造良好条件；继续深化计量、标准化、认可与检验检测等领域交流与合作，促进中俄贸易便利化。开展计量领域项目合作研究、双边比对和工作研讨。定期交换标准信息，推进能源、民用航空、飞机制造、农业食品等领域更多标准互认。召开中俄标准双边合作会议，在国际及地区标准和计量组织中加强立场协调和相互支持；积极评价双方在包括汽车安全等合格评定领域已取得的合作成效，继续推动中国与俄罗斯和欧亚经济联盟在共同商定的相关重点领域深化和升级关于合格评定程序和结果的互认合作；加强中国国务院国有资产监督管理委员会与俄罗斯联邦国有资产管理署的交流合作，分享两国国有企业在改革发展、公司治理等方面的经验做法，推动两国国有企业务实合作；促进双方工业安全管理合作，交流完善监督机制方法经验，提升国家管理效率；加强两国在中俄合理利用和保护跨界水联合委员会机制下合作，深化在跨界水联合防洪和水文报汛方面的合作；加快协商《中俄船只在黑瞎子岛（塔拉巴罗夫岛和博利绍伊乌苏里斯基岛）地区周围水域航行的政府间协定（草案）》文本；同朝鲜民主主义人民共和国就中国船只经图们江下游出海航行事宜以及进行中俄朝图们江联合生态调查开展建设性对话。

二 中俄地方政府间沟通交流机制

地方合作是中俄务实合作的重要组成部分，中俄为加强两国地方友好交流建立了一系列合作机制，主要有中俄"东北-远东"地方合作机制和中俄"长江-伏尔加河"地方合作机制。

中俄"东北-远东"地方合作机制是指中国东北地区和俄罗斯远东地区地方合作理事会和中国东北地区和俄罗斯远东及贝加尔地区政府间合作委员会。2015年9月，中国东北地区和俄罗斯远东地区地方合作理事会召开首次会议。2016年11月，两国决定在中俄总理定期会晤机制框架下，建立中国东北地区和俄罗斯远东及贝加尔地区政府间合作委员会，以推动中国东北地区和俄罗斯远东地区发展。2016年7月，中国长江中上游地区和俄罗斯伏尔加河沿岸联邦区地方合作理事会召开首次会议。

中俄地方合作交流年的成功举办充分调动了两国各地方扩大合作的积极性。双方愿继续完善地方合作机制，推动各地方加强沟通对接，扩大交流合作，特别是加强在上海合作组织地方领导人会晤框架下的协作。为此，双方商定：指导和推动双方各地方在中俄地方合作交流年框架内开展各项交流活动；积极落实《中俄在俄罗斯远东地区合作发展规划（2018-2024年）》，支持在基础设施、农林开发、能源资源、港口物流等领域拓展和深化合作，共同落实中俄两国，特别是在俄西伯利亚和远东地区的投资项目；发挥现有地方合作机制潜力，研究建立并运行新的地方合作平台；加强中央政府与地方政府沟通协调，打造更好投资环境，切实给予政策支持，确保优惠政策落实落地。

中俄地方合作呈现新的格局和新的发展路径，双方正在实现地方合作领域和地域的全覆盖，着力打造两国务实合作升级版。

三　中俄信息交流与共享服务机制

为了助力中俄经贸合作的稳步发展，需要不断加深中俄双方的相互了解，这是保障两国各领域合作可持续的一个重要前提，因而构建中俄信息交流与共享服务机制是十分必要的。

中俄经贸交流机构之间的信息交流与共享在推动中俄经贸合作发展方面发挥着积极的促进作用。中俄两国的商务、海关、商检、物流等部门之间以及两国企业公司之间畅通的信息交流与共享服务渠道，为双方开展合作提供了便捷的条件。

从地方来看，我国有对俄业务的省份大多设有中俄经贸合作信息中心。例如，黑龙江中俄信息网即为中俄信息合作提供贸易合作和文化交流的信息平台。两国媒体加强合作，在新闻信息交流、重大事件采访、商务合作等方面展开一系列合作，实现资源共享，服务中俄经贸、人文等多领域合作。

为推动中俄两国媒体间的交流与合作，通过两国媒体间资讯传播合作，推动"一带一路"倡议实施，黑龙江日报报业集团黑龙江经济报社在2012年牵头打造了"中俄经贸信息化共享平台"。凭借黑龙江的地缘优势和黑龙江日报报业集团的媒体优势，打造了一个跨越时空、跨越地域、跨越语言的空中信息大通道。目前该平台已与俄罗斯国际文传电讯、《金角报》、《太平洋之星报》、俄罗斯中国旅游网等俄罗斯十余家媒体达成新闻信息交流合作，使黑龙江省有关经贸方面的信息和俄罗斯相关经贸信息同步在中俄媒体传播。

四　中俄法律咨询服务机制

对外开展合作，风险与机遇并存，风险中蕴含着机遇，机遇中隐含着风险。为了规避风险、抓住机遇，我们要充分了解俄罗斯的政治、经济、历史、社会、文化和法律环境，学会运用法律武器来维护自己的利益。

在双边经贸合作实践中，中俄两国交易双方之间出现法律纠纷是司空见惯的事情。为了尽可能减少交易纠纷，需要两国构建中俄法律咨询服务机制，为交易双方提供事前、事中、事后的法律咨询服务。

从以往中俄实施的投资合作项目来看，缺少法律咨询服务的现象很常见。未经全面细致深入考察就盲目启动合作或者操作不规范，为我方在俄罗斯的投资活动带来了巨大的风险。缺少法律专家的全程"保驾护航"，加上对后者项目法律层面的复杂性考虑和准备严重不足，中俄投资合作存在巨大的隐患。一个大型投资项目涉及复杂的物权关系，包括土地、房屋租赁、不动产的使用，还涉及登记制度、不动产交易规则等方面的复杂问题。中国企业应积极采取有效的应对措施，为项目配备得力的专业法律团队，在对外经营中把立法不完善带来的风险降到最低限度。

第二节　合作模式

中俄双边经济合作主要形成了政府协议主导合作模式、价值链合作模式、贷款资源互换模式、合作加工资源模式、境外园区发展模式、中小企业市场合作模式等。

依据实际情况，我们提出构建中国东北地区与俄罗斯远东地区的两种区域经贸合作模式，即点轴合作开发模式和网状经济合作模式。

一　中俄双边经贸合作模式

经过多年的合作实践，业已形成成熟的政府协议主导合作模式、价值链合作模式和中小企业市场合作模式等中俄双边经贸合作模式，在两国经贸合作中发挥着重要的引导作用。①

（一）政府协议主导合作模式

中俄经贸务实合作不仅量上有显著突破，而且当前正处于换挡升级的关键时期，其发展模式以政府协议主导合作模式为主，形成了政府搭台、民间唱戏的合作格局。

---

① 中俄双边经贸合作模式主要由徐坡岭教授和马友君研究员总结概括并撰写。

中俄两国国家元首和政府首脑会晤后签署的有关双方经贸合作的文件，对近期、中期和长期双边经贸合作做出了明确的安排，指导和引领两国企业和公司开展务实合作。在上文中俄两国元首、政府首脑定期会晤机制中，我们以历次中俄总理定期会晤为例，几乎每次中俄总理定期会晤对双边经贸合作的发展都做出了战略规划，指明此后的合作方向与领域，双方企业公司按照两国领导人的顶层设计开展实际合作。

（二）价值链合作模式

企业要生存和发展，必须为企业的股东和其他利益集团包括员工、顾客、供货商以及所在地区和相关行业等创造价值。可以把企业创造价值的过程分解为一系列互不相同但又相互关联的经济活动，或者称之为"增值活动"，其总和即构成企业的"价值链"。波特的价值链理论揭示，企业与企业之间的竞争，不仅仅是某个环节的竞争，而是整个价值链的竞争，而整个价值链的综合竞争力强弱决定了企业的竞争力强弱。

目前，80%的全球贸易正通过跨国公司主导的全球价值链完成，通过参与全球价值链合作，各经济体可以更加有效地优化资源配置和产业结构，在国际贸易和投资中充分发挥竞争优势。以中国为代表的亚太地区发展中国家发挥积极引领作用，努力避免人为导致全球价值链断裂，积极主张在价值链高端和延伸段寻求位置、在价值链的有机融合中实现共赢，并在促进贸易便利化、改善投资环境、提高服务业支持全球价值链发展等方面大力推进，在自身发展中形成溢出效应，为全球提供更多的公共产品。①

中俄呈现"直接和深度价值链合作模式为主，间接和浅度价值链合作模式为辅"的典型特征。② 从价值链合作视角重新考察中俄经贸合作发现，中俄之间的价值链合作度普遍较高，双边贸易合作具有显著的价值链合作模式为主、非价值链合作为辅特征。进一步研究发现，两国价值链合作又呈现直接与深度价值链合作模式为主、间接与浅度价值链合作模式为辅的典型特征。中俄改善政治关系，扩大两国制度质量差异和劳动力禀赋差异，可以助

---

① 秦明旭：《中国参与亚太价值链合作的模式演进与绩效评估》，辽宁大学博士学位论文，2019。

② 田原：《引领全球价值链合作发展》，《经济日报》2016 年 5 月 31 日。

推两国密切而深入地开展价值链合作。①

（三）贷款资源互换模式

生产要素禀赋互补是中俄能源合作成功的一个重要前提条件。中国有资金、市场优势，俄罗斯有油气资源优势，双方在能源合作方面存在客观上很强的生产要素禀赋互补。中俄经过 15 年的漫长谈判，最终在国际金融危机的影响下于 2008 年 10 月 28 日中俄总理第十三次定期会晤期间签署了"贷款换石油"协议，即中国将向俄罗斯提供 250 亿美元的长期贷款（采取固定利率，约为 6%），俄罗斯以石油为抵押，以供油偿还贷款，从 2011 年至 2030 年按照每年 1500 万吨的供应量向中国通过东西伯利亚-太平洋石油管道输送总计 3 亿吨石油的协议。

贷款资源互换模式是中俄两国能源合作的一个典型成功模式，在发挥各自生产要素禀赋优势的基础上实现优势互补，有助于双方开展能源合作。

（四）合作加工资源模式

2006 年 3 月，中国石油天然气集团公司与俄罗斯石油公司签订了《关于中国、俄罗斯成立合资企业，深化石油合作的基本原则协议》。2007 年 11 月末，中俄东方石化（天津）有限公司在天津注册成立，中俄在天津滨海新区合资建设年加工能力 1000 万吨的大炼油项目。该公司由中国石油天然气集团公司与俄罗斯石油公司合资建设。中俄东方石化（天津）有限公司将运作天津大港炼油厂，其中中国石油天然气集团公司占股 51%，俄罗斯石油公司占股 49%。预计总投资金额将达到 40 亿美元。

2018 年 3 月 21 日，中俄石化（湖北）有限公司成立，经营范围包括柴油（不含危险化学品）、润滑油、润滑油基础油、船舶燃料油、工业燃料油、工业盐的生产和销售；重质油、化工产品（不含危险化学品、易制毒化学品、监控类化学品）销售等。

2019 年 4 月 25 日，中俄石化（大连）有限公司注册成立，注册资本为1.2 亿元，主要经营燃料油、渣油、重油、工业白油、白油、粗白油、有机

---

① 张志明、黄微：《中俄价值链合作模式演进及影响因素研究》，《宁夏党校学报》2018 年第2 期。

热载体（导热油）、芳香基矿物油（基础油）、液压油（变压器油）、石油焦、蜡油、沥青、润滑油、煤炭等销售，经营液化石油气、天然气（以上仅限城镇燃气经营）等。

（五）境外园区发展模式

境外园区的建立有利于改善中俄贸易结构，增强出口产品的竞争性和适应性，丰富黑龙江省对俄罗斯的贸易发展方式、优化贸易结构。目前，黑龙江省已经开工建设 15 个境外园区，主要分为综合、林业、农业大类，其中乌苏里斯克经贸区为国家级境外园区，其余 14 家为省级境外园区。省级园区中 7 家境外加工园区、1 家建材区、5 家木材加工园区、1 家农业园区。境外园区的总规划面积为 3526 万平方米，规划总投资为 41.8 亿美元，累计完成投资 11.4 亿美元。

（六）中小企业市场合作模式

中俄两国都高度重视中小企业发展。2018 年 1 月 1 日起施行的新修订的中国《中小企业促进法》中增加的多项内容和措施有效呼应了中小企业的诉求。中小企业已经成为中国最具创新活力的企业群体，是推动"大众创业、万众创新"的基础，对国家经济和社会发展具有越来越重要的意义。2016 年 6 月，俄罗斯政府通过了《2030 年前中小企业长期发展战略》，从国家层面对中小企业发展进行统一规划部署。中小企业也成为保障俄罗斯国家经济长期稳定增长、提高国民生活水平的重要因素。

中小企业是中俄开展经贸合作主体的一支重要力量。中小企业之间的合作在中俄两国具有可靠的政策保障和牢固的现实基础。中俄中小企业应抓住两国发展战略对接和数字经济发展的难得机遇，积极开展电子商务、大数据、物联网、智慧城市合作，更多发挥创新能动性，实现互利共赢的同时，为两国大企业、大项目合作提供更加便利的物流、运输等配套服务，为中俄各自经济发展注入新动能，增添新动力。中俄双方都强调要利用好中小企业"小而活"的优势，支持中俄中小企业开辟合作新领域，为两国务实合作挂上"创新"加速挡。①

---

① 欧诣：《中俄中小企业合作迎来新机遇》，《经济日报》2017 年 11 月 9 日。

在双方政府层面大力支持和企业界的积极参与下，两国中小企业合作势头强劲，凭借快速发展的跨境电子商务取得了显著成绩。2016 年，阿里巴巴集团旗下的全球速卖通一举成为最受俄罗斯消费者欢迎的网络商店；同年 9 月，阿里巴巴集团与俄罗斯出口中心在天猫国际开设俄罗斯国家馆，中国消费者通过这一电商平台既可以买到食品、化妆品等日常俄罗斯畅销产品，还可以订购赴俄旅游服务。2017 年 10 月，天猫商城登陆俄罗斯市场，俄罗斯国家馆招商会在哈尔滨举办，双方合作势头越来越强劲。

二　中俄区域经贸合作模式

中国东北地区与俄罗斯远东地区凭借地缘区位优势、产业链关联度高等有利因素，将逐步形成"点轴合作开发模式"和"网状经济合作模式"。

（一）"点轴合作开发模式"

1. "点轴合作开发模式"的理论基础

点轴开发理论（点轴理论）最早由波兰经济家萨伦巴和马利士提出。"点轴合作开发模式"是增长极理论的延伸，从区域经济发展的过程看，经济中心总是首先集中在少数条件较好的区位，呈斑点状分布。这种经济中心既可称为区域增长极，也是"点轴合作开发模式"的点。随着经济的发展，经济中心逐渐增加，由于生产要素交换需要交通线路以及动力供应线、水源供应线等，点与点相互连接起来就是轴线。这种轴线首先是为区域增长极服务的，但轴线一经形成，对人口、产业也具有吸引力，吸引人口、产业向轴线两侧集聚，并产生新的增长点。点轴贯通，就形成点轴系统。因此，点轴开发可以理解为从发达区域大大小小的经济中心（点）沿交通线路向不发达区域纵深发展推移。

点轴模式是从增长极模式发展起来的一种区域开发模式。法国经济学家佩鲁把产业部门集中而优先增长的先发地区称为增长极。在一个广大的地域内，增长极只能是区域内各种条件优越、具有区位优势的少数地点。一个增长极一经形成，它就要吸纳周围的生产要素，使本身日益壮大，并使周围的区域成为极化区域。当这种极化作用达到一定程度，并且增长极已扩张到足够强大时，会产生向周围地区的扩散作用，将生产要素扩散到周围的区域，从而带动周围区域的增长。增长极的形成关键取决于推动型产业的形成。推动型产业通常又称为主导产业，是一个区域内起方向性、支配性作用的产业。地区的主导产业一旦形成，源于产业之间的自然联系，必然会形成在主导产业周围的前向联系产业、后向联系产业和旁侧联系产业，从而形成乘数效应。

点轴模式是增长极模式的扩展。由于增长极数量的增多，增长极之间也出现了相互连接的交通线，这样，两个增长极及其中间的交通线就具有了远高于增长极的功能，理论上称为发展轴。发展轴应当具有增长极的所有特点，而且比增长极的作用范围更大。

点轴开发理论在经济发展过程中采取空间线性推进方式，它是增长极理论聚点突破与梯度转移理论线性推进的完美结合。

2. 形成和实施"点轴合作开发模式"

在中俄东部毗邻地区区域经济合作区，应着力实施"点轴合作开发模式"，以中俄东部沿边对应的口岸城市形成的线状基础设施为轴线，重点发展轴线地带的若干个点，即口岸城市。在中俄东部沿边地带形成"双点轴"合作开发格局，并予以实施。

随着开发活动的逐步推进和经济发展水平的提高，经济开发会由高等级点轴向低等级点轴延伸，通过政策引导促使产业实现梯度转移，产生辐射和拉动效应，使区域经济进入新的发展阶段，继续保持较快增长，实现区域的共同协调发展。

（二）"网状经济合作模式"

1. "网状经济合作模式"的内涵

随着中俄东部毗邻地区经济合作的不断发展，迫切需要"打破多年来中俄区域经济合作一直以货物贸易为主的局限，促进双方的合作向技术贸易和产业合作的更高层次发展，从而带来生产资源的有效配置和生产效率的提高"[①]。全方位、多层次、宽领域的"网状经济合作模式"是极具潜力的一种选择。所谓"网状经济合作模式"，主要是指中国东北地区与俄罗斯远东

① 郭力：《中俄区域合作的"伞"型模式》，《俄罗斯中亚东欧研究》2007 年第 3 期。

地区在继续扩大货物贸易的基础上，积极开展木材、能源、机电、农副产品加工等生产领域的纵向合作。同时，通过开展金融、技术、交通、物流、劳务和文化等活动，横向地将各生产领域联系起来。纵向与横向合作纵横交错，形成覆盖两个地区各个行业的网络，从而使生产要素加快流动，达到资源的最佳优化配置，最终实现双方利益的最大化。[①]

2. "网状经济合作模式"的可行性

中俄东部毗邻地区振兴战略与开发政策的实施为区域"网状经济合作模式"的构建提供了难得的机遇和政策保障。双方的经济互补性为其奠定了良好的基础，巨大的经济技术合作潜力为其提供了经济支撑。因而，该模式具有现实可行性。

在"网状经济合作模式"下，双方的资金往来、国际结算、交通运输将十分便捷，有利于双方货物贸易的顺利进行。该模式能够促进双方的经济合作向更深层次发展，推进双方的经济向规模化、集团化方向发展，从而增强企业的竞争力和抗风险能力。

第三节　合作路径

中俄双边经贸合作持续稳步发展的主要原因是两国官方高度重视，国家元首和政府首脑会晤签署的正式文件为双边经贸合作发展指明了方向。两国领导人对双方实施的或未来计划落实的战略性合作大项目进行了顶层规划设计。为了逐步扩大双边经贸合作规模，需要加大两国间市场循环的力度。两国企业着力提高本国产品的品质，有利于不断优化双边经贸合作的商品结构。不断优化两国各自的营商环境，提升两国相互投资水平。加强两国人文交流与合作，促进两国人民相互了解，夯实双边经贸合作的民意基础。

一　双边合作发展方向以两国文件为指针

中俄两国领导人高度重视双边经贸合作，国家元首和政府首脑会晤签署

---

① 曹英伟、张淑华：《中国东北与俄罗斯远东西伯利亚地区网型合作模式可行性分析》，《辽宁师范大学学报（社会科学版）》2010 年第 4 期。

的正式文件为双边经贸合作的当下及此后的发展指明了方向。我们仅以
2019 年 6 月 5 日中国国家主席习近平和俄罗斯总统普京在莫斯科共同签署
的《中华人民共和国和俄罗斯联邦关于发展新时代全面战略协作伙伴关系
的联合声明》为例，该文件为两国国家发展战略对接以及相关领域的合作
指明了方向。

关于两国国家发展战略对接问题，2019 年 6 月 5 日中国国家主席
习近平和俄罗斯总统普京在莫斯科共同签署的《中华人民共和国和俄罗斯
联邦关于发展新时代全面战略协作伙伴关系的联合声明》指出："深度融
通，就国家发展战略对接进行密切协调和战略协作，拓展经贸和投资互利合
作。在推进'一带一路'与欧亚经济联盟对接方面加强协调行动。"

关于双边能源合作问题，"继续深化上中下游全方位一体化能源合作，
促进双方在节能技术、标准、人才、信息等方面交流与合作。支持中俄东线
天然气管道项目年内举行投产及供气启动仪式。支持中俄能源商务论坛成为
机制化活动。落实好 2018 年 6 月 8 日达成的核领域一揽子合作项目。本着互
利共赢的原则，在 2016 年 11 月 7 日签署的《中俄政府首脑关于深化和平利用
核能领域战略合作的联合声明》基础上，继续深化和拓展和平利用核能领域
合作，探讨可行的合作项目"。

关于两国科技创新合作问题，"扩大科技创新合作深度和广度，决定 2020
年、2021 年互办'中俄科技创新年'。继续定期举行中俄创新对话，推进中俄
联合科技创新基金建设，推动中俄大科学合作，推动中国参与基于超导重离
子加速器的离子对撞机装置项目实施，加强两国科技创新人才交流与合作"。
"开拓创新，不断丰富、完善双方合作理念、机制，开拓新的领域、项目、技
术，更加全面挖掘两国关系潜力和发展动能"。

关于航天合作问题，"在实施中俄 2018—2022 年航天合作大纲的基础上
拓展并深化两国航天领域长期互利合作，包括在运载火箭及发动机、月球与
深空探测、对地观测、航天电子元器件、空间碎片监测、低轨卫星通信系统
等重点领域的合作"。

关于全球卫星定位系统合作问题，"加强信息通信技术、数字经济、无
线电频率资源管理领域合作，深入开展北斗导航系统与俄罗斯格洛纳斯系统

在轨位、频率方面的互换和合作"。

关于工业务实合作问题，"积极落实民用航空、原材料、装备、无线电电子等领域合作项目，推动中俄工业务实合作再上新台阶"。

关于交通运输领域合作问题，"深化交通运输领域合作。坚持互利共赢原则，新建和改造现有跨境交通基础设施，推动铁路、界河桥梁等领域标志性重大合作项目落地实施。加强两国间跨境运输合作，推进运输通关便利化，提高运输服务质量效率"。

关于北极合作问题，"推动中俄北极可持续发展合作，在遵循沿岸国家权益基础上扩大北极航道开发利用以及北极地区基础设施、资源开发、旅游、生态环保等领域合作。支持继续开展极地科研合作，推动实施北极联合科考航次和北极联合研究项目。继续开展中俄在'北极——对话区域'国际北极论坛内的协作"。

关于地方间交流与合作问题，"扩大中俄地方交流，持续深化地方间经贸合作，落实好《中俄在俄罗斯远东地区合作发展规划（2018－2024年）》，丰富中俄地方合作交流年成果。研究建立并运行新的地方合作平台。用好中国国际进口博览会、中俄博览会、中国-东北亚博览会、圣彼得堡国际经济论坛、东方经济论坛等重点展会平台，推动扩大合作"。

关于2030年可持续发展问题，双方"致力于全面落实2030年可持续发展议程，平衡协调推进经济、社会和环境三大领域的公平、包容、开放、全面、创新和可持续发展"。

二　战略性合作大项目以顶层设计为引领

对中俄双方正在实施的或未来计划落实的战略性合作大项目，两国领导人进行了顶层规划设计。

《中华人民共和国和俄罗斯联邦关于发展新时代全面战略协作伙伴关系的联合声明》关于农业合作问题："扩大并提升农业合作水平，深化农业投资合作。采取措施优化营商环境，支持两国企业开展大豆等农作物生产、加工、物流与贸易全产业链合作，落实好双方签订的《中国东北地区和俄罗斯远东及贝加尔地区农业发展规划》《关于俄扩大大豆和豆制品输华的合作规划》。积极开展两国农产品食品相互市场准入合作，扩大双方优质农产品食品贸易。"

2014 年 5 月 20 日，中国国家主席习近平与俄罗斯联邦总统普京签署的《中俄关于全面战略协作伙伴关系新阶段的联合声明》对两国经贸合作进行了具体领域的设计。关于能源领域合作问题，"建立全面的中俄能源合作伙伴关系，进一步深化石油领域一揽子合作，尽快启动俄对华供应天然气，以开发俄境内煤矿和发展交通基础设施等方式扩大煤炭领域合作，积极研究在俄建设新发电设施，扩大对华电力出口"。

关于跨境交通基础设施合作建设问题，"加快发展跨境交通基础设施，包括建设同江-下列宁斯阔耶和黑河-布拉戈维申斯克界河桥，改善中方货物经俄铁路网络、远东港口及北方航道过境运输条件"。

关于国家发展战略对接问题，"双方将寻找丝绸之路经济带项目和将建立的欧亚经济联盟之间可行的契合点"。

三　逐步扩大合作规模以促进循环为动力

为了逐步扩大中俄双边经贸合作规模，需要加大两国间市场循环的力度。中俄两国生产要素禀赋和产业结构互补性强，形成了商品市场的互通有无的循环格局。中俄两国各自出口具有比较优势的商品，中国向俄罗斯出口轻工产品、机械电子产品和食品等，自俄罗斯进口能源原材料、机械设备、化学品等。中俄两国之间这种无限循环的市场运行，一方面有利于保持两国经贸合作的相对稳定，另一方面有利于逐步扩大双边经贸合作规模。

四　不断优化商品结构以提高品质为根本

中俄两国企业着力提高本国产品的品质，有利于不断优化双边经贸合作的商品结构。产品质量是市场交易持续进行的根本保障，因为低品质产品只能是"一锤子买卖"，不能持久。在中俄保持传统比较优势商品进出口的同时，两国企业不断调整产业结构、进行技术革新，使本国产品品质不断提高。中国对俄罗斯出口的商品结构日益优化，机械电子商品在对俄罗斯出口商品结构中的比重在逐步上升，俄罗斯对中国出口的商品结构中农产品的份额在不断增长，这成为双边经贸合作中的一大亮点。

五 提升相互投资水平以优化环境为前提

不断优化两国各自的营商环境，提升两国相互投资水平。持续深化两国投资合作，充分发挥中俄投资合作委员会统筹协调作用，进一步完善机制，加强两国经济领域发展战略、规划和政策对接。按照"企业主体、市场导向、商业运作、国际惯例"的原则共同推动更多投资合作项目落地。加强对中俄投资基金、中俄地区合作发展投资基金等双边合作基金的引导，提升金融支持和服务水平。加强对双方投资者合法权益的保护，营造更加公平、友好和稳定的营商环境。①

六 推动合作高质量发展以民心相通为基础

人文合作是促进各国民心相通的重要途径。人文合作已成为中俄新时代全面战略协作伙伴关系的重要有机组成部分，21年来，在中俄两国领导人顶层设计引领下，在中俄人文合作委员会机制框架下，双方已经取得了丰硕的合作成果。这充分表明，该机制务实高效。

中俄不断加强人文交流与合作，促进两国人民相互了解，夯实双边经贸合作的民意基础。中俄人文交流的目标是传承世代友好，巩固民间友好往来，促进文明互学互鉴。《中华人民共和国和俄罗斯联邦关于发展新时代全面战略协作伙伴关系的联合声明》规定在以下人文交流合作领域加快实现突破：师生学术交流；利用远程教育技术等开展汉语、俄语教学；在基础教育、中等职业及补充教育、青少年交流领域共同举办活动。根据数量对等原则相互提供到对方国家高校公费留学的名额。互派优秀学生到对方国家就读优势专业，实现2020年相互留学交流10万人目标；完善在华俄语中心和在俄孔子学院等汉语学习中心运行模式。打造青少年交流品牌。在中俄百名青

---

① 《中华人民共和国和俄罗斯联邦关于发展新时代全面战略协作伙伴关系的联合声明》，http://www.chinanews.com/gn/2019/06-06/8857437.shtml。

年互访项目框架内继续开展双方交流实践，促进国际青少年运动，增加中俄青少年组织间交流活动及项目数量，落实《中俄青少年世代友好宣言》。

双方积极开展教育、文化、卫生、体育、媒体、旅游、电影、青年和档案等领域的人文交流与合作，有助于加强两国人民相互了解和增进互信，为中俄睦邻友好和进一步扩大各领域合作营造良好氛围，这对巩固和深化中俄新时代全面战略协作伙伴关系发挥着十分重要的作用。

中俄人文合作发生了实质性的变化，从自发零散发展到定期机制化、由4个合作领域不断拓展至9个合作领域，实现了领域全覆盖、合作规模不断扩大，每个大型国家主题交流年活动项下开展的活动少则200项，多则600项，合作层次日益多元，从国家到地方，再到大专院校和企业以及社会团体，各方积极参与；合作的作用和成效渐趋增强，增进国民之间相互了解等常规作用的继续发挥，同时肩负着提升两国"软实力"这一新的重大使命。中俄人文合作已经形成了以下特点。

一是顶层设计，主题突出。在2000年中俄人文合作委员会成立前，双方合作基本处于自发状态，没有开展人文活动的明确主题和具体计划，因而效果不甚明显。

中俄人文合作已机制化、常态化运行，制定并执行《中俄人文合作行动计划》。21年来，中俄人文合作委员会成功举办了年度例会，互办了"国家年""语言年""旅游年""青年友好交流年""媒体交流年""地方合作交流年"等大型国家主题交流年活动，2020年、2021年举办的"中俄科技创新年"，在科技创新领域开展了多层次的、富有成效的合作。

中俄领导人的战略引领为两国拓展合作创造了有利条件。中国国家主席习近平指出："我们要大力开展人文交流，特别是要发挥中俄友好、和平与发展委员会的主渠道作用，加强民间交往，广泛弘扬条约确立的和平理念，推动两国社会各界相识相知，使中俄世代友好代代相传。""双方人文交流蓬勃开展，国家年、语言年、旅游年、青年友好交流年相继成功举办，媒体交流年活动正在如火如荼开展，两国民众相互好感增多，传统友谊日益巩固。"俄罗斯总统普京指出，"双方要扩大两国人文合作，（因为）人文合作是两国人民相互走近、巩固信任并且建立广泛的国民与社会关系的基础"。

中俄人文交流与合作让两国人民在双方合作中有更多获得感，不断充实着中俄新时代全面战略协作伙伴关系的内涵。

二是领域广泛，内容丰富。中俄人文合作从最初的只涉及教育、文化、卫生、体育 4 个领域合作的中俄教文卫体委员会，发展成为涵盖教育、文化、卫生、体育、旅游、媒体、电影、档案、青年 9 个领域的中俄人文合作委员会，实现了人文领域的全覆盖。同时，包含以上领域，但又不局限于以上领域，活动形式多元，内容丰富多彩。在"国家年"、"语言年"、"旅游年"、"青年友好交流年"、"媒体交流年"、"地方合作交流年"以及"科技创新年"等大型国家主题交流年活动项下，双方不同层次的、丰富多彩的活动为进一步发展和巩固中俄新时代全面战略协作伙伴关系夯实民了意基础。

三是主体多元，作用增强。大型主题国家交流年活动的主办方，既有两国国家政府部门和单位，也有省市政府部门和单位及各级民间团体和大专院校。各方参与热情高涨，根据自身条件举办各类交流活动。仅以"青年友好交流年"为例，双方在两年的时间里共同举办了 600 多项活动，扩大互派留学生规模，目标是达到 10 万人次。

人文交流与合作在增进中俄两国民众相互了解、传承中俄世代友好、共同打造国际文化交流品牌、巩固中俄新时代全面战略协作伙伴关系社会和民意基础等方面发挥着越来越重要的作用，彰显出其强基固本的独特优势。

新冠疫情发生后，在中俄人文合作委员会机制下，双方开展了共同抗击 COVID-19 诊疗合作、互捐抗疫物资、防控新冠疫情合作、深化高层次人才培养等，中俄携手共渡难关的感人画面将永驻两国人民心中。

中俄人文合作的主要作用在于增进两国人民之间的相互了解，加深友谊，中俄国家元首从提升国家"软实力"这一新的高度赋予中俄人文合作新的使命，对中俄人文合作发展提出了更高的目标和要求，使其发挥新的更大的作用。为进一步夯实两国民意基础，需要不断完善中俄人文合作机制的路径。

一是依托品牌，打造亮点。开展人文交流与合作，中俄双方各参与主体应以现有成功的品牌项目为依托，准确定位，不断扩大合作成果，提升合作水平，务求合作高效：奥林匹克竞赛《留学俄罗斯正当时》逐渐成为遴选中国中学生赴俄高校留学的主要机制之一；深圳北理莫斯科大学的建设为扩大两国高校合作树立了典型范例，2020 年 6 月 7 日奠基的哈尔滨工业大学圣彼得堡国立大学中俄联合校园即该品牌合作效应的延续；互办文化节、文化大集等活动已成为两国文化交流中规模最大、影响范围最广、受众人群最多的品牌合作项目；中俄医科大学联盟框架下的各类活动为两国卫生领域合作不断添砖加瓦；中俄青少年运动会的举办为两国体育合作注入了新的活力；军事历史旅游的深入开展极大地丰富了两国旅游合作内涵；互办电影节在两国民众中引起了巨大反响；"丝绸之路档案文献展"成为两国档案领域合作的新亮点；定期派遣百人青年代表团互访、成立中俄青年企业家俱乐部构建起两国青年之间长期化、机制化的交流合作平台。

多领域的成熟品牌合作项目已经成为中俄人文交流的"亮点"，应持续充分发挥其显著的示范效应和导向作用。

二是创新机制，打破限制。已经举办的历次主题交流年，都是在中俄国家元首和政府有关部门的"顶层设计"基础上大力开展的。为了保持中俄人文合作的可持续发展，我们应创新双边人文合作的动力机制，不断调动民间的智慧和力量，将"上层"与"下层"紧密结合起来，形成"上下互动"的双向合作联动机制。

中俄人文合作根基在民众。未来应推动民间各领域、各阶层的人民进行广泛密切的交往，使之成为双方民众的自发行为，为更多的家庭之间、个人之间建立友好关系创造条件。只有这样，中俄才能实现真正的"世代友好""永不为敌"。

中俄人文交流要进一步支持和鼓励两国人民之间开展交流，始终坚持以人为本，面向民众，形成"官方引导，全民参与"的良好局面，力促人文交流覆盖更加宽广、主体更加多元，走进寻常百姓家，持续促进两国民心相通，夯实巩固中俄新时代全面战略协作伙伴关系的民意基础，为两国人民带来更多福祉，同时也将为世界和平与繁荣不断做出新的更大的贡献。

创新双边人文合作形式，打破时空限制，开展"人文交流+互联网"活动，打破时空限制，通过"云"交流拓展互动面，增加互学互鉴的频率，从而夯实两国社会民意基础，扩大和提升两国人文交流的覆盖面和影响力。

三是主题交流，循环往复。"大型主题国家交流年"是中俄人文合作的标志性品牌，今后可以继续互办"文化交流年""教育合作年""电影欣赏年""体育交流年""卫生合作年""档案交流年"等，待人文合作9个领域主题交流年一轮结束后，可以循环举办"大型主题交流年"活动，以发挥其增进两国人民友好情谊的密切联系作用，进而不断释放其夯实两国民意基础的强大效应。

中俄人文合作机制已成为大国间开展文明对话的典范，是中俄双边关系的重要组成部分，与政治互信、经贸合作共同构成了中俄关系的三大支柱。在这一有效机制推动下，在业已取得的丰富成果基础上，中俄人文合作将取得更多新成就、新成果，使两国民众更亲切、更亲近、更亲密，营造新时期中俄关系独特的局面。

中俄关系风雨兼程、砥砺前行，不断加强双边人文交流与合作，为巩固和深化中俄新时代全面战略协作伙伴关系、携手构建人类命运共同体做出应有的贡献。

| 第六章 |

中俄经贸合作的影响因素

中俄双边经贸合作的影响因素主要包括相关政策的影响、贸易方面的影响、心理和观念的影响、国际和地区局势的影响、国际竞争的影响等。

第一节 相关政策的影响

中俄两国先后出台了有关发展双边经贸合作的政策,对中俄双边和区域经济合作有着较大的影响。

一 中国国家和地方政府出台的相关政策

从我国来看,国家和地方政府出台了诸多推动东北老工业基地全面振兴和大力发展对外经贸合作的相关政策。

实施东北老工业基地振兴战略是国家的重大决策,中共中央、国务院先后出台的《关于实施东北地区等老工业基地振兴战略的若干意见》(2003年)、《关于促进东北老工业基地进一步扩大对外开放的实施意见》(2005年)、《东北地区振兴计划》(2007年)、《关于进一步实施东北地区等老工业基地振兴战略的若干意见》(2009年)、《关于全面振兴东北地区等老工业基地的若干意见》(2016年)、《关于全面振兴实施东北地区等老工业基地的若干意见》(2020年)、《中国东北地区同俄罗斯远东及东西伯利亚地区合作规划纲要(2009—2018)》、《关于进一步推动新时代东北全面振兴取得新突破若干政策措施的意见》（2023 年）等政策措施强调，要牢牢把握东北在维护国家"五大安全"中的重要使命，牢牢把握高质量发展这个首要任务和构建新发展格局这个战略任务，统筹发展和安全，坚持加大支持力度和激发内生动力相结合，强化东北的战略支撑作用。要以科技创新推动产业创新，改造提升传统制造业，积极培育战略性新兴产业和未来产业，增强发展新动能。要发展现代化大农业，提高粮食综合生产能力，加强粮食稳产保供。要加强生态保护，树立增绿就是增优势、护林就是护财富的理念，积极发展林下经济、冰雪经济，筑牢北方生态安全屏障。要加快发展风电、光电、核电等清洁能源，建设风光火核储一体化能源基地。要加强边境地区基础设施规划布局建设，积极发展特色产业，促进兴边富民、稳边固边。要大力发展基础教育，加大对东北高校办学支持力度，提高人口整体素质，以人口高质量发展支撑东北全面振兴。

20 世纪 90 年代，我国对从事边境小额贸易企业实施了税收减半的优惠政策。我国实行东北老工业基地振兴政策为中俄区域经济合作创造了产业对接互动及各领域合作的机遇。

以黑龙江省为例，在国家政策的大力扶持和内外部环境的综合作用下，黑龙江省边境小额贸易进出口规模不断扩大，由 2001 年的 10.9 亿美元提高到 2007 年的 54.1 亿美元，增长近 4 倍，但增速呈现逐渐趋缓的态势。2008 年 10 月国家发布了边境小额贸易的新政策，即《财政部 海关总署 国家税务总局关于促进边境贸易发展有关财税政策的通知》，要求从 2008 年 11 月 1 日起边境小额贸易方式进口的商品一律照章征税，国家将通过增加转移支付方式进行补贴等。该新政策的实施，短期内不会扭转当时黑龙江省边境小额贸易低速前行的态势，长期可能会给该省发展边境小额贸易带来新的生机。新政策涉及采取以专项转移支付的办法替代边境小额贸易进口税收减半征收，会提高企业的运营成本、缩小利润空间，对企业进出口积极性的影响较大；新政策涉及提高边民互市进口生活用品免税额度（每人每日 8000 元，原为 3000 元），在一定程度上鼓励了边民互市贸易；新政策涉及优先考虑在边境地区扩大以人民币结算办理出口退税试点政策、对在边境地区申请具有保税功能的跨境经济合作区，由海关总署在全国海关特殊监管区域宏观布局规划中统筹考虑等政策，在一定程度上为企业从事进出口贸易创造了便利条件，有利于边境小额贸易的发展；新政策涉及支持边境口岸建设，安排专项资金对边境一类口岸查验设施建设和完善给予补助；税收减半的优惠政策取消后，口岸进出口货运量过少而造成口岸资源的浪费现象。不过，此项政策的实施有利于加强一类口岸建设和口岸资源的优化。①

二　俄罗斯政府的相关政策

从俄罗斯来看，为促进远东地区开发和增加高附加值商品的出口，俄罗斯出台了有关远东地区开发和限制原木出口的政策。

俄罗斯政府先后出台了《1996-2005 年俄罗斯远东和外贝加尔地区经济社会发展联邦专项纲要》（1996 年）、《1996-2005 年及至 2010 年俄罗斯远东和外贝加尔地区经济社会发展联邦专项纲要》（2002 年）、《2025 年前俄罗斯远东和贝加尔地区经济社会发展战略》（2009 年）、《超前经济社会发展区法》（2015 年）、《符拉迪沃斯托克自由港法》（2015 年）、《中俄在俄罗斯远东地区合作发展规划（2018-2024 年）》（2018 年）等涉及俄罗斯远东地区开发的相关政策措施。2023 年 9 月，普京在"东方经济论坛"上正式提出了远东大开发战略构想。

从 2007 年以来，俄罗斯方面不断上调木材出口关税。2007 年 7 月木材出口关税由 6.5% 上调到 20%；2008 年 4 月，又从 20% 上调到 25%。2008 年底，俄罗斯方面曾宣布 2009 年将出口木材关税上调到 80% 以上，但是由于国际金融危机，这一政策暂缓执行。中国海关的统计数据显示，自 2003 年以来，中国进口俄罗斯木材的年增长率均超过了 10%，最高达到了 20%。2008 年进口量达到 1964 万立方米，约占 2008 年中国全部木材进口量的 56%。2009 年，中国自俄罗斯进口木材超过了 2000 万立方米。②

俄罗斯限制原木出口、增加木材加工的国策已定，其原木出口关税未来

① 《对黑龙江省边境小额贸易发展的简要回顾与展望》，http：//www.customs.gov.cn/ctl/InfoDetail/mid/60432。

② 《俄罗斯木材出口关税上调八成》，http：//www.zcom.com/rollnews/61332/。

还有调高的可能，俄罗斯计划在之后若干年时间内对远东地区开采的木材完全实现境内加工，以加工木材出口取代原木出口。这意味着，俄罗斯执行出口木材关税上调到80%以上的政策后，中国自俄进口木材将出现较大幅度的下降，需要加大木材加工合作的力度。

俄罗斯限制原木出口等政策措施的实施，对中俄双边贸易的发展产生了较大的影响，要求中俄经贸合作应从以商品贸易为主向多元合作与贸易多元相结合、从一般初级合作向高科技产业合作、从原材料贸易向精深加工合作的转变。

为了加快俄罗斯远东地区经济开发，推动俄罗斯远东地区对外开放，吸引国外对俄罗斯远东地区的投资，俄罗斯在远东和贝加尔地区推行超前经济社会发展区和自由港制度，这将为中俄区域合作带来新的发展机遇。

第二节　贸易方面的影响

中俄区域经济合作贸易方面的影响主要包括贸易商品结构低度化和贸易信息服务体系不健全等影响因素。

一　贸易商品结构低度化

目前，中俄贸易商品结构仍然不尽合理。中国对俄罗斯出口的商品结构状况为：纺织品及原料和鞋靴类产品所占比重逐步下降；机电类产品出口稳步增长，成为中国对俄罗斯出口的第一大类产品；高新产品出口额虽不断增长，但比重较低。俄罗斯向中国出口的商品结构状况为：依然以原材料为主，商品结构改善小；机电类产品出口量有所增加。由于进出口商品结构受地域因素及两国生产结构调整和技术提高的影响，其短期内很难改变。

目前，中俄两国贸易商品结构层次低，主要是中方的劳动密集型商品与俄方的资源密集型商品的贸易，其主要原因是两国产业结构不同，产业结构决定了进出口贸易的商品结构。贸易结构问题带给双边贸易的负面影响虽长期难以改变，但我们必须对这种现象保持关注，并予以解决。

二　贸易信息服务体系不健全

中俄贸易过程中贸易信息服务体系不完善，信息沟通渠道不畅，对中俄双边进出口贸易造成了消极影响。优质的服务保障体系可以大大加快贸易发展，调动企业的积极性。优良的贸易信息服务体系是贸易过程中的重要推动因素，因此，在经济全球化条件下，建立起完善的贸易信息服务体系是十分必要和迫切的。

第三节　心理和观念的影响

中俄两国有些部门和企业对俄罗斯市场规模和潜力认识不够，存在思想认识和社会心理方面的因素。双方只习惯于已有的合作对象和地域，存在视野上的局限，这对双方开展合作产生了一定的消极影响。

一　思想认识和社会心理因素

中国部分部门和企业一般更重视与西方发达国家的经贸合作，对俄罗斯市场规模和潜力认识不够，未从全局角度和战略高度认识加强中俄经贸合作的重要性，在实际工作中对中俄两国实施合作项目的态度不够积极，支持力度不够大，这在一定程度上对与俄罗斯开展投资项目合作产生了影响。

从俄罗斯方面来看，部分人对俄罗斯能源原材料等初级产品的出口耿耿于怀，一直担心俄罗斯会沦为其他国家的原材料"附庸"，在心理上无法接受这一对俄罗斯来说在相当长时期内难以改变的现实。例如，俄罗斯部分人对中俄《中国东北地区同俄罗斯远东及东西伯利亚地区合作规划纲要（2009—2018）》的签署持反对态度，认为"俄罗斯成为又一个国家的原材料附庸，俄罗斯把远东和东西伯利亚原材料基地提供给了中国"[1]。这种片面的观点在一定程度上会影响到两国经贸合作的开展。

---

[1]　По какой рубеж своя? http://www.anti-glob.ru/st/kitrusput.htm.

二　视野的局限

中俄经济贸易合作已经形成了对口区域的往来渠道，但受到视野的局限，双方只习惯于已有的合作对象和地域。实际上，双方在合作的对象和地域方面仍然有很大的潜力和空间，需要进行认真的实地调研，寻找新的商机，扩大新合作伙伴的范围。

外国商品更加通畅地进入俄罗斯市场为其国内经济引入更激烈的竞争，将促使其国内企业加快转型，增强自身竞争力。此外，俄罗斯还将开放电信和银行等领域的投资，这将极大地促进外商对俄投资，创造更多的就业机会，并激励本土企业进行创新和提高生产率。

第四节　国际和地区局势的影响

中俄经贸合作的发展进程经常受国际和地区局势的影响。

20 世纪 90 年代初，在"一超多强"的国际格局下，俄罗斯实行亲西方的"一边倒"政策，尽管后来因北约东扩而有所调整，但其重心仍然主要在美西方国家。这一时期，中俄经贸合作处于低位徘徊状态。

2000~2008 年，"9·11"事件爆发后，俄美关系缓和。俄罗斯经济社会稳步快速发展，中俄经贸合作步入相同节奏的发展轨道，连续突破 200 亿美元到 800 亿美元的各个关键节点。

2009 年美国爆发金融危机，对世界经济发展造成重大冲击，中俄经贸合作同样受到较大影响，进入调整发展期。

2014 年乌克兰危机以来，美西方对中国和俄罗斯实行"双遏制"，特别是 2022 年俄罗斯对乌克兰采取"特别军事行动"后，西方对俄罗斯实施历史上最严厉、最全面的制裁。在这种情况下，俄罗斯实施"向东看"战略，中俄经贸合作不断强化，2018 年突破 1000 亿美元，且连续 5 年保持在 1000 亿美元以上，其中 2023 年提前实现了两国领导人设定的 2000 亿美元目标。

第五节　国际竞争的影响

根据统计，目前俄罗斯自然资源总价值约为 300 万亿美元，居全球之首。俄罗斯西伯利亚和远东地区自然资源丰富，而且品种繁多，是各类资源储量最大的地区，开发潜力巨大。世界有关国家纷纷行动起来，与俄罗斯合作开发西伯利亚和远东地区的自然资源。例如，在对俄森林资源合作开发方面，一些发达国家，如美、日、德等已先后在这两个地区进行投资，并获取了森林资源的开发利用权，一家美国公司投资 8600 万美元租赁了大片森林，将在 49 年内每年采伐 100 万立方米木材。此外，一些国际大公司也纷纷看好对俄的森林资源采伐市场，而韩国、马来西亚、新加坡等国已积极参与对俄罗斯远东地区森林的采伐。一家马来西亚公司投入 2 亿美元，取得了俄罗斯远东地区 60 万公顷森林的采伐权，采伐期为 49 年，年采伐木材 55 万立方米。中俄签订了《森林采伐协议》，俄方表示欢迎中国企业，特别是大型企业集团赴俄投资采伐森林并开展木材深加工。①

再如，在对俄能源领域合作的竞争更为激烈。能源是俄罗斯的战略资源。俄罗斯拥有世界石油资源的 13%，天然气资源的 45%，煤炭资源的 23%。有关国家积极与俄罗斯开展能源领域的合作，共同开发俄罗斯东部地区，包括太平洋大陆架的燃料动力资源，在产品分成协议基础上开发萨哈林陆架的油气资源，开发科维克塔凝析气田等。

在俄罗斯实行"向东看"战略的背景下，东北亚地区乃至亚太地区国家的企业和公司纷纷加大投资合作力度，对我国企业和公司参与俄罗斯远东地区开发构成一定的竞争。

---

① 安岩：《从自然资源的视角解读俄罗斯的可持续发展问题》，《俄罗斯中亚东欧市场》2006 年第 1 期。

第七章
中俄经贸合作高质量发展的有利条件和指标体系

《"十四五"对外贸易高质量发展规划》指出:"十四五"时期外贸发展机遇与挑战并存,要增强机遇意识和风险意识,准确识变、科学应变、主动求变,抓住机遇,应对挑战,推动外贸高质量发展迈出新步伐。新时代中俄经贸合作具备高质量发展的现实基础,为促进中俄经贸合作高质量发展,需要构建起相应的指标体系:优化商品结构、丰富贸易合作方式、强化合作经营主体、促进两国区域间合作均衡协调发展、推进双边服务贸易合作持续稳定发展、使中俄双向投资取得新成效等。

第一节 中俄经贸合作高质量发展的有利条件

中俄经贸合作高质量发展拥有以下有利条件:国际跨境物流通道日益完善、双边能源战略合作不断深化、两国农业合作稳步快速发展、双边金融合作有序扎实推进、双边相互投资合作潜力巨大、两国跨境电商合作发展迅速等。

一 国际跨境物流通道日益完善

新冠疫情结束后,中俄航空班次逐步恢复运营,有条件的区间增开了新的航班。经过有关各方多年的努力建设,中俄之间的国际跨境物流通道日益完善、不断畅通。我国各地途经俄罗斯的中欧班列先后开通，且常态化运行。

中俄边境口岸间的国际跨境物流通道逐步完善。黑河-布拉戈维申斯克界河公路大桥和同江-下列宁斯阔耶铁路大桥的先后建成开通，为中俄区域间物流体系的形成增添了新的通道。

为了进一步完善中俄区域间国际跨境物流通道，正在规划设计漠河（中国）-贾林达（俄罗斯）铁路桥、东宁-瑚布图河公路大桥，逐步打通相关节点。

二　双边能源战略合作不断深化

中俄双边能源战略合作是两国所有合作领域中最成功的范例。中俄敷设了泰舍特-大庆石油管道（复线），年输油量达到3000万吨。再加上其他方式购买的石油，2023年中俄石油贸易达到1.07亿吨，首次突破1亿吨。

中俄西线天然气管道由俄罗斯西伯利亚地区经阿尔泰共和国至中国新疆，与中国的西气东输管道对接，年输气量为300亿立方米。中俄东线天然气管道由俄罗斯西伯利亚地区伊尔库茨克州的科维克塔气田修至中国黑龙江省，年供气量390亿立方米。

在西方对中俄实施"双制裁"的背景下，中俄能源战略合作将稳步快速增长。

三　两国农业合作稳步快速发展

中俄应充分发挥两国地缘区位优势、基本生产要素禀赋和高级生产要素禀赋互补等优势，为应对全球粮食贸易格局演变背景下粮食安全面临的严峻形势，应构建起长期、稳定的中俄农业产业化合作渠道和机制，积极开展双边农业合作以确保各自国家的粮食安全。

在2023年10月第三届"一带一路"高峰论坛成功举办期间，中俄签署了粮食贸易合作协议，这是中俄两国关系史上最大的粮食贸易合同。这锚定了两国粮食安全合作的目标方向，将有力地推动两国农业合作的持续稳步快速发展。

四 双边金融合作有序扎实推进

中俄双边金融合作在投资信贷、结算方式等方面取得了较为显著的成效，正在有序扎实稳步推进。

2023年3月21日，《中华人民共和国主席和俄罗斯联邦总统关于2030年前中俄经济合作重点方向发展规划的联合声明》中规定：提升金融合作水平。在双边贸易、投资、贷款和其他经贸往来中适应市场需求，稳步提升本币结算比重。继续就支付领域创新与现代化改造等交流经验。加强金融市场合作，支持两国评级机构和保险公司在现有监管法规框架内开展合作。这为双边金融合作的未来发展指明了目标方向。

五 双边相互投资合作潜力巨大

中俄可以通过不断优化两国各自的营商环境，加强对双方投资者合法权益的保护，营造更加公平、友好和稳定的营商环境，提升两国相互投资水平。持续深化两国相互投资合作，充分发挥中俄投资合作委员会的统筹协调作用，进一步完善相互投资合作机制。加强对中俄投资基金、中俄地区合作发展投资基金等双边合作基金的引导，提升金融支持和服务水平。按照"企业主体、市场导向、商业运作、国际惯例"的原则共同推动更多投资合作项目落地。

尽管目前中俄相互投资规模相对较小，累计相互投资额为100多亿美元，但因双方在能源、农业、林业、渔业、科技、矿产品开采等领域的合作拓展空间巨大，未来双边相互投资合作潜力巨大，前景广阔。

六 两国跨境电商合作发展迅速

跨境电商是中俄经贸合作领域的一个重要新兴行业，在新的历史条件下，中俄跨境电商合作恰逢良好的发展机遇。随着两国网购用户的不断增加、通关便利化、支付方式多元化、物流通道快捷、监管验放宽严相济、结汇安全可靠、海外仓选点布局，中俄跨境电商贸易呈现稳步快速增长势头。

七　西方对中俄实施"双遏制"

俄乌冲突以来，美国等西方国家逐步加大了对中俄两国的制裁力度，而且出现愈演愈烈的态势。这种对中俄实施的"双遏制"客观上促进两国以"抱团取暖"予以应对，不断加强各领域合作。在以往合作的基础上，中俄两国不断扩大合作范围，提升合作层次，以实现双边经贸合作高质量发展。

第二节　中俄经贸合作高质量发展的指标体系

党的十九大提出经济高质量发展。2019 年 11 月 19 日，中央全面深化改革委员会审议通过了《中共中央　国务院关于推进贸易高质量发展的指导意见》，文件指出：推进世界公平开放贸易关系的贸易高质量稳步均衡快速发展，以"一带一路"共建为贸易协商重点，大力培育促进并优化配置全球投资贸易结构，推动与我国贸易进口与出口平衡协调、货物贸易发展与服务贸易协调发展、贸易与相互投资相互促进、贸易方式创新培育与产业协调有序发展，促进全球市场与国内经济社会要素规范有序流动、资源集约高效优化配置、市场交易主体深度对接交叉创新融合。这为新时代中俄经贸合作的未来发展指明了方向。

在"百年未有之大变局"和中俄新时代全面战略协作伙伴关系大背景下，需要对中俄经贸投资合作高质量发展的新机制、新模式和指标体系等创新路径进行全面、系统、深入的研究，构建起新时代中俄经贸合作高质量发展的指标体系：优化商品结构、丰富合作方式、强化合作经营主体、促进两国区域间合作均衡协调发展、推进双边服务贸易合作持续稳定发展、使中俄双向投资取得新成效，明确其未来发展路径。

该指标体系既有助于推动中俄经贸投资合作高质量发展，又有利于巩固和深化中俄新时代全面战略协作伙伴关系，从而满足国家实施"一带一路"倡议的重大需求。

一 优化双边贸易商品结构

中俄双边贸易的商品结构大多数年份主要为：中国向俄罗斯出口的大宗商品为轻工纺织类产品和农副产品，自俄罗斯进口初级能源原材料。2020年中俄双边贸易商品结构进一步改善，在保持轻纺、资源等大宗商品贸易持续增长的同时，劳动密集型产品所占份额逐步缩减，而高附加值产品的比重日益提高，机电和高新技术产品的比重正逐年提升，中国对俄罗斯的机电和高新技术产品进口和出口实现双增长。2021 年，在双边贸易商品结构中，原材料的比重略有下降，木材加工产品比例增长较为明显。但从整体双边贸易商品结构来看，能源和原材料的比重仍然保持在 70% 以上。

今后中俄双边贸易商品结构需要进一步优化，在保持传统大宗商品贸易持续增长的基础上，不断增加农产品以及机电和高新技术产品等高附加值产品的比重。

《中俄总理第二十六次定期会晤联合公报》提出：进一步加强经贸合作，改善贸易结构，培育新的贸易增长点。加强服务贸易合作。持续深化电子商务领域合作，积极打造两国经贸合作新增长点，推动合作迈向更高水平。

深化农业合作关系，进一步克服新冠疫情对农业经贸合作的不利影响，推动中俄农业合作再上新台阶；继续推动发展食品农产品贸易，提升两国农产品进出口政策的稳定性和透明度，在扩大两国农产品相互准入问题上开展紧密合作，为农产品贸易和投资合作创造稳定的、可预期的环境；共同营造良好农业投资环境，为两国企业开展农业投资合作提供便利；继续落实《关于深化中俄大豆合作的发展规划》，提升双方大豆及油料油脂贸易量；深化中俄农业科技合作，继续开展作物种质资源交换、高产和适应性品种选育、作物、动植物病虫害防控等领域合作。

二 丰富双边经贸合作方式

中俄区域经济合作方式基本演变为：由易货贸易、边境小额贸易、补偿贸易向一般贸易、技术贸易、服务贸易等多种方式转变，而且技术贸易、服务贸易方式呈现不断增多之势。

中俄双边经贸合作方式日益丰富多样，主要有一般商品贸易、劳务合作、独资合资、设立境外产业园区、跨境电商合作等多种合作方式。目前，以上中俄双边经贸合作方式并存，尤其是跨境电商合作等新兴业态以其打破时空限制的灵活合作方式而发展迅速。

三　强化双边经贸合作经营主体

除了能源等中俄两国国家层面的大型战略合作项目，中俄经贸合作的主体大多为中小型贸易公司和企业、个体私营公司，整体综合实力不够强、经营业务范围比较窄、市场抗风险能力较弱。通过加大宣传力度，让更多有实力的大型公司和企业参与对俄经贸合作。同时，借助对俄经贸合作各类基金，给予对俄开展经贸合作的中小型公司和企业以资金扶持，增强其综合实力。

四　促进两国区域间合作均衡协调发展

目前，中俄仅有两个地方合作机制：中国东北和俄罗斯远东地区地方合作理事会和中国长江中上游地区与俄罗斯伏尔加河流域地方合作理事会。这在很大程度上推动了中俄区域间合作。但是，两国今后需要不断拓展两国经贸合作地方范围，优化各自国内区域布局，促进两国区域间经贸合作均衡协调稳步发展。

五　推进双边服务贸易合作持续稳定发展

中俄在科教、旅游、运输、金融等领域的服务贸易合作已经取得了较好的成效，其合作模式不断完善，合作层次不断提升，合作效率不断提高。

今后中俄两国将逐步消除服务贸易合作过程中存在的问题，持续发挥各自服务贸易业的优势，不断完善合作模式，提升合作层次，提高合作效率，创造公平的市场竞争条件，扩大市场需求，强化两国政府的支持作用，探索服务贸易新的增长方式，优化服务贸易产业结构，加快两国服务贸易合作发展，助力两国服务贸易合作更加持续稳定健康发展，向更深层次和更高水平发展，进而产生更大的经济和社会效益。

六　使双向投资取得新成效

目前，中俄相互投资额度相对较小。实际上，中俄具备扩大相互投资的坚实基础，潜力巨大。未来中俄可通过实施以国家元首顶层设计为引领、发挥市场配置作用、完善中俄合作交流机制、强化中俄地方政府间投资合作机制平台作用、着力增强中俄合作平台引领支撑作用、支持新型贸易业态发展、扎实推进中俄相互投资工作、推动中俄经贸合作方式不断创新、强化"区+区港"对接的牵动引领作用、形成多轴开发合作模式和多点开发合作模式、构建起中俄经贸合作高质量发展指标体系等路径，促进中俄逐步扩大相互投资规模，提升合作层次，使中俄双向投资取得新成效。

第八章

中俄经贸合作高质量发展的
达成目标与实现路径

中俄关系步入伟大的新时代，在 2024 年 5 月 17 日致第八届中俄博览会的贺信中，习近平主席指出，在两国共同努力下，中俄关系一步一个脚印扎实向前迈进，以实实在在的合作成果造福两国人民。2024 年是中俄建交 75 周年。站在新的历史起点上，两国关系将迎来新的历史机遇，展现更加广阔的发展前景。

双方不断加强"一带一路"与欧亚经济联盟建设对接，进一步推进政策沟通，逐步实现设施联通，稳步加强贸易畅通，有序实现资金融通，始终强化民心相通。为不断加强中俄区域经济合作的稳步快速发展，需要将区域经济合作置于维护国家安全的战略高度，将合作振兴与开发置于双边合作优先发展的战略高度，建立并强化多层次区域协调机制，构建中俄区域规划体系，树立"互利双赢、共同繁荣"的可持续发展合作理念，建立中俄区域经济合作区，形成"双点轴开发"格局。

第一节　中俄经贸合作高质量发展的达成目标

未来中俄双边经贸合作将重要围绕"一带一路"与欧亚经济联盟建设对接展开。"一带一路"是将一个历史文化符号激活，加以推陈出新，赋予其新的内涵，对相关共建国家来说，这是一个开展多领域合作的一个积极倡议。"一带一路"是一项宏大的系统工程，需要中俄与相关共建国家共同谋划，齐心协力共同完成。

一 中俄进一步推进政策沟通

2024 年 5 月 16 日发布的《中华人民共和国和俄罗斯联邦在两国建交 75 周年之际关于深化新时代全面战略协作伙伴关系的联合声明》指出，2001 年 7 月 16 日签署的《中华人民共和国和俄罗斯联邦睦邻友好合作条约》为持续全面加强中俄关系奠定坚实基础，双边关系定位不断提升，达到新时代全面战略协作伙伴关系这一历史最高水平。在双方不懈努力下，中俄关系遵循两国国家利益，秉持永久睦邻友好精神，保持健康稳定发展。

中俄两国在高层协商机制、地方协商机制、企业之间合作、智库之间合作、驻外机构合作乃至民间等不同层次，通过上合组织框架、"丝绸之路市长论坛"、"欧亚经济论坛"等不同领域平台，加强全方位政策沟通。

《俄罗斯对外政策构想》（2013 年版）中指出：俄罗斯将继续加强与中国平等信任的全面战略协作伙伴关系，积极发展所有领域的合作。《中国与俄罗斯联邦关于全面战略协作伙伴关系新阶段的联合声明》（2014 年）中确定，双方将采取新的措施提高务实合作水平，扩大务实合作领域。

2015 年 5 月 8 日，中俄在莫斯科发表的《中华人民共和国与俄罗斯联邦关于丝绸之路经济带建设和欧亚经济联盟建设对接合作的联合声明》中指出，俄方支持丝绸之路经济带建设，愿与中方密切合作，推动落实该倡议。中方支持俄方积极推进欧亚经济联盟框架内一体化进程，并将启动与欧亚经济联盟经贸合作方面的协议谈判。双方将通过协商，努力将丝绸之路经济带建设和欧亚经济联盟建设相对接，确保地区经济持续稳定增长，加强区域经济一体化，维护地区和平与发展。

"丝绸之路经济带"建设与"欧亚经济联盟"建设对接合作的目标：促进欧亚大陆稳定和发展，形成多维立体运输和交流通道，构建共同发展与繁荣的经济发展带。

2023 年 3 月 20~22 日，中俄两国元首会晤期间签署的《中华人民共和国和俄罗斯联邦关于深化新时代全面战略协作伙伴关系的联合声明》和

《中华人民共和国主席和俄罗斯联邦总统关于 2030 年前中俄经济合作重点方向发展规划的联合声明》为两国关系和双边经济合作八个重点方向的未来发展做出明确的顶层规划设计，擘画了广阔的发展前景。

二 中俄逐步实现设施联通

从中国出发沿古丝绸之路抵达欧洲的路线简称"西丝带"，即西安—中亚—俄罗斯+新欧亚铁路大陆桥+莫斯科—欧洲。

中俄合作建设北京至莫斯科的高速运输走廊，全程长达 7000 多公里，经俄罗斯、哈萨克斯坦（"光明之路"）和中国 3 个国家。中俄哈就过境该国的跨国运输问题进行三方协商，确定具体的过境手续、相关费用等事宜。

中蒙俄经济走廊是中国领导人在综合"欧亚联盟"重心东移和蒙古国"草原之路"对外发展理念的基础上，统筹三国发展理念、国际和地区格局提出的合作模式。该走廊包括以下三条线路。

第一条：乌兰察布站—二连浩特—"草原之路"—乌兰巴托—苏赫巴托尔—乌兰乌德—欧俄—欧洲。乌兰察布站向南经大同辐射中原地区，向东经张家口连通京津冀，向西连呼和浩特、包头、巴彦淖尔，辐射西部地区。

第二条：大连—沈阳—长春—哈尔滨—满洲里—赤塔—西伯利亚大铁路。

第三条：黑龙江省跨境通道与俄罗斯跨欧亚大铁路、蒙古国"草原之路"的倡议进行对接，共同建设中蒙俄经济走廊。

黑龙江省积极参与中蒙俄经济走廊的建设，其重点如下。

一是绥芬河—哈尔滨—满洲里—俄罗斯—欧洲线路的跨境货物运输通道。打造哈尔滨两小时经济圈，辐射带动周边地区快速发展，发挥跨境货物运输通道的最大运能，运输黑龙江和东北地区的货物，运输俄罗斯和我国长三角、珠三角、京津冀的货物。

二是国际货运班列常态化运行：在"苏满欧""沈哈欧""津哈欧"的基础上，开通"哈欧"国际货运班列：哈尔滨—满洲里—外贝加尔斯克—赤塔—叶卡捷琳堡—莫斯科—波兰—汉堡，全程长达 9820 公里，每周对发一列，实现常态化运行。"哈欧"国际货运班列开通的意义在于：全面贯通中俄欧的物流大通道,使哈尔滨成为东北地区国际经贸合作的重要门户,带动沿线地区的对外贸易和产业发展,构建起对外开放的宏大格局。

三是不断完善运输节点和配套工程:哈尔滨铁路集装箱中心站、绥芬河铁路站场改造工程、牡丹江铁路货运枢纽、东宁危险化学品铁路口岸、中俄同江-下列宁斯阔耶铁路大桥(双方将继续推动完成配套铁路口岸建设)、中俄黑河-布拉戈维申斯克界河公路大桥(双方将继续加强合作,推动公路桥尽快实现货物通车)、绥芬河-格罗捷阔沃跨境铁路改造、牡丹江-俄罗斯符拉迪沃斯托克、东宁-俄罗斯乌苏里斯克跨境铁路、中俄跨国陆港通道。2023年初,海关总署联合国家发展改革委、交通运输部、商务部,正式批复同意吉林省进一步扩大内贸货物跨境运输业务范围,在原有吉林省内贸货物跨境运输业务范围的基础上,增加俄罗斯符拉迪沃斯托克港为内贸货物跨境运输中转口岸,浙江省舟山甬舟集装箱码头和嘉兴乍浦港2个港口为内贸货物跨境运输入境口岸。

需要特别强调的是,不断完善牡丹江、绥芬河与俄罗斯远东地区港口的中俄跨境陆港通道的建设和运行方式,"中俄中"(双向)、"中俄外"(双向)等具有创新性的运输模式需要各方加大推介力度,并被广泛利用,使其发挥应有效用。

从中国大连港出发经白令海峡进入北冰洋向西抵达鹿特丹港的北方海上航线简称"北丝带"。2012年,中国"雪龙"号破冰船顺利通过了北极航线。2013年5月,中国成为北极理事会正式观察员国。2013年8月8日,中远集团"永盛"号货轮从大连出发经过27天的航行,于当地时间2013年9月10日15时停靠在荷兰鹿特丹港,成为经过北极东北航道完成亚欧航行的第一艘中国商船。

从成本来看,"北丝带"比经过印度洋和苏伊士运河航路短5200公里,集装箱船或干货船就可以节省50万~350万美元,而且有燃料、运费、劳务费等其他费用支出。从安全性来看,在这条航线上没有经常出没在马六甲海峡和亚丁湾的海盗劫持风险。从发展前景来看,据预测,21世纪20年代,中国达几百亿至上千亿美元的集装箱货物将通过北极海上航线运输,占中国对外贸易货运量的5%~15%。

"北丝带"需要加以完善的方面包括：在沿岸陆上安装现代化的导航设备、更新破冰船舰队、布局建设综合安全系统（救援应急中心）和岸上地面综合服务站。

中俄双方对合作开发"北丝带"均具有强烈的愿望，建议两国各相关部门和具体合作方尽快拟订《中俄"北丝带"合作开发建设可行性报告》，提交中俄总理定期会晤委员会，从国家层面进行顶层设计规划，协调分工，细化落实。

为进一步推动中俄两国跨境通道畅通，《中俄总理第二十六次定期会晤联合公报》提出：在北斗-格洛纳斯卫星导航系统的基础上积极研究推进实现中俄之间国际道路运输数据信息交换；尽快修订《中华人民共和国政府和俄罗斯联邦政府关于便利公民往来协议》第 13 条，推进中俄国际道路运输司乘人员签证便利化；推动落实两国交通运输部门签署的危险货物国际道路运输协议；双方支持研究两国国境河流航行船舶相关法规及规范性文件；继续促进在"滨海 2 号"国际运输通道建设自动驾驶通道的可行性研究；支持使用冷藏集装箱组织至中国和过境中国的禽类、肉类、肉制品等产品运输；推动在满洲里-后贝加尔铁路口岸开展集装箱内液袋装运植物油的常态化运输；推动进一步提升中俄间铁路集装箱运量及跨境运输量；为提高中俄间铁路口岸工作效率、提升货运量，将继续在提升电子数据交换的完整性和质量方面开展工作，推动使用对承运人、查验部门具备法律意义的电子运输单据；继续落实 2019 年 7 月 24 日签署的《中俄民航部门关于航空运输的谅解备忘录》，该备忘录对进一步拓展两国航空领域互利合作具有重要意义，在新冠疫情持续扩散背景下，在确保疫情防控的基础上保持并研究增开航班，有序恢复双方人员交往；积极克服新冠疫情对两国交通往来造成的不利影响，有效防范新冠疫情传播，多措并举保障跨境货物贸易和服务贸易畅通；采取协商一致的共同措施保障中俄边境口岸运行；双方将加快协商关于修订 1994 年 1 月 27 日《中华人民共和国政府和俄罗斯联邦政府关于中俄边境口岸协定》的草案文本，以便组织双方公民自驾 8 座及以下小型私人车辆经满洲里-后贝加尔斯克、黑山头-旧粗鲁海图、珲春-克拉斯基诺及绥芬河-波格拉尼奇内公路口岸穿越中俄国界；探讨开展制定新的中俄政府间边境口岸协定，继续在完善口岸基础设施建设、优化口岸工作时间、创新口岸运输方式和改善口岸通关环境等方面开展合作，共同为后疫情时期发展双边经贸合作创造良好条件。

2024年5月16日发布的《中华人民共和国和俄罗斯联邦在两国建交75周年之际关于深化新时代全面战略协作伙伴关系的联合声明》指出：深化交通物流和口岸合作，建设稳定、畅通、可持续发展的交通物流走廊，发展两国间直达或中转的运输线路。同步加强边境口岸基础设施建设，加强口岸规范化管理，提高口岸查验效率和通关能力，保障客运、货物双向往来平稳顺畅。提高过境俄罗斯的中欧班列通关能力和运输能力，共同保障货物运输安全高效。从中俄伙伴关系的战略意义出发，积极促进航空运输发展，鼓励双方航空公司以规范方式增加更多航线航班，覆盖更多地区。

三 中俄稳步加强贸易畅通

2008年国际金融危机爆发后，中俄双边经贸合作总体呈现持续稳步增长（2009年和2015年下滑）态势。双边经贸合作发展面临诸多新的机遇：机电设备等大宗商品在商品结构中的占比逐步增加，战略性大项目渐次落实，双边投资合作蕴藏着巨大潜力，"一带一路"建设背景下两国间的物流体系不断完善，资金融通日益加快，海关通关逐步便利化，区域间合作的频频利好出现，俄罗斯远东地区开发政策发布（尤其是超前经济社会发展区的建设和符拉迪沃斯托克自由港法的生效），我国东北振兴重大政策举措的出台，哈尔滨新区和哈尔滨综合保税区的先后批准建立和运行，中俄跨境电商合作的快速发展，等等。

中俄跨境电商始于2010年前后，合作发展前景广阔，两国网购群体巨大，俄罗斯每天接收的邮包中有10万件来自中国。俄罗斯人在中国最大的电子商务交易平台淘宝网的购物量正在迅速增长，该购物网站每天发往俄罗斯的网购商品达400万美元。

中俄电商市场营业额逐年递增，2014年我国零售业电子商务销售额达到4262.6亿美元，2018年超过10110亿美元。2010年俄罗斯为80亿美元，2011年为105亿美元，2012年为120亿美元，2013年为170亿美元，2014

年为 150 亿美元。据预测，俄罗斯电子商务市场将以每年 25%~35% 的速度持续增长，2016 年营业额将达到 178 亿美元。

2016 年，俄罗斯政府开始降低进口关税，跨境电商市场开始逐步复苏。中俄跨境电商市场的主要玩家包括阿里巴巴、京东、亚马逊、eBay 等。其中阿里巴巴和京东在俄罗斯市场的份额较大。

根据《中华人民共和国商务部和俄罗斯联邦经济发展部关于电子商务合作的谅解备忘录》（2018 年），中俄双方将建立电子商务合作机制，共同推进"丝路电商"合作。近年来，中俄经贸关系总体持续高位运行。在两国元首的战略引导下，双方以"一带一路"建设与欧亚经济联盟建设对接合作为主线，全面推动贸易、投资、战略性大项目、地方间合作的稳步发展。中俄跨境电商贸易蓬勃发展，逐步成为双边经贸关系的增长点和新亮点，得到了两国领导人的高度重视。

我国政府努力为"大众创业、万众创新"创造良好条件，提供发展新空间，为电商市场营造宽松的发展环境：降低准入门槛、合理降税减负、加大金融服务支持、维护公平竞争。依法推进金融服务产品网络化创新，鼓励在线支付、融资、保险、基金等新兴金融业态健康有序发展。利用电子商务优化采购、分销体系，拓宽能源、化工、钢铁、药品、林业等行业电子商务应用领域，提升企业经营效率。进一步完善政策，清障搭台，充分发挥市场对技术研发方向、路线选择、要素价格、要素配置的导向作用，带动新兴产业和新兴业态发展。自 2016 年 4 月 8 日起，我国将实施跨境电子商务零售（"B2C"）进口税收政策，并同步调整行邮税政策。将对跨境电子商务零售进口商品按照货物征收关税和进口环节增值税、消费税。考虑到大部分消费者的合理消费需求，政策将单次交易限值由行邮税政策中的 1000 元（港澳台地区为 800 元）提高至 2000 元，同时将个人年度交易限值设置为 20000 元。在限值以内进口的跨境电子商务零售进口商品，关税税率暂设为 0，进口环节增值税、消费税取消免征税额，暂按法定应纳税额的 70% 征收。超过单次限值、累加后超过个人年度限值的单次交易，以及完税价格超过 2000 元限值的单个不可分割商品，将均按照一般贸易方式全额征税。将同步调整行邮税政策，将目前的四档税目（对应税率分别为 10%、20%、

30%、50%）调整为三档，其中税目 1 主要为最惠国税率为零的商品，税目 3 主要为征收消费税的高档消费品，其他商品归入税目 2。调整后，为保持各税目商品的行邮税税率与同类进口货物综合税率的大体一致，税目 1、2、3 的税率将分别为 15%、30%、60%。

俄罗斯当前的电商政策：一个月内个人网购总额不超过 1000 欧元，总重量不超过 31 千克的物品免缴关税，超过上述规定将征收 30% 的关税。俄罗斯将来拟出台的新政策：低于 22 欧元、重量在 1 千克以下的商品包裹关税免除；价值在 22~150 欧元、重量在 1~10 千克的商品包裹，需交纳 10 欧元或 15 欧元关税；价值在 150 欧元以上，总重量超过 10 千克的商品包裹，需缴纳 10 欧元或 15 欧元关税，并加上完税海关价值 30% 的费用，但是每千克收费不少于 4 欧元。

中俄不断加强电商投资合作。在 30 个发达国家和发展中国家中，2013 年俄罗斯电子商务市场规模排名第 13。自 2010 年起，电子商务成为俄本国和外国风险投资的新方向，投资总额已逾 10 亿美元。跨境电商物流服务"递四方"与阿里巴巴旗下的外贸平台全球速卖通建立战略合作关系，成为全球速卖通对俄罗斯物流新产品"速邮宝"的核心合作伙伴。在俄罗斯的海外仓有旺集海外仓、格林伍德-俄速通海外仓、黑龙江远东会展俄罗斯乌拉尔中国商品海外仓。

2019 年中俄跨境电商交易额达到 108.3 亿美元，同比增长 36.1%。其中，中国对俄罗斯的出口额占比较高，主要出口商品包括服装、鞋子、家居用品、电子产品等。2020 年中俄双方将加强相关政策法规的对接与协调，开展行业人员培训与联合研究，促进地方合作与对话，支持两国企业开展跨境电子商务合作，特别是通过电子商务促进优质特色产品跨境贸易，为两国中小企业提供更多的发展机会和空间，不断促进双边贸易便利化，提升合作水平，进一步推动双边经贸关系持续稳定高质量发展。

黑龙江省对俄电商合作异常活跃，黑龙江赛格国际贸易有限公司建立了我国唯一实现在线卢布交易平台，黑龙江俄速通国际物流有限公司（Ruston 俄速通）开展对俄跨境电商物流业务，成为涉及中俄跨境物流和海外仓储服务供应链解决方案的提供商。此外，还有绥芬河中俄电子商务平台。

在俄罗斯从事中俄跨境电商的人士称，物流速度没法保证（通常需要 30 天左右），关税经常浮动，不用在俄罗斯缴税，价格上有比较优势，中国商品将越来越多进入俄罗斯市场，价格差距较大，商品质量需要加以监管。

中国扩大对俄跨境电商合作应采取的措施：扩大两国海关互认监管结果口岸和商品范围，加快网购商品通关速度，中国电商加大在俄罗斯拓展业务和布局的力度，在我国与俄罗斯毗邻地区建立现代化的物流仓储中心，建立对俄跨境电商合作联盟，加大对俄跨境电商所需相关人才的培养力度。

中俄双方将加强相关政策法规的对接与协调，开展行业人员培训与联合研究，促进地方合作与对话，支持两国企业开展跨境电子商务合作，特别是通过电子商务促进优质特色产品跨境贸易，为两国中小企业提供更多的发展机会和空间，不断促进双边贸易便利化，提升合作水平，进一步推动双边经贸关系持续稳定高质量发展。

四　中俄有序推进资金融通

目前，中俄投资合作存在的主要问题：规模较小，中国对俄罗斯投资额累计为 300 亿美元，而俄罗斯对中国投资额度较小；领域单一，两国的投资多集中于能源和农业领域；层次不高，项目多为原材料开采，初级产品生产，高技术领域的投资合作较少；平台多元，包括丝路基金、亚投行、上合组织银联体、欧亚开发银行等；合作方式多样，包括结算、互换、债券、借贷、银行卡、交易等。

2009 年中俄两国政府签订了《中俄投资合作规划纲要》，通过建立政府间合作机制，提供更为高效便捷的保障体系，促进双边投资合作。俄罗斯政府正在大力推进经济现代化和创新发展战略，加速远东地区和西伯利亚地区开发，稳步推进私有化进程，大力发展基础设施建设。与此同时，俄罗斯政府积极采取措施，改善投资环境，力求营造公平、稳定、透明的营商环境，这为扩大中俄投资合作提供了广阔空间。

2015 年 12 月 17 日，俄罗斯外经银行与中国国家开发行签署协议，中方将为俄方提供 100 亿元的低利率贷款，期限为 5 年。这笔资金将用于项目融资，其中大部分项目被列入中俄投资合作项目清单。同时，双方商定成立中俄农业基金，主要用于俄罗斯远东地区的农业发展，额度为 130 亿卢布。中国丝路基金将为俄罗斯"亚马尔液化气"项目提供 7 亿欧元，筹建年产量为 1650 万吨的液化气厂。按照计划，2017 年该厂一期将运行起来。中石油公司是该项目的股东之一。中俄在阿穆尔超前发展区框架下成功合作的典范是在阿穆尔州的石油加工厂中俄联合项目，预计投资总额为 19.6 亿美元，其产品将供应俄罗斯国内市场，并出口中国、日本和东南亚国家。

中俄金融合作起步较晚，发展迅速，规模扩大，额度渐增。2011 年 6 月 23 日，中国人民银行与俄罗斯联邦中央银行在俄罗斯签订了新的双边本币结算协定。协定签订后，中俄本币结算从边境贸易扩大到了一般贸易，并扩大了地域范围。协定规定，两国经济活动主体可自行决定用自由兑换货币、人民币和卢布进行商品和服务的结算与支付。中俄加深金融合作有利于两国贸易投资便利化以及双边经贸合作，有利于促进双边贸易和投资的增长。这一措施为中俄双边和区域间经济合作创造了便利条件，并且规避了使用美元结算的汇率波动带来的风险。2014 年 10 月 13 日，中国人民银行与俄罗斯联邦中央银行签署了规模为 1500 亿元/8150 亿卢布的双边本币互换协议，旨在便利双边贸易及直接投资，促进两国经济发展。2015 年，中俄人民币结算额增加了 250%，超过 1200 亿元，人民币互换交易额从年初起增长了 11 倍多，达 142 亿美元（约合 920 亿元），人民币信用证交易额当年增长了 12 倍，俄罗斯外经银行与中国多家大型银行签署了金额约 1600 亿卢布（约合 147 亿元）的贸易出口贷款协议，开具了人民币计价的信用证，并且是首家可从中国国家开发银行获得 120 亿元中俄外贸融资资金的俄罗斯银行。

哈尔滨银行是我国境内首家卢布兑人民币直接汇率挂牌银行，开办卢布账户存款业务，成立了卢布现钞兑换中心，建立了黑龙江卢布现钞交易中心。在中俄跨境金融结算平台，俄罗斯用户可在网上用卢布支付，并直接兑换成人民币支付给国内网商企业，节约资金手续成本至少 2%。

为进一步促进中俄两国金融合作，《中俄总理第二十五次定期会晤联合公报》提出：支持在双边贸易、投资和借贷等经贸往来中扩大本币计价结算，便利双方经济主体的经贸往来。支持中俄金融机构包括根据 2019

年6月5日签署的《中华人民共和国政府和俄罗斯联邦政府关于结算和支付的协定》，相互开立账户，包括本币账户；欢迎两国符合条件的发行主体在两国金融市场发行债券，支持两国交易所就吸引对方投资者按照市场化原则依法合规进入本国资本市场和发行以两国本币计价的新金融工具等方面开展合作；重视满足经济实体需求的本币流动性来源，强调包括俄罗斯人民币清算行在内的两国基础设施组织和金融机构在上述方面发挥的作用；支持中国银行保险监督管理委员会与俄罗斯联邦中央银行签署涵盖银行和保险领域的最新监管合作谅解备忘录；继续支持上海黄金交易所与莫斯科交易所在谅解备忘录框架下开展合作，以及欢迎俄罗斯全国金融协会与上海黄金交易所签署谅解备忘录并在其框架下共同推进合作；支持两国评级机构在现有监管框架下开展商业合作，为两国发行人跨国投融资活动提供评级服务；加强支付系统和银行卡领域合作；深化在打击洗钱和恐怖主义融资领域的双边合作，特别是加强在反洗钱金融行动特别工作组以及欧亚反洗钱和反恐怖融资组织框架内的沟通与合作；推动保险和再保险领域合作，包括支持中俄免签游客保险发展。支持两国保险和再保险公司、保险经纪人之间的合作，推动扩大本币结算，就保险业数字化、灾害风险管控开展经验交流；认为审计合作对加强两国金融市场合作具有重要意义，积极推动两国审计准则等效；俄罗斯作为2021年金伯利进程闭会期间和全会的主席国，中方支持俄方关于保障全球钻石行业可持续发展的主要倡议。

五　中俄始终强化民心相通

中俄人文合作机制（2000年）是中俄双边关系的重要组成部分，与政治互信、经贸合作共同构成中俄关系的三大支柱，两国人文合作涵盖教育、文化、卫生、体育、旅游、媒体、电影、青年、档案9个领域。中俄人文合作的宗旨是两国人民相互了解、传承世代友好、打造国际文化交流品牌、巩固双边关系的社会和民意基础。中俄人文合作委员会由两国的副总理分别担任双方主席，20多年来，两国互办了"国家年""语言年""旅游年""青年友好交流年""媒体交流年""科技创新年""体育交流年""文化年"等大型国家主题交流年活动，实施《中俄人文合作行动计划》，加强教育、文化、卫生、旅游、媒体等领域的合作，其中教育领域合作成效显著，我国在俄留学人员达 2.5 万人，俄罗斯在我国留学人员约 1.5 万人，两国提出到 2020 年互派留学生总规模达到 10 万人的目标。两国高校合作异常活跃，签署了约 1000 份合作协议，组建了中俄工科大学联盟、中俄经济类大学联盟、中俄医科大学联盟等高校合作联盟平台，积极开展教学、科研、学术交流、人才培养等全方位合作。

中俄两国加强人文领域交流，促进两国人民之间相互了解，相互认知，实现民心相通，不断夯实两国世代友好以及开展全方位、多领域合作的社会民意基础。

2024 年 5 月 16 日下午，国家主席习近平和俄罗斯总统普京在北京国家大剧院共同出席"中俄文化年"开幕式暨庆祝中俄建交 75 周年专场音乐会并致辞。习近平主席指出，互办主题年已经成为中俄人文交流的优良传统，也是两国关系发展史上的特色和亮点，受到两国人民普遍欢迎。双方将举办一系列丰富多彩的文化交流项目，进一步释放两国文化合作潜力，共同开创中俄文化交流的新未来。相信这将为中俄友好的世代传承、为两国人民的相知相亲注入新动力。让我们以"中俄文化年"为契机，以庆祝建交 75 周年为新起点，弘扬友好，携手前行，为中俄新时代全面战略协作伙伴关系增光添彩，共同开创中俄友好新的美好未来！普京总统表示，俄中关系基于相互尊重、平等互信，促进了各自国家发展，造福了两国人民，树立了国际关系典范。在俄中庆祝建交 75 周年之际举办"俄中文化年"活动具有重要象征意义。俄方愿同中方深化人文交流，增进彼此了解，推动两国合作不断提质升级。

中俄两国各个层面不断协调与沟通，采取行之有效的措施，努力实现政策沟通、设施联通、贸易畅通、资金融通和民心相通，从而实现丝绸之路经济带建设与欧亚经济联盟建设对接合作的目标，即促进欧亚大陆稳定和发展、形成多维立体运输和交流通道、构建共同发展与繁荣的经济发展带。

第二节　中俄经贸合作高质量发展的实现路径

中俄先后提出两国东部毗邻地区经济振兴与开发战略，为双方通过互动合作实现振兴与开发提供了难得的历史机遇，尤其是 2009 年 9 月中俄两国正式批准了《中国东北地区同俄罗斯远东及东西伯利亚地区合作规划纲要（2009—2018）》和 2013 年 8 月国家批准《黑龙江和内蒙古东北部地区沿边开发开放规划》上升为国家战略，为两国东部毗邻地区开展经济合作及相互投资指明了方向。

我们认为，中俄东部毗邻地区经济振兴与开发战略具有背景和目标相同、落实路径一致等趋同性，拥有地理毗连的区位地缘优势、要素禀赋差异和产业结构互补等开展合作的基础性要素。这为两国东部毗邻地区在木材、能源、矿产资源开采、科技、农业、旅游以及联合建设跨境物流通道等领域开展互动合作共同发展创造了客观条件。

一　落实元首顶层设计

在中俄国家元首战略引领和顶层规划设计下，两国各领域合作蓬勃发展，双边贸易规模已提前实现设定的 2000 亿美元目标。今后两国经贸合作将进一步高质量发展。中俄元首一致同意，本着睦邻友好、合作共赢原则推进两国各领域交往合作，深化新时代全面战略协作伙伴关系。

2023 年 3 月 20~22 日，中俄两国元首会晤期间签署的《中华人民共和国和俄罗斯联邦关于深化新时代全面战略协作伙伴关系的联合声明》（以下简称《中俄联合声明》）和《中华人民共和国主席和俄罗斯联邦总统关于2030 年前中俄经济合作重点方向发展规划的联合声明》（以下简称《中俄经济合作联合声明》）为两国关系和双边经济合作八个重点方向的未来发展做出了明确的顶层规划设计，擘画了广阔的发展前景。

《中俄联合声明》指出，双方将巩固双边贸易增长势头，持续优化贸易结构，实施好《中俄货物贸易和服务贸易高质量发展的路线图》，支持电子商务发展，培育经贸新增长点，拓展经贸合作广度，提升合作效率，将外部风险降到最低,确保产业链供应链的稳固和安全。双方将深化地方合作,拓宽合作地域和领域,推动双方中小企业扩大交流合作。双方将继续推动新版《中俄投资合作规划纲要》编制工作。双方欢迎中国商务部和俄罗斯经济发展部于 2022 年 12 月 5 日发表的《关于启动 2006 年 11 月 9 日签署的〈中华人民共和国政府与俄罗斯联邦政府关于促进和相互保护投资协定〉升级谈判的联合声明》,将就此持续进行谈判,提升投资保护水平,促进投资便利化,为投资者及其投资营造更加稳定、公平、透明、可预期的营商环境。

二 国家战略有效对接

从区域层面来看,中国东北老工业基地振兴战略与俄罗斯远东地区大开发战略形成同步共振,在两国东部毗邻地区振兴与发展方面能够有效对接。特别是在乌克兰危机背景下,西方对俄罗斯实施多轮最为严厉的制裁,促使俄罗斯加快加大"向东看"战略实施进度和力度,将推动两国区域发展战略充分对接。

从国家层面来看,《中俄联合声明》对中俄关系和全方位做出宏观规划设计,特别指出,俄罗斯需要繁荣稳定的中国,中国需要强大成功的俄罗斯。俄方支持中方实现中国式现代化,中方支持俄方实现 2030 年前国家发展目标。

《中俄联合声明》指出,中方支持在欧亚经济联盟框架内推动一体化进程,俄方支持建设"一带一路"。双方共同努力,积极推动"一带一路"与欧亚经济联盟建设对接合作,加强亚欧地区互联互通。双方将继续落实 2018 年 5 月 17 日签署的《中华人民共和国与欧亚经济联盟经贸合作协定》。双方愿继续推动共建"一带一路"和"大欧亚伙伴关系"建设并行不悖、协调发展,推动双多边一体化进程,造福亚欧大陆各国人民。

三 将双边和区域经贸合作置于维护国家安全的战略高度

将中俄双边和区域经贸合作置于各自国家安全的战略高度加以考量,尤其是两国区域经贸合作对维护国家边疆安全与稳定发挥着重要作用。中俄东部毗邻地区的振兴与开发战略是为消除本国地区间发展不平衡,尤其是保持边疆的稳定与发展，确保国家安全的一个重要部署。两国东部毗邻地区加强合作是中俄战略协作伙伴关系的一个重要组成部分，对提升双边合作水平，加强和巩固双边关系，促进区域产业梯度转移、加快区域技术扩散、缩小区域技术差距，实现两国毗邻地区共同繁荣，最终在维护国家安全方面将发挥重要的现实作用。

四　进一步扩大双边贸易规模

中俄双边贸易额总体呈现稳定快速增长的态势，陆续突破两国领导人设定的目标。2004 年达到 212.3 亿美元，突破 200 亿美元，此后陆续突破各个节点，直到 2018 年首次突破 1000 亿美元，达到 1070.6 亿美元。此后连续 4 年均在 1000 亿美元以上，2019 年为 1107.6 亿美元，2020 年为 1077.7 亿美元，2021 年为 1468.9 亿美元，2022 年达到 1902.7 亿美元，接近 2000 亿美元。2023 年 1~11 月达到 2181.8 亿美元，突破 2000 亿美元，提前实现了两国领导人设定的目标。2024 年中俄贸易额达到 2448.19 亿美元，在新的历史条件下实现 2500 亿美元的新目标指日可待。

五　进一步优化双边贸易商品结构

我国自俄罗斯主要进口资源密集型商品，如矿物燃料、矿物油及其产品，沥青，钢铁，木材及其制品、木炭，肥料等。对俄罗斯主要出口劳动密集型商品和资本及技术密集型商品，如鞋靴、服装和针织品，塑料及其制品，玩具、游戏或运动品及其零附件，机电产品及其零附件，等等。

2016 年，中俄机电产品和农产品贸易分别增长了 17% 和 11%，中国已经成为俄罗斯食品最大的进口国。2021 年，中国机电产品对俄罗斯出口优势巩固。中国对俄出口机电产品 2684.5 亿元，同比增长 32.5%，占当年中国对俄出口总值的 61.5%，较上年提升 3.6 个百分点。其中，通用机械设备、汽车零配件和汽车出口增速较快，分别同比增长 82%、37.8% 和 165%。同期，出口劳动密集型产品 857.7 亿元，同比增长 2.5%，占 19.7%。中国自俄罗斯进口菜籽油、大麦、牛肉等部分农产品大幅增加；菜籽油 33.9 万吨，同比增加 56%；大麦 7.5 万吨，同比激增 12.1 倍；牛肉 2 万吨，同比增加 210.2%。

2023 年第一季度，中国汽车的俄罗斯市场份额达 42.5%，中国汽车在俄罗斯销量达 6.6 万台。7 个中国汽车品牌荣登俄罗斯销量排行榜前十。奇瑞汽车卫冕销冠，前 4 个月俄罗斯 200 家经销商共销售 18927 辆奇瑞汽车。与 2022 年同期相比，销售量增加 204%。奇瑞汽车旗下的星途品牌在俄罗斯共销售 5600 台，与 2022 年同期相比增长 142%。长城皮卡的销量也有显著增长，与 2022 年同期相比增长 688%，2023 年第一季度该车型在俄罗斯共销售 1032 台。

俄罗斯远东海关局代表向卫星通讯社表示，2023 年第一季度从远东口岸向俄罗斯进口的中国货车数量同比增长 7 倍。该代表表示："2023 年第一季度与 2022 年同期相比，远东贸易商进口的中国货车数量增长 7 倍，从 2022 年的 340 辆增至 2759 辆。"他还表示，2023 年第一季度远东贸易商进口的中国轿车数量与上年同比减少 23%。2022 年第四季度个人进口的中国轿车为 6 辆，2023 年第一季度进口 14 辆汽车。

六 进一步深化双边能源合作

2016 年，中国自俄罗斯进口原油为 5248 万吨，增长了 23.7%，俄罗斯成为中国原油第一大进口来源国。中俄能源合作以能源跨境管道运输合作为主，2022 年俄罗斯向中国出口石油达 6700 万吨（占俄罗斯出口总量的 1/3）、天然气 150 亿立方米，2025 年俄罗斯向中国出口天然气将达到 380 亿立方米。

《中俄能源合作投资指南（俄罗斯部分）》（2021 年）为中方企业在俄开展能源业务提供了法律制度、监管政策、行业前景、业务流程、合作机会等领域全方位信息服务指引。《中俄能源合作投资指南（中国部分）》（2022）等重要成果，为俄方更好地了解中国能源行业、分享中国能源发展机遇提供帮助。

七 进一步加强农业合作

农产品贸易成为近几年中俄双边贸易中的一个新亮点。俄罗斯农业部农产品出口中心数据显示，2022 年俄罗斯农产品对中国出口量增长 36%，出口额增长 44%。中国再次成为俄罗斯农产品的最大进口国，保持俄罗斯菜籽油、禽肉、牛肉、大豆、燕麦的最大进口国地位，并成为俄罗斯蜂蜜和亚麻籽油的最大进口国。

《中俄经济合作联合声明》指出，切实提升农业合作水平，保障两国粮食安全。深化农产品贸易合作，在确保安全基础上稳步扩大农产品相互准入，拓展农业领域投资合作。加强中俄农业产业化合作。

八　进一步提升金融投资合作

《中俄经济合作联合声明》指出，提升金融合作水平。在双边贸易、投资、贷款和其他经贸往来中适应市场需求，稳步提升本币结算比重。继续就支付领域创新与现代化改造等交流经验。加强金融市场合作，支持两国评级机构和保险公司在现有监管法规框架内开展合作。

人民币在俄罗斯对外贸易结算中所占份额在持续飙升。2023 年 2 月，莫斯科交易所人民币交易量超过 1.48 万亿卢布，环比增长 30%，人民币首次超过美元成为该交易所月度交易量最大货币。

2016 年，中国对俄各类投资超过 25 亿美元。据俄方统计，当时中国对俄累计投资已经达到 420 亿美元，成为俄罗斯第四大投资来源国。2022 年 1~9 月，中国对俄罗斯水利工程投资 1158.80 亿美元。截至 2023 年 3 月，中国对远东地区超前发展区和符拉迪沃斯托克自由港的 52 个外资项目投资 100 多亿美元。

九　进一步发展跨境电商贸易

中俄跨境电商始于 2010 年前后。2016 年，俄罗斯政府开始降低进口关税，跨境电商市场开始逐步复苏。目前，中俄跨境电商市场的主要玩家包括阿里巴巴、京东、亚马逊、eBay 等。其中阿里巴巴和京东在俄罗斯市场的份额较大。

根据《中华人民共和国商务部和俄罗斯联邦经济发展部关于电子商务合作的谅解备忘录》（2018 年），中俄双方将建立电子商务合作机制，共同推进"丝路电商"合作。

近年来，中俄经贸关系总体持续高位运行。在两国元首的战略引导下，双方以"一带一路"建设与欧亚经济联盟建设对接合作为主线，全面推动贸易、投资、战略性大项目、地方间合作的稳步发展。中俄跨境电商贸易蓬勃发展，逐步成为双边经贸关系的增长点和新亮点，得到两国领导人的高度重视。

2019 年中俄跨境电商交易额达到了 108.3 亿美元，同比增长了 36.1%。其中，中国对俄罗斯的出口额占比较高，主要出口商品包括服装、鞋子、家居用品、电子产品等。

中俄双方将加强相关政策法规的对接与协调、开展行业人员培训与联合研究，促进地方合作与对话，支持两国企业开展跨境电子商务合作，特别是通过电子商务促进优质特色产品跨境贸易，为两国中小企业提供更多的发展机会和空间，不断促进双边贸易便利化，提升合作水平，进一步推动双边经贸关系持续稳定高质量发展。

完善对跨境电商的扶持政策，发挥政策和资金导向效用，吸引大型电商企业、平台企业、物流企业入驻综合试验区。推动我国企业在俄布局海外仓，促进中小微企业借船出海。支持地方结合城市规模、口岸特点和发展条件，在业务模式、服务管理等方面积极探索，支持打造地方特色跨境电商品牌。市场采购方面，积极向商务部申请开展市场采购贸易方式试点，提前谋划，同步建立监管体系、配套措施和工作机制；外贸综合服务方面，支持引进优质外贸综合服务企业，加大培育力度，在完善企业信用管理制度的基础上，出台针对性优惠措施，研究解决融资难、退税难问题，建立相应容错纠错机制，探索具有黑龙江特色的外贸综合服务发展之路。

十　进一步完善物流体系

我国东北地区与俄罗斯往来的满洲里口岸、绥芬河口岸、同江口岸与对应的俄罗斯口岸铁路相通，多条中欧班列线路途经俄罗斯境内；满洲里口岸、绥芬河口岸、黑河口岸与俄罗斯公路相通；哈尔滨-符拉迪沃斯托克等航空线逐步恢复运营；黑河口岸、抚远口岸、大连港与俄罗斯河运和海运相通。

2023 年 3 月 20~22 日，俄罗斯总统普京在与中国国家主席习近平会谈期间称："我们认为，在开发北方海航道联运潜力方面，与中国伙伴的合作前景广阔。正如我之前所说的那样，双方拟成立一个负责北方海航道开发的联合办事机构。"

《中俄经济合作联合声明》规定："大力发展互联互通物流体系。保障两国货物和人员通过铁路、公路、航空、河运和海运等交通方式双向便捷往来。本着互利精神释放两国过境运输潜能，优先解决瓶颈，分步骤分阶段完善中俄边境基础设施特别是重点口岸建设，提升通关和查验效率。"

海关总署发布的文件称，为落实国家振兴东北老工业基地的战略部署，促进利用境外港口开展内贸货物跨境运输合作，海关总署决定进一步拓展吉林省内贸货物跨境运输业务范围，同意在原有吉林省内贸货物跨境运输业务范围的基础上增加俄罗斯符拉迪沃斯托克港为内贸货物跨境运输中转口岸，增加浙江省舟山甬舟集装箱码头和嘉兴乍浦港 2 个港口为内贸货物跨境运输入境口岸。公告自 2023 年 6 月 1 日起实施。这条"中外中"跨境运输通道多年前已有尝试，期待今后能常态化运行，为中俄北极航道合作创造条件。

十一　构建对俄经贸投资合作高质量发展指标体系

在"百年未有之大变局"和中俄新时代全面战略协作伙伴关系大背景下，需要对中俄经贸投资合作高质量发展的新机制、新模式和指标体系等创新路径进行全面、系统、深入的研究，应构建新时代中俄经贸投资合作高质量发展指标体系：优化商品结构、丰富贸易合作方式、强化合作经营主体、促进两国区域间合作均衡协调发展、推动双边贸易可持续发展、推动双向投资有效互动，明确其未来发展路径。

该指标体系既有助于推动中俄经贸投资合作高质量发展，又有利于巩固和深化中俄新时代全面战略协作伙伴关系，从而满足国家实施"一带一路"倡议的重大需求。

十二 将毗邻地区合作振兴与开发置于双边合作的优先发展地位

中俄两国领导人高度重视中俄地区间的合作，2007 年 3 月达成了加强两国地区合作的重要共识，并多次强调，中俄地区合作是双边合作的重要组成部分。有鉴于此，中俄应将两国东部毗邻地区的合作置于双边合作优先发展地位，为双边经济贸易关系的稳步发展和提升奠定较为坚实的基础。

2009 年 9 月 23 日，中俄两国正式批准了《中国东北地区同俄罗斯远东及东西伯利亚地区合作规划纲要 （2009—2018） 》（以下简称《中俄地区合作规划纲要》）。中国国家主席胡锦涛指出，该纲要的批准对推动中俄毗邻地区合作具有重要意义。这是一份内容充实、很有分量的文件，希望两国有关部门抓紧落实，推动两国地方合作不断迈上新台阶。俄罗斯总统梅德韦杰夫指出，这是双边关系成熟稳健的重要标志。该纲要涉及领域之广、项目之多、内容之实，在中俄以往批准签署的文件中堪称首例。它的批准和实施，将在两国合作发展中产生深远影响，对毗邻地区的经济社会发展产生巨大的推动作用。① 《中俄地区合作规划纲要》将积极实施国家沿边开放战略，以开放促开发，着力转变发展方式，构筑外向型产业体系，与俄罗斯东部毗邻地区密切合作，推进基础设施内外对接，加快边疆社会事业发展，加强生态建设和环境保护，努力将黑龙江和内蒙古东北部地区建设成为我国对俄罗斯及东北亚开放的桥头堡和枢纽站。

为进一步加强对两国地方和企业合作的指导，2018 年中俄总理第二十三次定期会晤期间正式批准了《中俄在俄罗斯远东地区合作发展规划（2018-2024 年）》。该规划重点归纳了俄罗斯远东地区在地理位置、能矿资源、农林水产、交通运输、航空船舶制造等方面对中国投资者的合作优势；详细介绍俄罗斯远东地区支持外国投资者的国家政策，以及为中国投资者提供的机遇，涉及税收优惠、重点引资的地域和领域、基础设施和资金配套支持政策、电子签证等内容；通过事实和数据阐释俄罗斯远东地区

---

① 《落实中俄地区合作〈规划纲要〉，共同开创两国合作新局面——访中国国家发展和改革委员会副主任、国家能源局局长张国宝》，光明网，2010 年 3 月 21 日。

对华经贸合作情况；推介在俄罗斯远东地区开展中俄经贸合作的 7 个优先领域，包括天然气与石油化工业、固体矿产、运输与物流、农业、林业、水产养殖和旅游等；详细介绍俄罗斯远东地区中俄战略合作项目和基础设施项目；全面阐释远东地区中俄经贸合作发展机制。中俄双方将本着政府引导、企业主体、市场运作的原则，在优势互补、合作共赢的基础上，以该规划为指导，务实推进远东地区的经贸合作。

十三　建立并强化多层次区域协调机制

在项目、资金、劳动力等分配方面，区域内成员之间存在竞争，这就需要构建一个强有力的区域机制来协调，同时强化这一协调机制，从而使需要解决的问题得以解决，避免重复建设和浪费。

《中俄地区合作规划纲要》提出了包括口岸基础设施建设和改造，运输领域合作，建立科技合作园区，黑瞎子岛的开发与保护合作，开展农业、畜牧和工程承包等领域的劳务合作，旅游和人文领域的合作，区域自然环境保护领域的合作，进行矿藏开采，共计200多个合作项目，明确了中俄东部毗邻地区开展经济合作及相互投资的具体领域。

《中俄地区合作规划纲要》为两地共同振兴与开发指明了方向，但是如果双方协调不得力，就可能出现争项目、抢伙伴、盲目开发、重复建设等局面。因而，建议在中俄总理定期会晤委员会下增设中俄合作协调分委员会，地方层面相应设立中俄东部毗邻地区合作协调机构，建立双边不同层次的沟通协调机制，沟通和协调两国地区间合作的重大问题，及时了解新情况、解决新问题，统一组织和统筹安排合作事宜，从而节约资源、提高合作效率。最终形成中央和地方政府协调推进、企业落实执行的多层次区域协调机制，从而确保中俄地区合作纲要得以有效实施。

十四　构建中俄区域规划体系

区域规划主要是通过制定区域经济、环境、社会政策，协调区域发展等来引导地区发展，从而使区域规划成为促进区域可持续发展的有效管理工具。区域规划体系是一种超前性的目标体系，需要根据对区域未来发展做出各种判断，同时制定相应的政策加以引导和调控。①

在中俄区域规划的整个体系中，政策性功能导向的内容应成为规划的重点，主要是制订区域激励、控制以及平衡各类型区域政策等。与此同时，采取确定在一定时期内建设基础设施、金融激励机制和明确不同发展领域等措施，② 促进两国东部毗邻地区区域的振兴与开发。

十五　树立"互利双赢、共同繁荣"的可持续发展合作理念

中俄东部毗邻地区加强合作、实现共同振兴与开发，符合区域经济一体化的潮流。两国东部毗邻地区应秉持可持续发展观，树立可持续发展合作理念，发挥各自的比较优势，努力寻找共同利益的契合点，大力推进多元主体更多领域、更高层次的经济合作，从而实现中俄东部毗邻地区要素禀赋的优化配置，实现"互利双赢、共同繁荣"。

加大中俄相互投资力度是实现上述目标的一项重要举措。中国是俄罗斯远东地区最大的贸易和投资伙伴，在俄罗斯远东地区的投资不断扩大。2017年11月28日，中国纸业投资有限公司与俄罗斯远东吸引投资和支持出口局签署了关于在俄罗斯哈巴罗夫斯克边疆区阿穆尔斯克市实施纸浆厂建设项目的谅解备忘录。预计项目总投资约15亿美元，纸浆年产量50万吨。建厂地点属于共青城跨越式发展区，享受税收优惠政策。

十六　建立中俄区域经济合作区

区域经济融合是全球经济、贸易发展的趋势。当前，区域经济合作在全球范围内蓬勃发展，对我国而言，深入参与区域经济合作，不仅是加强与周边国家互利合作、增强国际竞争力和影响力的重要平台，也是带动沿边地区经济增长、实现区域协调发展的有效手段。③

---

① 张京祥、何建颐：《构建以"公共政策"为核心内容的区域规划体系》，《中国社会科学报》
2010 年 4 月 22 日。

② 张京祥、何建颐：《构建以"公共政策"为核心内容的区域规划体系》，《中国社会科学报》
2010 年 4 月 22 日。

③ 《中国在区域经济合作大趋势下的抉择与作为》，http://www.gov.cn/zxft/ft17/29/05/2007。

2008 年 11 月，胡锦涛主席与俄总统梅德韦杰夫在秘鲁会晤时达成共识："我们可以在促进地区经济合作中做些事情，如以图们江国际开发为契机，推动珲春-哈桑跨境经济合作区建设。"

中俄东部毗邻地区经济互补性优势明显，建议两个地区酝酿建立区域经济合作区，以充分发挥各自优势，实现共同振兴与开发的目标。

十七　形成"双点轴开发"格局

在区域经济合作区，着力进行点轴开发，以中俄东部沿边对应的口岸城市形成的线状基础设施为轴线，重点发展轴线地带的若干个点，即口岸城市。在中俄东部沿边地带形成"双点轴开发"格局。

随着开发活动的逐步推进和经济发展水平的提高，经济开发会由高等级点轴向低等级点轴延伸，通过政策引导促使产业实现梯度转移，产生辐射和拉动效应，使区域经济进入新的发展阶段，继续保持较快增长，实现区域的共同协调发展。

中俄东部毗邻地区应将当前的"危机"转化为合作的"机遇"，我们相信，经过双方各级政府、企业等方方面面的共同努力，两国东部毗邻地区积极开展互动合作，实现共同振兴与开发的繁荣目标指日可待。

参考文献

曹英伟、张淑华：《中国东北与俄罗斯远东西伯利亚地区网型合作模式可行性分析》，《辽宁师范大学学报（社会科学版）》2010年第4期。

陈宪良：《中国东北四省区与俄罗斯经贸合作现状分析》，《西伯利亚研究》2018年第1期。

崔亚平：《俄罗斯远东地区与亚太国家的经济联系》，《俄罗斯中亚东欧市场》2008年第8期。

崔亚平：《中国东北与俄罗斯远东经济合作的机遇和挑战》，《俄罗斯中亚东欧市场》2008年第4期。

戴利研、杨行行：《西方对俄制裁持续升级背景下中俄经贸合作策略分析》，《欧亚经济》2023年第6期。

杜宇：《打造黑龙江省对俄贸易物流中心作用的研究》，《中国商贸》2010年第17期。

封安全：《加快黑龙江省对俄林业合作的思考》，《西伯利亚研究》2011年第1期。

封安全：《"双循环"新发展格局下深化中俄经贸合作的新内涵》，《社会科学战线》2022年第8期。

葛新蓉：《俄罗斯西伯利亚地区对外贸易发展战略评述》，《商业研究》2007年第5期。

葛新蓉：《新形势下中俄区域经济合作的几点思考》，《对外经贸》2018

年第 8 期。

郭力：《中俄区域合作的"伞"型模式》，《俄罗斯中亚东欧研究》2007 年第 3 期。

郭连成：《中俄区域经济合作路径探析》，《东北亚论坛》2007 年第 3 期。

胡政：《发展中俄经贸合作与中俄远东物流通道建设》，《俄罗斯学刊》2023 年第 5 期。

姜振军：《俄罗斯国家安全问题研究》，社会科学文献出版社，2009。

姜振军：《俄罗斯远东地区的国际经济合作问题》，《东欧中亚市场研究》2002 年第 3 期。

李靖宇、袁宾潞：《中俄两国合作创建区域经济开发振兴带的战略目标》，《俄罗斯中亚东欧市场》2006 年第 6 期。

李彤：《冷战后俄罗斯的远东发展战略》，《内蒙古民族大学学报（社会科学版）》2008 年第 2 期。

李新：《中俄蒙经济走廊推进东北亚区域经济合作》，《西伯利亚研究》2016 年第 1 期。

刘波：《黑龙江省对俄远东地区投资合作问题研究》，《西伯利亚研究》2007 年第 3 期。

刘华芹：《共建"一带一路"助力中俄经贸合作高质量发展》，《中国远洋海运》2023 年第 8 期。

刘珣：《中俄跨境电商发展与潜力分析》，《俄罗斯东欧中亚研究》2018 年第 2 期。

刘彦君：《"一带一路"倡议下的中俄经济合作：新趋势、挑战及应对》，《国外社会科学》2017 年第 3 期。

陆南泉：《推进中俄区域经贸合作若干有利因素分析》，《西伯利亚研究》2018 年第 4 期。

陆南泉：《中国与俄罗斯远东地区经贸合作战略分析》，《学习与探索》2013 年第 2 期。

马友君：《黑龙江省推进对俄开放战略升级研究》，《西伯利亚研究》

2012 年第 4 期。

牛燕平:《西伯利亚联邦区经济发展现状与前景》,《西伯利亚研究》2005 年第 6 期。

邱石:《中俄地方国际化产业集群实现途径分析》,《西伯利亚研究》2008 年第 2 期。

沈悦:《东北三省同俄罗斯远东地区经济合作现状及发展前景研究》,《黑龙江对外经贸》2011 年第 9 期。

石泽:《俄罗斯东部开发:中俄合作的视角》,《国际问题研究》2017 年第 1 期。

覃诚、刘佳豪:《新形势下中俄经贸合作模式发展方向与路径——以黑龙江为例》,《东北亚经济研究》2023 年第 6 期。

田刚、乔霞:《黑龙江省对俄经贸合作发展战略及其政策取向》,《东北农业大学学报(社会科学版)》2009 年第 2 期。

项义军、张金萍:《中俄区域经济合作战略对接的障碍与冲突》,《国际贸易》2016 年第 1 期。

于长春:《黑龙江省对俄经贸合作存在的问题与对策》,《西伯利亚研究》2012 年第 2 期。

岳岩、袁野:《俄罗斯实施东部开发战略及我国东北地区应采取的对策》,《全国商情(经济理论研究)》2007 年第 10 期。

张梅:《黑龙江省对俄远东经贸合作的新机遇与对策建议》,《西伯利亚研究》2013 年第 1 期。

朱乃振:《全力打造中俄沿边开放先导区》,《西伯利亚研究》2009 年第 4 期。

Азиатский регионализм и Россия. Российское Экспертное Обозрение. №5, 2010 г.

Барзыкин Ю. А. Вопросы социально-экономического развития Дальнего Востока и Восточной Сибири рассматривают на совещании в правительстве России. http://ria-sibir.ru/viewnews/21119.html.

Бурлаков В. А. Перспективы интеграции в Северо-Восточной Азии:

неофункциональный подход. http：//www. ifpc. ru/index. php？cat = 159.

В. В. Саенко. Программа развития нефтегазового комплекса Восточной Сибири и Дальнего Востока. http：//www. minprom. gov. ru/ministry/dep/energy/appearance/0.

В. И. Ишаев. Стратегия долгосрочного развития Востока России. http：//www. adm. khv. ru/invest2. nsf/pages/ru/geninfo/report2006. htm.

Владимир Дмитриев. Через Арктику может пройти новый Великий шелковый путь из Китая в Европу. http：//www. rg. ru/2013/05/31/led. html.

Государственной программы Российской Федерации 《 Социально-экономическое развитие Дальнего Востока и Байкальского региона 》. http：//debri-dv. ru/article/6369.

На развитие Дальнего Востока и Забайкалья выделят 426 млрд рублей. http：//www. rian. ru/economy/finance/20070801/70100511. html.

Нго, Ле Зиу Хыонг. Экономическое сотрудничество России и Китая. Молодой ученый. – 2021. – № 2 (344).

Обзор форматов международного сотрудничества России и Китая. https：//raspp. ru/business _ news/formats – of – international – cooperation – between-russia-and-china/.

Основной приоритет китайско-российского взаимодействия — торгово-экономическое сотрудничество. https：//russian. cgtn. com/news/2023-05-24/1661233499261267969/index. html.

Оценка научно-технологического развития регионов Сибирского федерального округа. Фундаментальное исследование. №6. 2014 г.

Павел Минакир. Интеграция российского Дальнего Востока в АТР и СВА：возможности и реальности. http：//www. carnegie. ru/ru/pubs/books/volume/48311. htm.

Правительство РФ. Вопросы социально-экономического развития Дальнего Востока и Восточной Сибири рассмотрены на совещании в

Правительстве. http: //www. asdg. ru/news/2007/5/22112126. htm.

Россия в 2014 году экспортировала в Китай 33, 1 млн тонн нефти. http: //ria. ru/economy/20150123/1043891053. html.

Россия наращивает поставки нефти в Китай. http: //newsland. com/ news/detail/id/1344769/.

Стратегия социально-экономического развития Сибири до 2020 года. http: //www. sibfo. ru/strategia/strdoc. php#strategia.

Товарооборот между Россией и Китаем в 2023 году превысил 240 млрд долларов. https: //dzen. ru/a/ZaZRxt68oHprfYY_ ? experiment = 942707.

Торгово-экономические отношения между Россией и Китаем. https: // spravochnick. ru/mirovaya_ ekonomika/torgovo – ekonomicheskie_ otnosheniya_ mezhdu_ rossiey_ i_ kitaem/.

Энергетическая стратегия России на период до 2030. http: //www. zakonprost. ru/content/base/part/645999.

图书在版编目（CIP）数据

中俄经贸合作研究 / 姜振军著 . -- 北京：社会科
学文献出版社，2025.4. --（黑龙江大学俄罗斯语言文
学与文化研究中心学术丛书）. -- ISBN 978-7-5228
-3780-2

Ⅰ . F125.551.2

中国国家版本馆 CIP 数据核字第 2024HD3267 号

黑龙江大学俄罗斯语言文学与文化研究中心学术丛书
中俄经贸合作研究

著　　者 / 姜振军

出 版 人 / 冀祥德
责任编辑 / 史晓琳
责任印制 / 岳　阳

出　　版 / 社会科学文献出版社·经济与管理分社（010）59367226
　　　　　　地址：北京市北三环中路甲 29 号院华龙大厦　邮编：100029
　　　　　　网址：www.ssap.com.cn
发　　行 / 社会科学文献出版社（010）59367028
印　　装 / 三河市尚艺印装有限公司

规　　格 / 开　本：787mm×1092mm　1/16
　　　　　　印　张：15　字　数：238 千字
版　　次 / 2025 年 4 月第 1 版　2025 年 4 月第 1 次印刷
书　　号 / ISBN 978-7-5228-3780-2
定　　价 / 128.00 元

读者服务电话：4008918866